ANNA LEYZINA

Geheimes Häkelwissen

stiebner

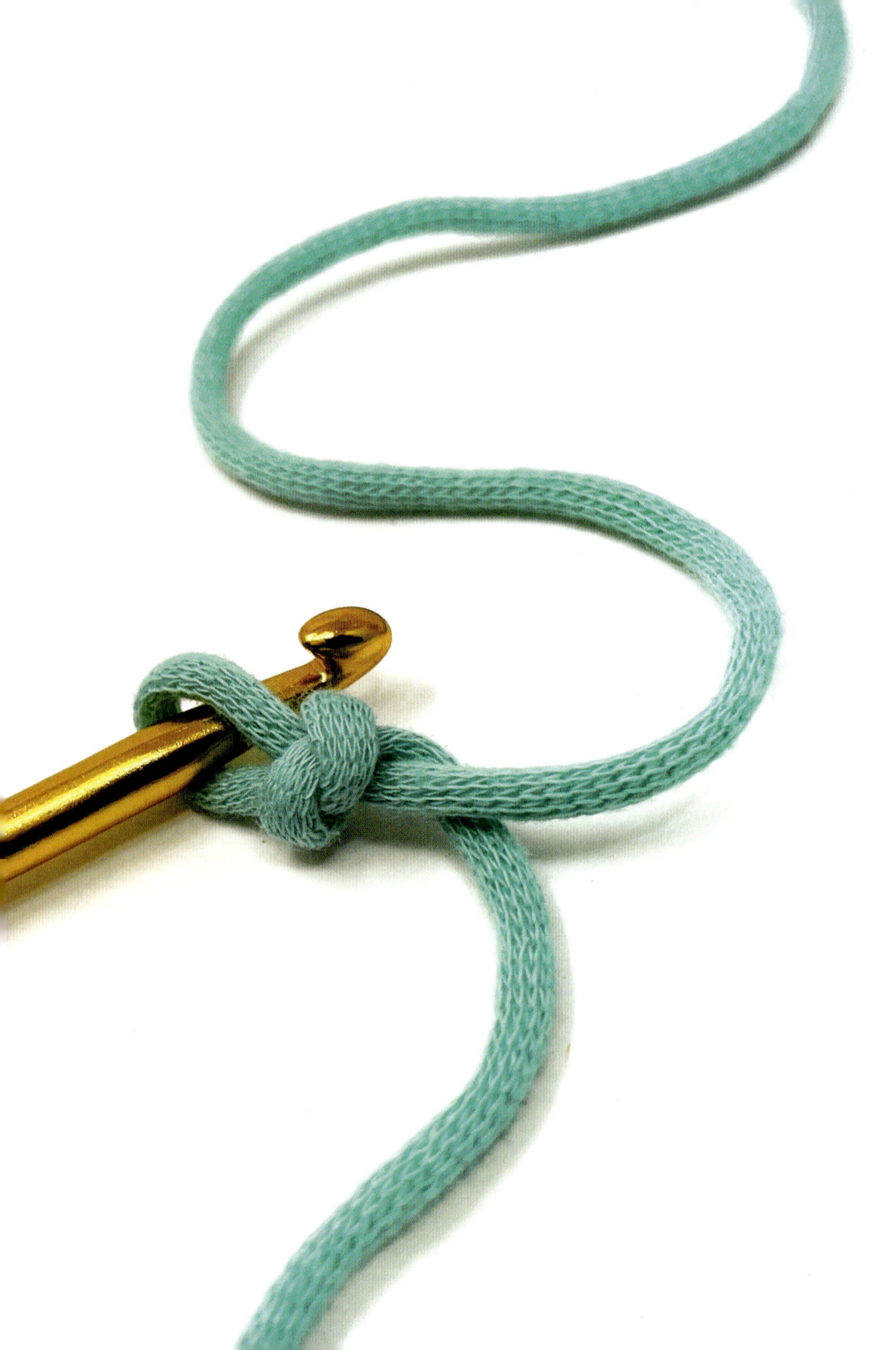

GEHEIMES HÄKELWISSEN

von

THE *Knotty* BOSS

Über 100 überraschende Tipps & Tricks für schöneres Häkeln

ÜBERSETZT VON
JOHANNA HOFER VON LOBENSTEIN

INHALT

ENTSPANNT VERBINDEN

KANTEN VERZIEREN

FEHLERLOSES FERTIGSTELLEN

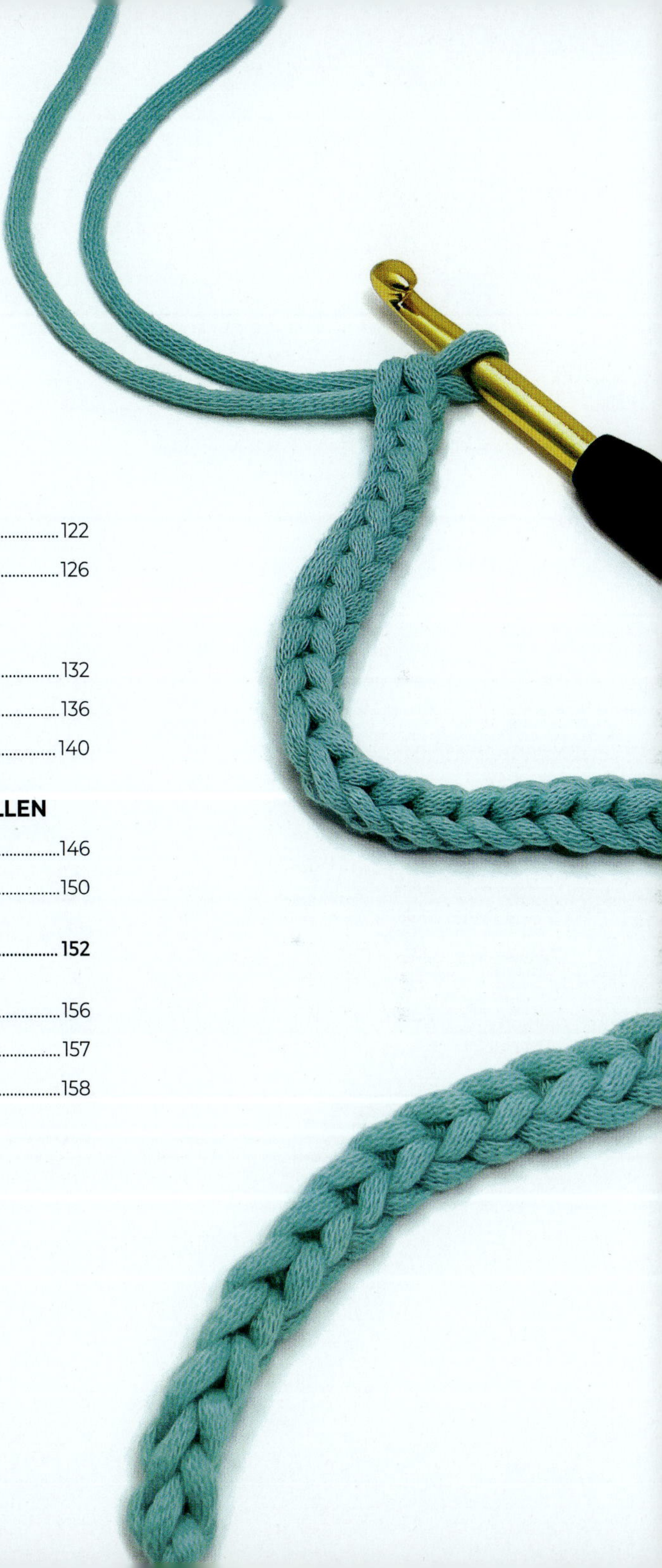

VORWORT

»Normen und Traditionen sind gut. Aber wenn nahtloses Verbinden möglich ist, wieso ist es dann nicht die Norm?«

Wenn Sie diesen Satz inhaltlich oder emotional verstehen: Herzlichen Glückwunsch, Sie haben zum richtigen Buch gegriffen!

Über die Jahre habe ich zahlreiche Tricks und Techniken kennengelernt, um lästige Häkelprobleme zu bewältigen. Dinge, die uns beim Häkelnlernen nie gesagt wurden, obwohl es eigentlich wichtig gewesen wäre. Ob Grundreihe oder Fertigstellen, ob Reihen oder Runden: Dies ist meine umfassende Sammlung von Tipps und Tricks, die mir geholfen haben, besser zu werden, und die mich zu der Frage führten: »Warum wurde uns das nie beigebracht?«

Ob Sie die Grundtechniken des Häkelns erlernen wollen oder bereits Erfahrung mit dem Häkeln von Kleidung haben und sich jetzt an Amigurumi versuchen wollen: Diese Tipps werden Ihnen das Leben erleichtern.

Das Buch ist in Kapitel unterteilt, die bestimmte Phasen des Häkelns behandeln, vom ersten Knötchen bis hin zur Fertigstellung sowie alles dazwischen. Legen Sie es sich griffbereit zurecht, zum schnellen Nachschlagen am Anfang neuer oder zum Fertigstellen schon lange in Arbeit befindlicher Projekte.

XO

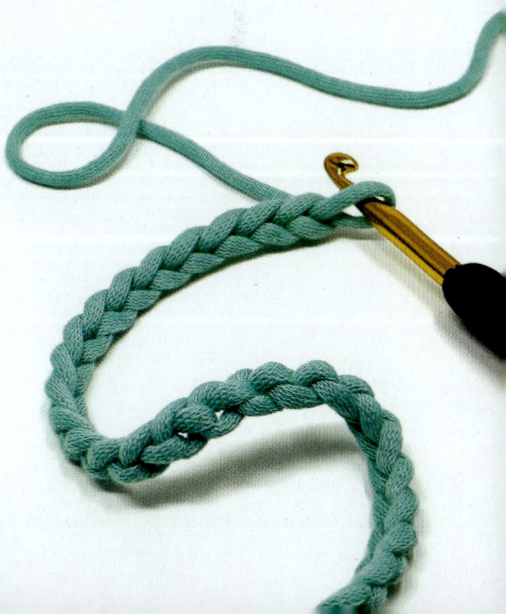

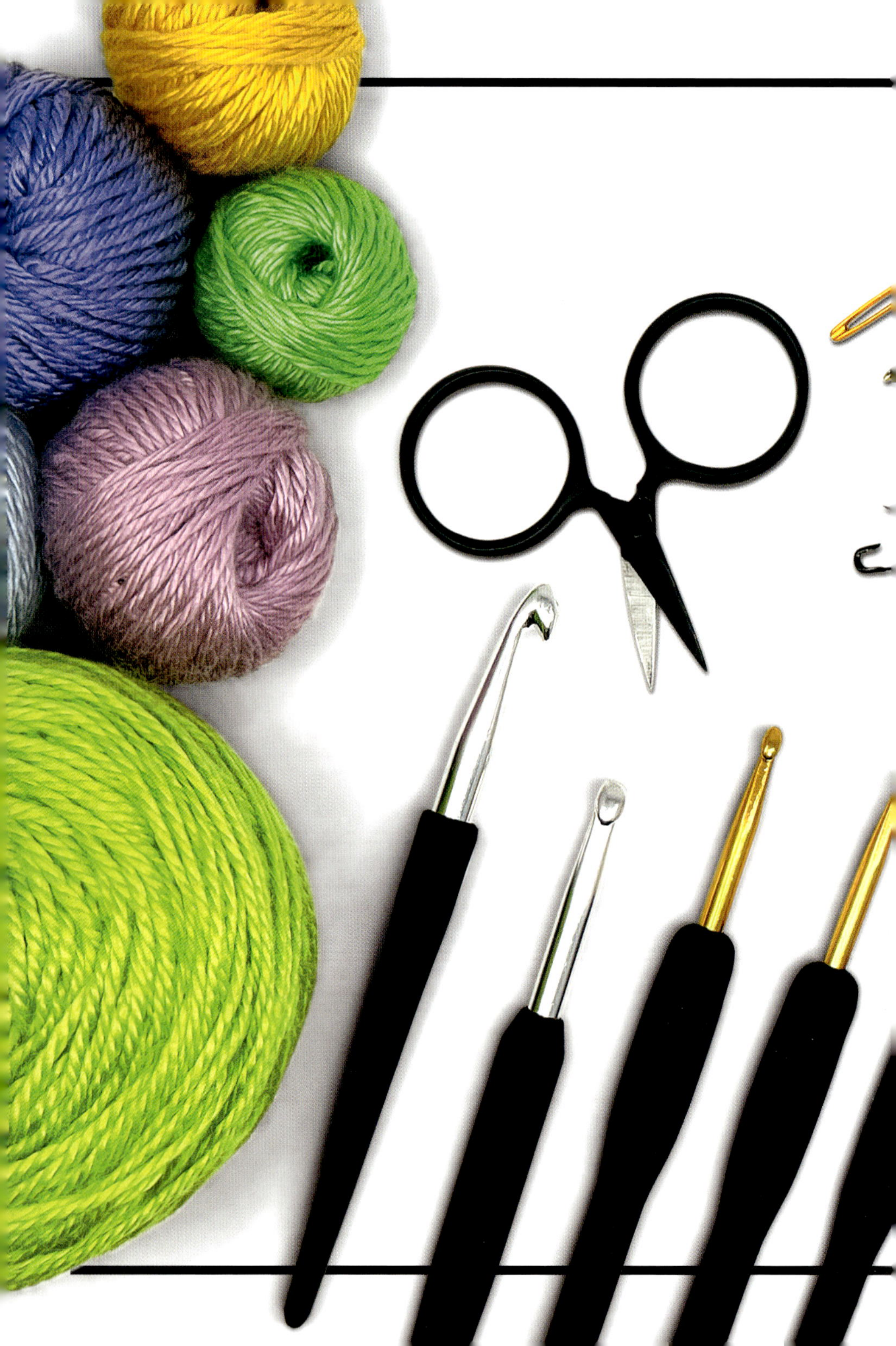

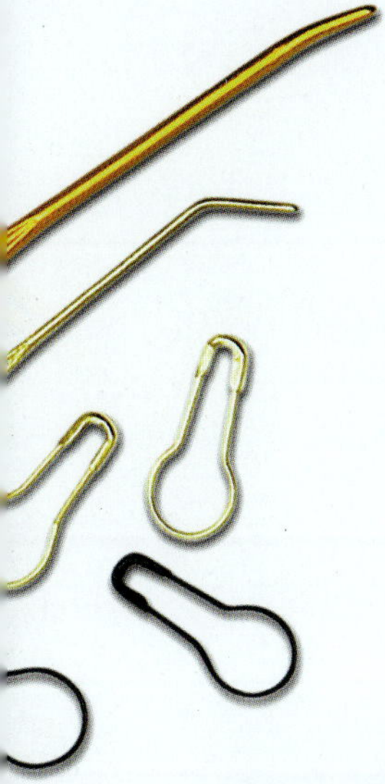

PERFEKT **VORBEREITET**

EIN KURZER LEITFADEN, UM DAS PASSENDE GARN UND PRAKTISCHE UTENSILIEN FÜR IHR PROJEKT ZU FINDEN

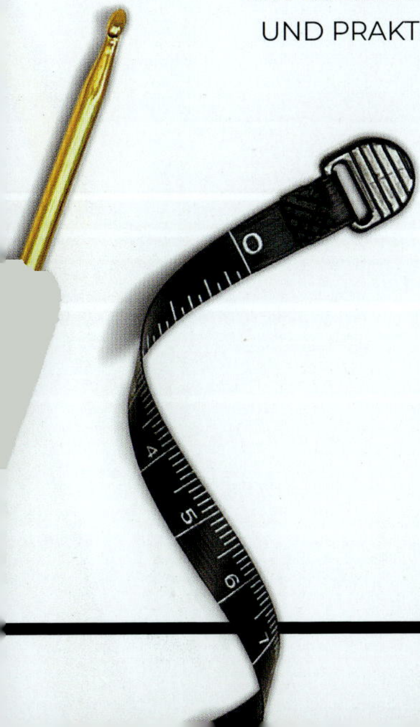

HÄKELNADELN

Nicht alle Häkelnadeln sind gleich und es ist ebenso wichtig, die richtige Häkelnadel zu wählen wie das passende Garn. Klar kann man mit so gut wie jeder Häkelnadel arbeiten, aber es gibt nichts Schlimmeres, als wenn sie abrutschen, das Garn spalten oder hängen bleiben. Mit der passenden Häkelnadel macht das Projekt viel mehr Spaß.

DIE ANATOMIE DER HÄKELNADEL

Auf den ersten Blick sind sie nichts weiter als gerade Stäbchen mit einem Haken; doch es steckt mehr dahinter. Grundsätzlich gibt es zwei Arten von Häkelnadeln:

Verjüngte Häkelnadeln haben rundere Köpfe, die fließend in den Schaft übergehen. Die Einbuchtung am Hals ist flacher als bei geraden Häkelnadeln.

Gerade Häkelnadeln haben spitz zulaufende Köpfe, die in gerader Linie mit dem Schaft liegen. Die Einbuchtung ist tiefer als bei der verjüngten Variante.

Beide Arten haben Vor- und Nachteile. Entscheidend ist aber Ihre persönliche Vorliebe. Probieren Sie beide aus und schauen Sie, was Ihnen mehr liegt.

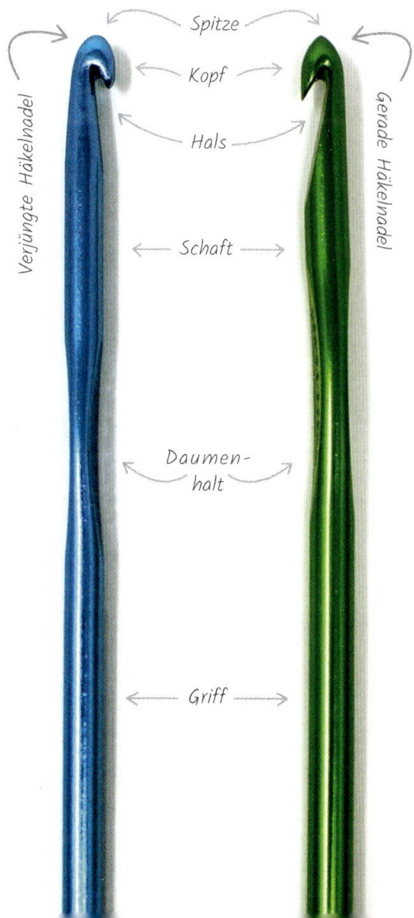

HÄKELNADEL HALTEN

Häkelnadeln kann man auf verschiede Weise halten. Die gebräuchlichsten sind Stift- und Messergriff, entsprechend der Art und Weise, auf die man diese Utensilien umfasst. Ich rate Ihnen, die Häkelnadel so zu greifen, wie sie Ihnen am besten in der Hand liegt.

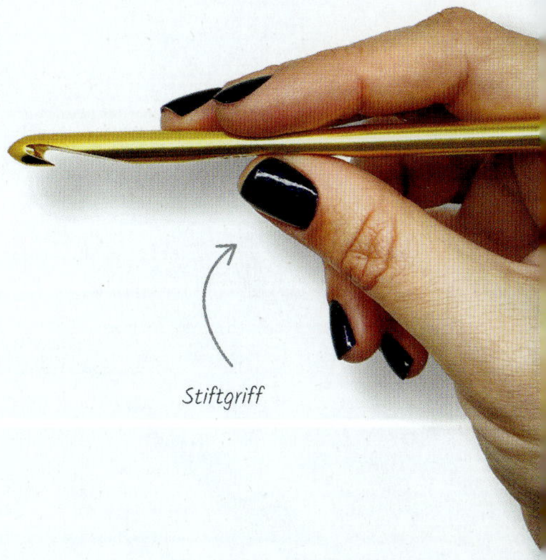

Stiftgriff

MIT LINKS HÄKELN

Linkshänder:innen halten seitlich einen Spiegel an diese Fotos. Das Spiegelbild zeigt, wie Sie eine Häkelnadel mit links halten.

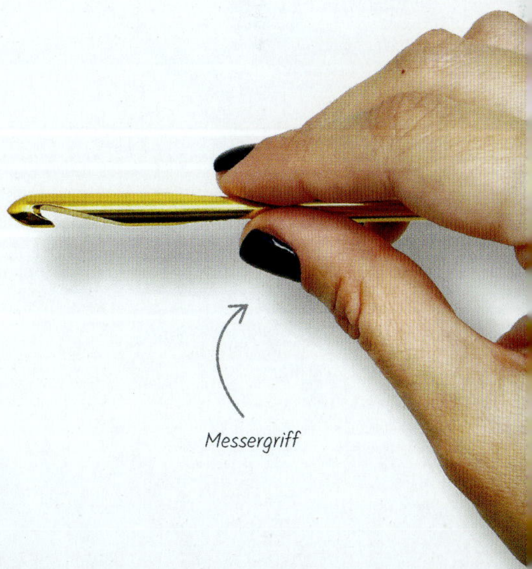

Messergriff

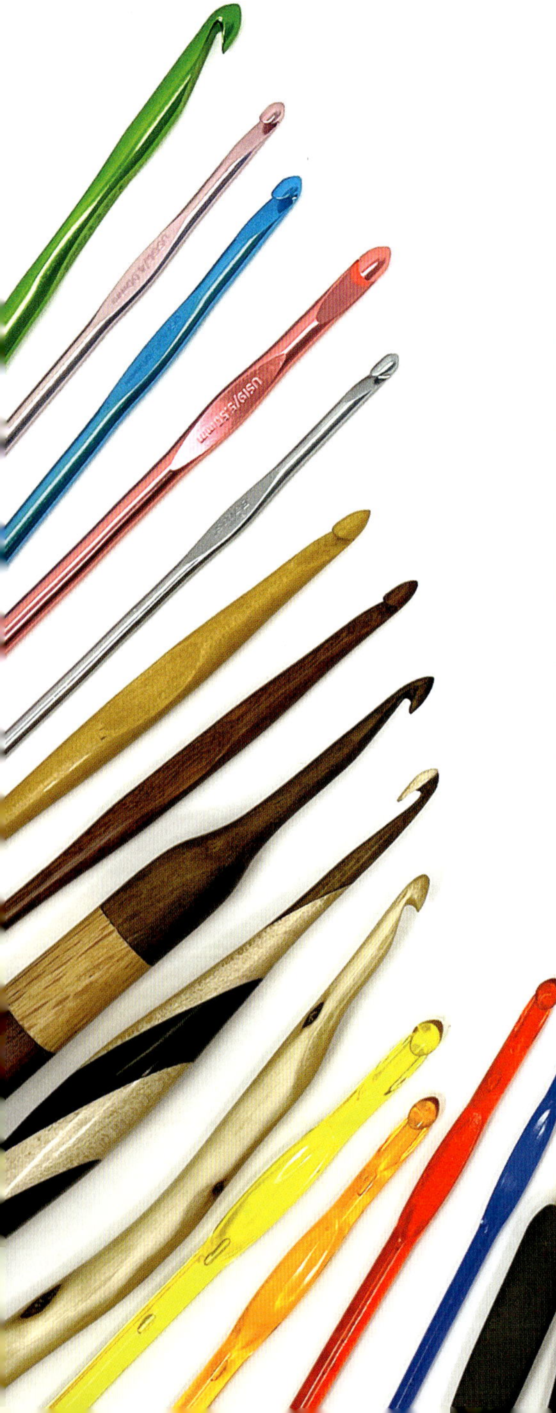

HÄKELNADEL WÄHLEN

Häkelnadeln gibt es in diversen Größen, Formen und Materialien. Folgende Kriterien können Sie bei der Wahl der Häkelnadel für Ihr nächstes Projekt bedenken.

Gerade Metallhäkelnadeln

Häkelnadeln aus Metall sind robust, in den wichtigsten Größen erhältlich und können für vieles, von Kleidung bis Amigurumi, benutzt werden. Sie sind ideal für Anfänger, da sie überall zu finden und recht günstig sind.

Holzhäkelnadeln

Die aus diversen Holzarten hergestellten Häkelnadeln sind leichter als die aus Metall. Sie eignen sich gut für die Arbeit mit glatten Kunstfasern, da sie mehr Reibung bieten. Aufgrund ihrer Zerbrechlichkeit gibt es sie nicht in dünnen Nadelstärken.

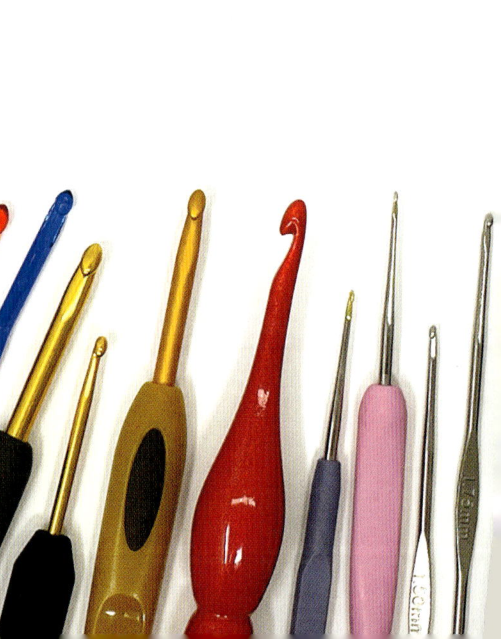

Gerade Häkelnadeln aus Plastik und Kunstharz

Eine tolle, simple Alternative, besonders wenn Sie eine sehr dicke Häkelnadel brauchen. Sie sind sehr leicht und bieten eine ähnliche Griffigkeit wie Holzhäkelnadeln. Da sie zerbrechlicher sind als Metall, gibt es sie meist nicht in dünnen Nadelstärken.

Ergonomische Häkelnadeln

Diese aus diversen Materialien hergestellten Nadeln haben einen großen Griff für eine bessere Handhabung, je nach Arbeitshaltung (s. S. 11).

Dünnkopfhäkelnadeln

Stahlhäkelnadeln in Stärken unter 2 mm, für sehr dünnes Garn.

Andere Häkelnadeln

Es gibt noch Jumbo-Häkelnadeln, tunesische Häkelnadeln, Doppel-Häkelnadeln und Mini-Häkelnadeln für unterwegs.

NADELSTÄRKEN

Wenn Sie nach US-amerikanischen Anleitungen häkeln, müssen Sie die entsprechene Nadelstärke in mm kennen.

US	MM
B-1	2.25
C-2	2.75
D-3	3.25
E-4	3.5
F-5	3.75
G-6	4
G	4.25
7	4.5
H-8	5
I-9	5.5
J-10	6
K-10.5	6.5
L-11	8
M/N-13	9
N/P-15	10
P/Q	15
Q	16
S	19
T/U/X	25

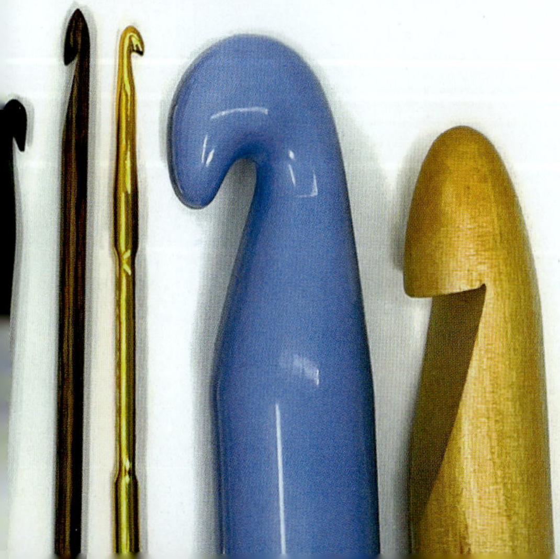

GARN

Von Naturfaser bis Acryl, von superdünn bis extradick, von strukturiert bis glatt – die Bandbreite der Garnsorten ist endlos. Das passende Garn für Ihr Projekt zu wählen, kann einen großen Einfluss auf die Form und das Verhalten des fertigen Stücks haben. Dabei sollten Zweck und Pflege nicht außer Acht gelassen werden.

DIE BANDEROLE IST IHR FREUND

Lernen Sie die gängigen Banderolen lesen: Sie verraten alles Wesentliche von Nadelstärke bis Pflegehinweisen, Gewicht, Lauflängen und Farbnummern.

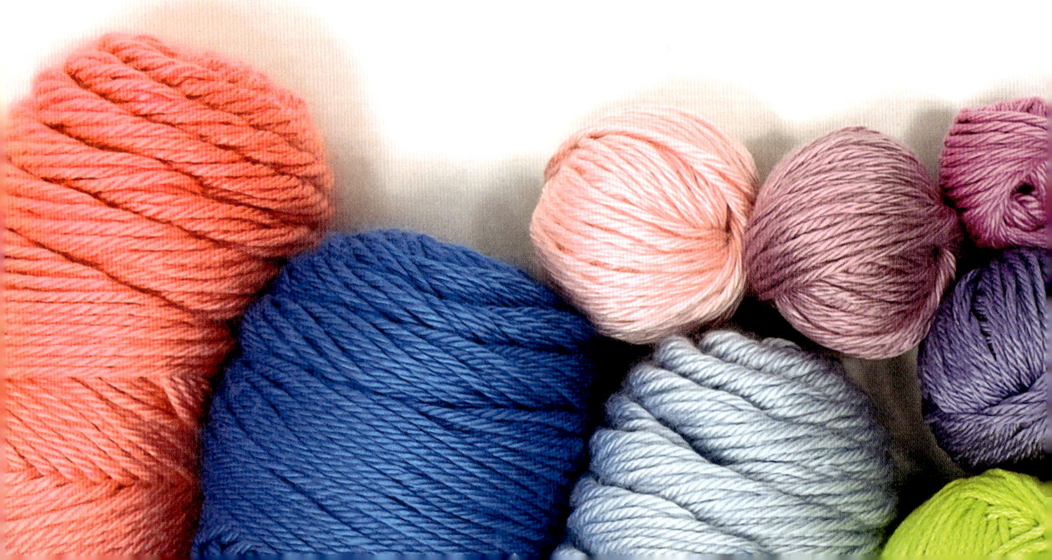

BANDEROLE VERLOREN?

Um schnell das Gewicht eines Garns ohne Banderole zu ermitteln, können Sie das einfach anhand der Umschläge pro 2,5 cm ausrechnen.

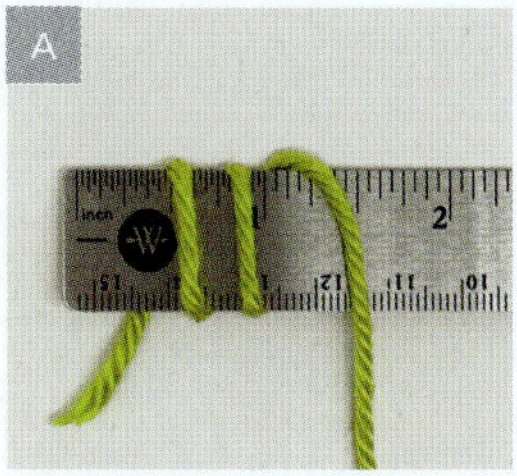

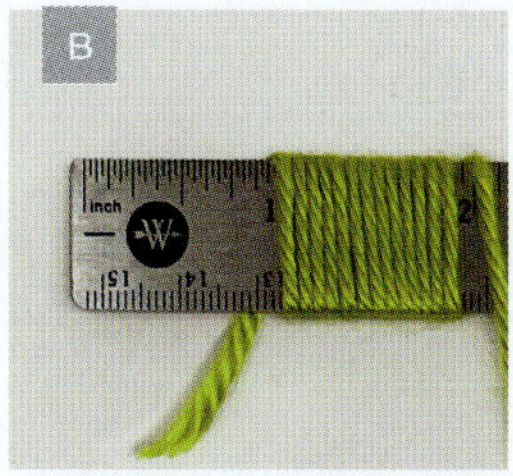

Anleitung

1. Das Garn um ein Lineal, einen Stift oder eine Häkelnadel wickeln (A, B).
2. Zählen, wie viele Umschläge für 2,5 cm notwendig sind.
3. In der Tabelle rechts nachschauen, um das Garngewicht auszurechnen.

GARNGEWICHT ERMITTELN

Garnstärke	U pro Inch (2,5 cm)
Lace (1-fädig)	30–40
Socken (2- oder 3-fädig)	15–30
Socken (4-fädig)	14–18
Light worsted (DK)	12–15
Worsted (Aran)	8–12
Bulky (Chunky)	6–9
Super Bulky (Super Chunky)	5–6
Jumbo (Ultra Roving)	1–4

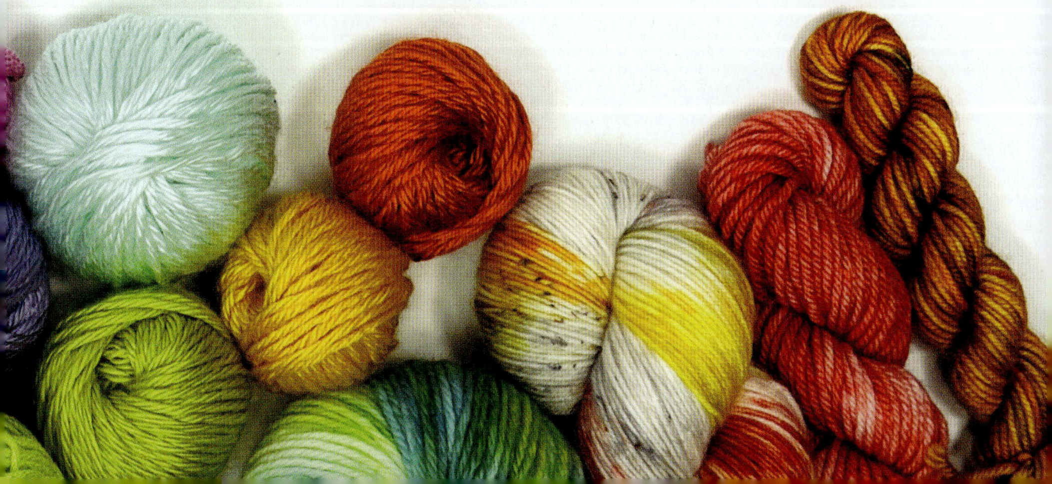

EIN KNÄUEL MIT MITTELFADEN WICKELN

Mit dem Mittelfaden arbeitet es sich generell einfacher und schneller. Man braucht nicht ständig am Garn zu zupfen und das Knäuel rollt auch nicht umher. Knäuel mit Mittelfaden kann man ohne besondere Utensilien selbst wickeln, wussten Sie das? Sie brauchen nur Ihre Hände.

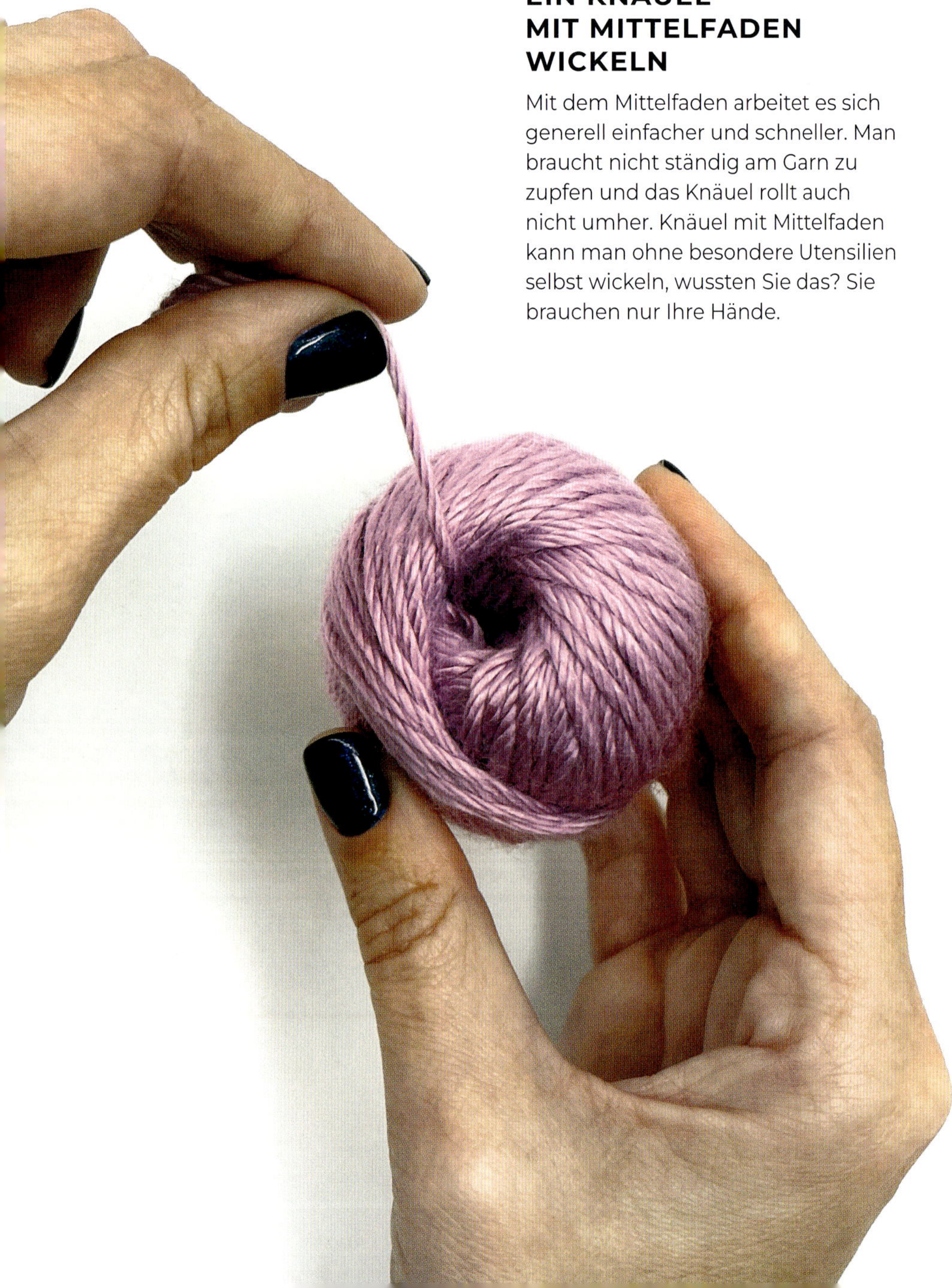

Anleitung

1. Das Garn mit 12,5–15 cm Restfaden über die Hand legen (A).
2. Fadenende festhalten, dann das Garn in Achterform um Daumen und Zeigefinger wickeln (B).
3. Weitere 15–20-mal so wickeln (C, D).
4. Daumen und Zeigefinger zusammendrücken und die Fäden nach vorne herunterschieben (E, F).
5. Das Garn um die Fadenschichten wickeln, dabei das Knäuel kontinuierlich in die gleiche Richtung drehen. Den Daumen immer auf der Fadenschicht lassen (G, H, I).

! WICHTIG

Den Daumen nie von der Fadenschicht nehmen. Nie das Garnende loslassen.

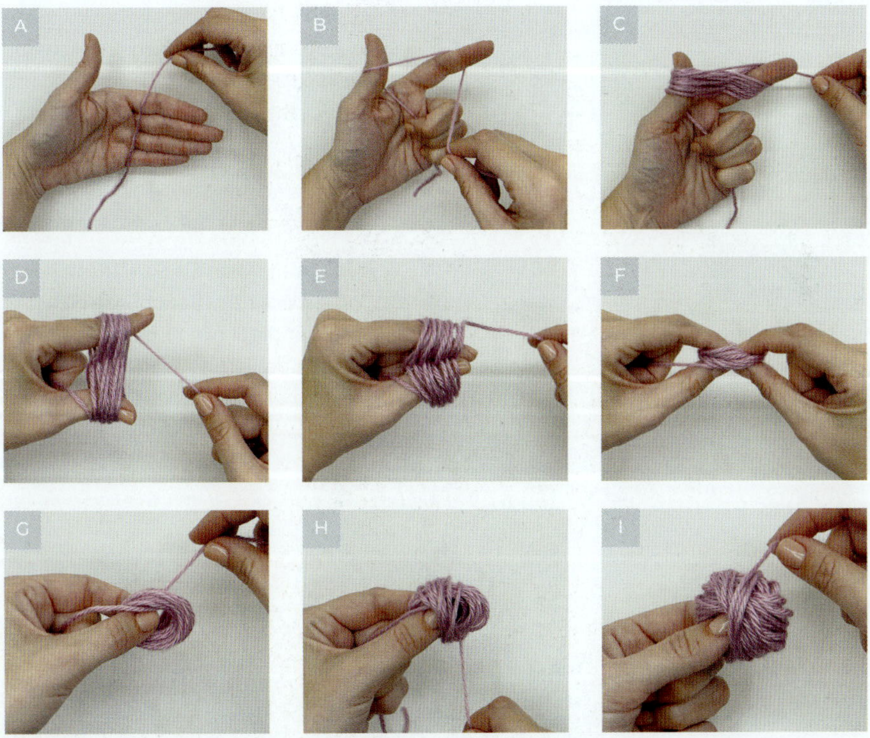

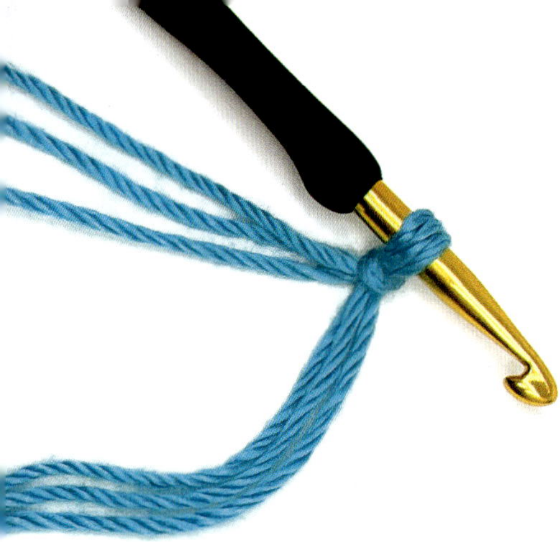

EINFÄDIGES GARN ZU DICKEM GARN MACHEN

Man kann selbst dickere Garnstärken herstellen, indem man mit mehreren Fäden gleichzeitig häkelt. Dazu muss man nicht mehrere Knäuel wickeln: Man kann einfach drei Fäden aus dem gleichen Knäuel benutzen.

Anleitung

1. Den Faden in drei waagerechten Strängen s-förmig zurechtlegen (A).
2. Die drei Stränge zu einem einzigen Faden zusammendrücken (B).
3. Aus dem 3-fädigen Strang eine Anfangsschlinge machen (C). Mit dem Dreifachfaden häkeln wie sonst mit dem einfachen (D).
4. Zum Verlängern des Fadens die Schlinge nehmen und über den Faden legen, der aus dem Knäuel kommt (E).
5. Den Faden durch die Schlinge ziehen und dabei eine neue Schlinge bilden. Je länger die Schlinge, desto länger wird der dreifache Faden (F). Er kann nun immer stückweise verlängert werden.

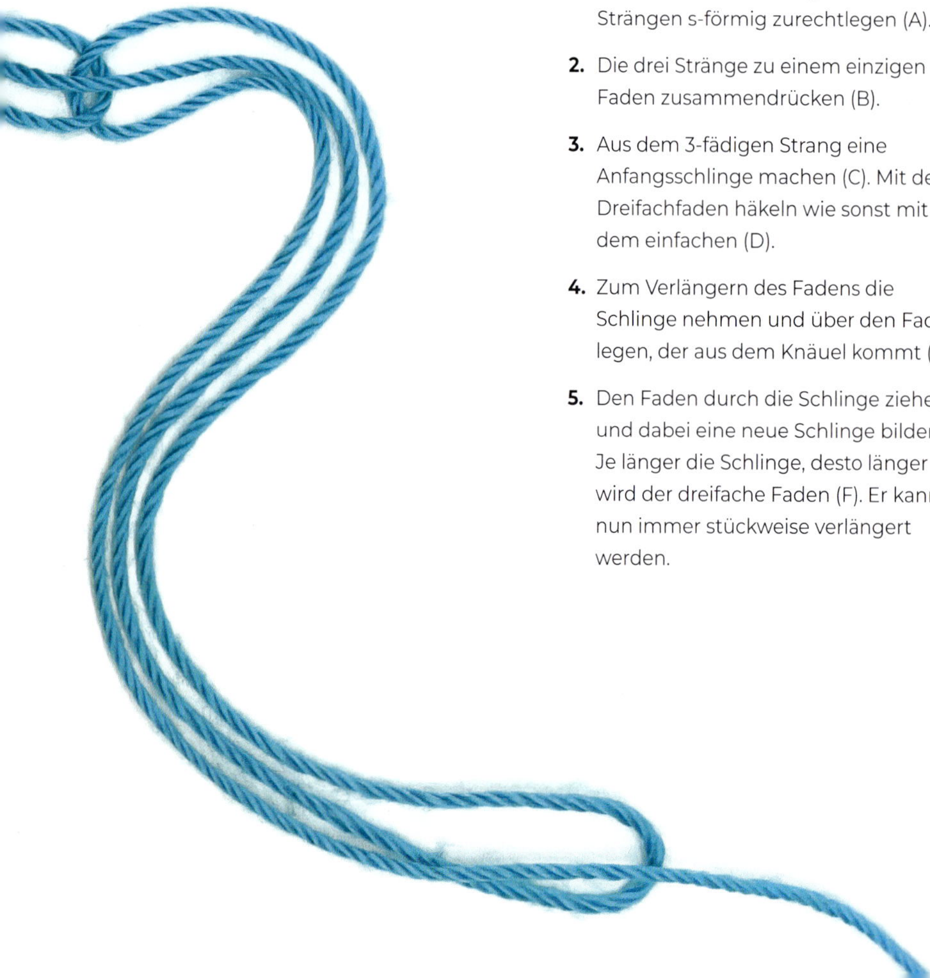

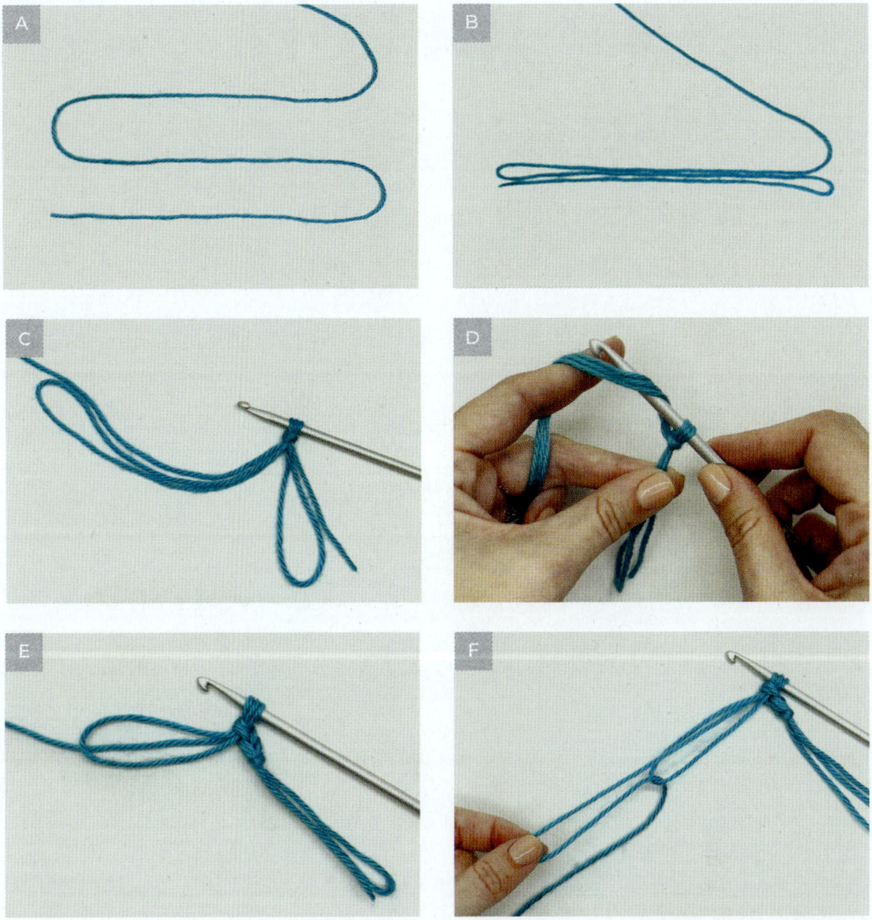

DOPPELFADEN AUS EINEM KNÄUEL

Doppelfädig kann man aus einem Knäuel häkeln, indem man den Mittelfaden und den Außenfaden zusammenlegt.

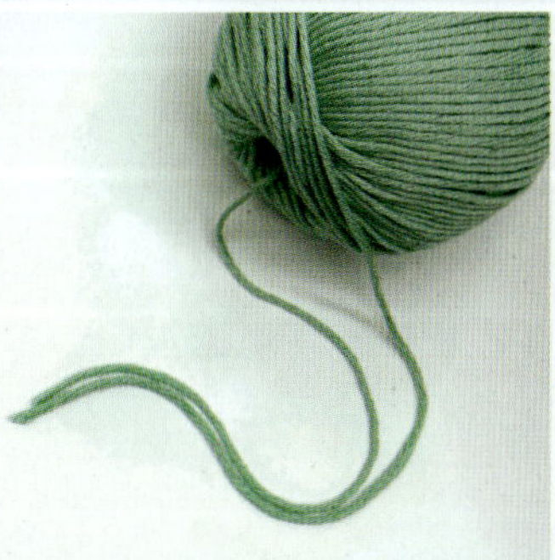

ZUBEHÖR & UTENSILIEN

Zusätzlich zu Garn und Häkelnadeln sollten Sie eine Reihe wichtiger Utensilien besitzen: Nähnadeln, Maschenmarkierer, Schere und mehr. Dieses Kapitel beschreibt weiteres hilfreiches Zubehör, das es sich lohnt, griffbereit zu haben.

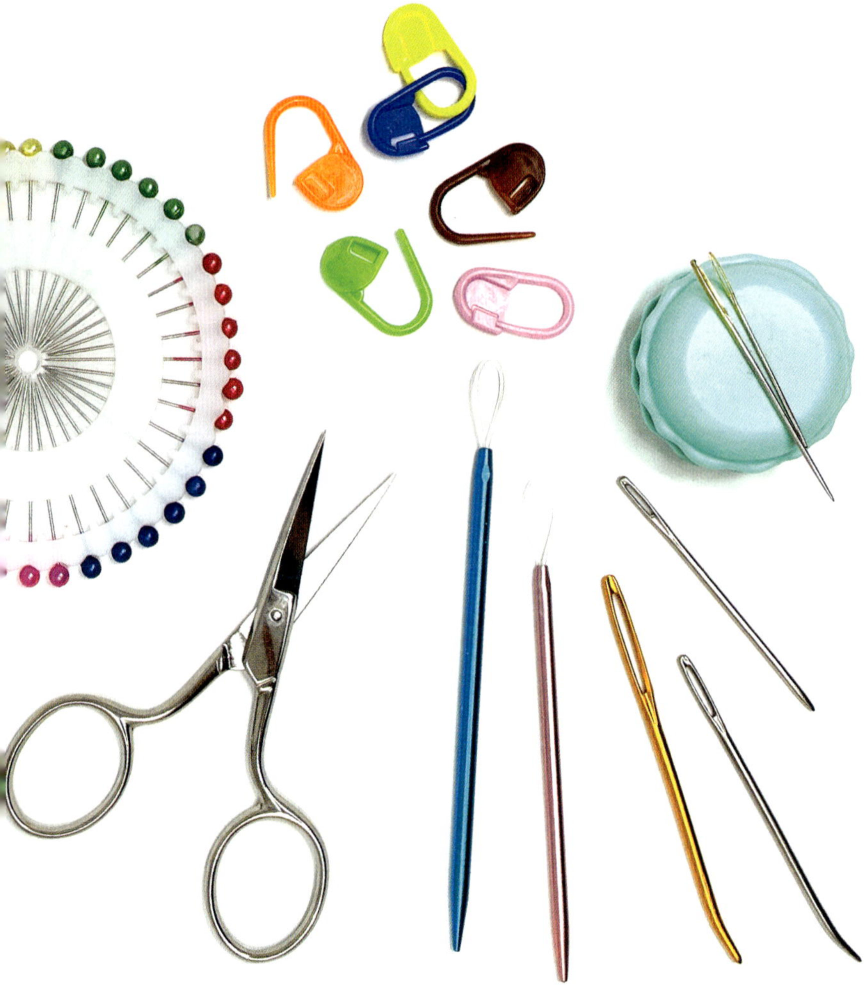

NÄHNADELN

Nähnadeln gibt es aus zahleichen Materialien, in vielen Größen und Formen. Die passende Nähnadel für bestimmte Zwecke kann genauso entscheidend sein wie die richtige Häkelnadel. Hier ist eine Liste von Nähnadeln, die man haben sollte.

Stopfnadeln

Stopfnadeln gibt es aus Metall oder Plastik. Sie haben große Öhre und stumpfe Spitzen, zum leichteren Einstechen in die Maschen, ohne dabei das Garn zu spalten. Sie sind verschieden dick, gerade oder mit gebogenen Spitzen versehen.

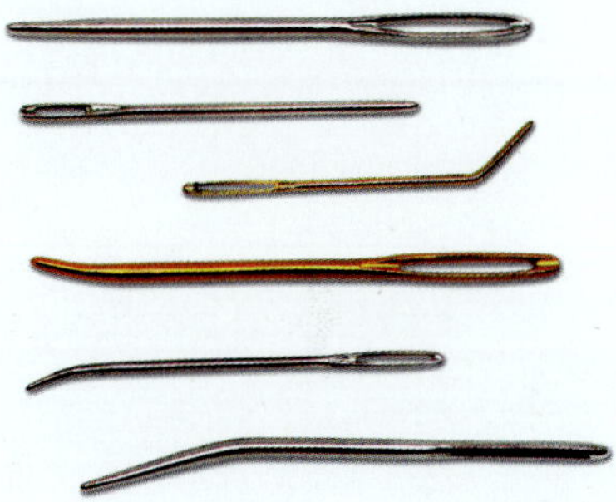

Nähnadeln

Die klassischen Nähnadeln sind kleiner als Stopfnadeln, haben ein längliches Öhr und sind spitz, was sich perfekt für dünnes Garn oder zum Aufsticken von Ornamenten auf Amigurumi eignet.

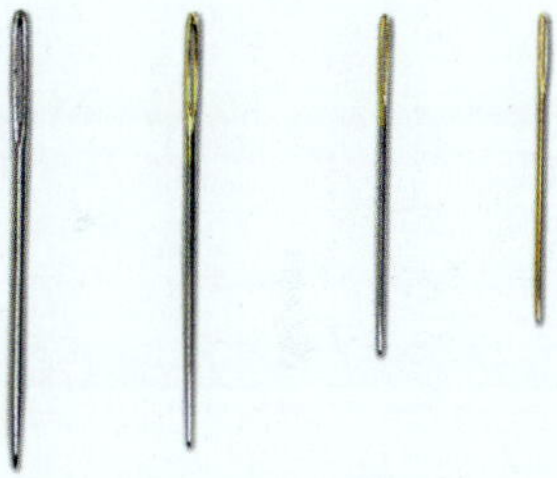

Woll- und Vernähnadeln

Diese biegsamen Nadeln mit extra großem Öhr eignen sich perfekt für besonders dicke Garne (Bulky, Chunky und Jumbogarne).

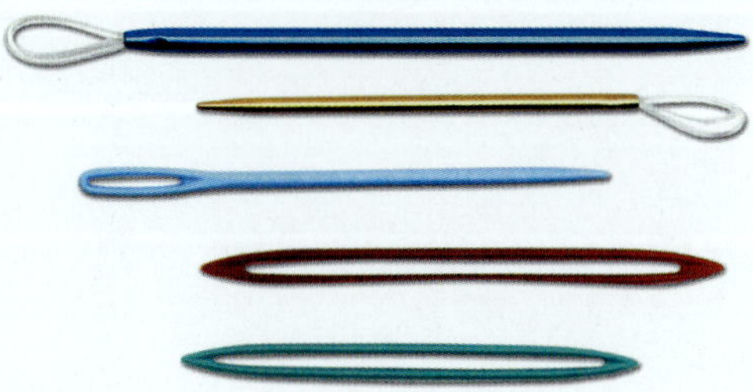

EINFÄDELN AUF DREIERLEI ART

Wenn Sie keine Einfädelhilfe zur Hand haben, können Ihnen ein paar ganz gewöhnliche Alltagsgegenstände gute Dienste leisten. Mit diesen drei einfachen, aber effektiven Tricks werden Sie einfädeln wie ein Profi!

Die Papiermethode

Anleitung

1. Einen Papierstreifen (2,5–5 cm lang und etwas schmaler als das Nadelöhr) zuschneiden.
2. Den Streifen halbieren und um das Fadenende legen (A).
3. Den Falz durch das Nadelöhr schieben. Mitsamt dem Faden ganz durchschieben, dann das Papier entfernen (B, C, D).

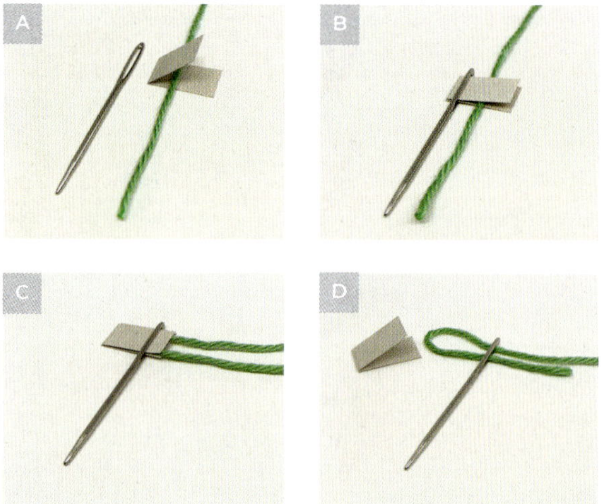

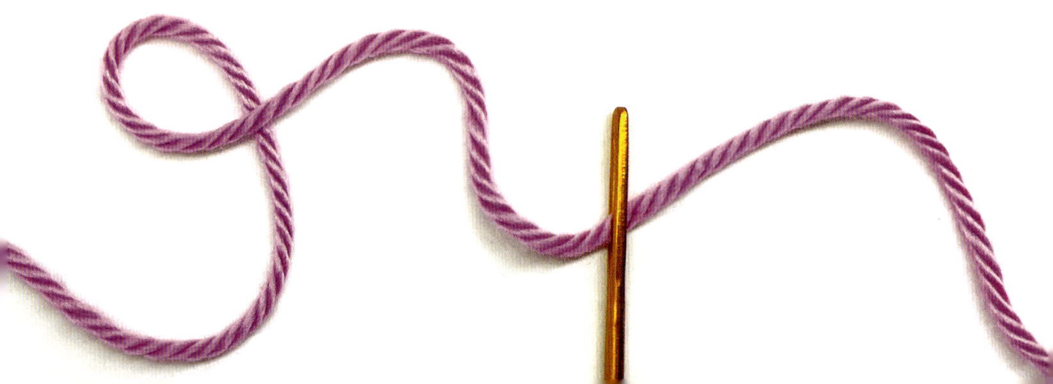

Die Fadenmethode

Anleitung

1. Ein Stück dünnen Hilfsfaden in der Mitte falten und die beiden Enden so einfädeln, dass eine Schlaufe entsteht (A).
2. Den Arbeitsfaden in die Schlaufe einfädeln (B).
3. An den beiden Fadenenden ziehen und dabei den Arbeitsfaden einfädeln (C, D).

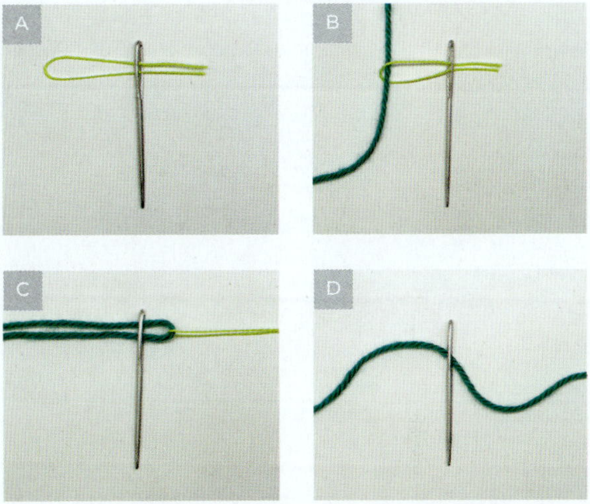

Die Faltmethode

Anleitung

1. Den Faden um die Nadelspitze legen und so eng wie möglich um die Nadel drücken (A).
2. Die Nadel herausziehen (B).
3. Das gefaltete Ende ins Öhr einfädeln (C, D).

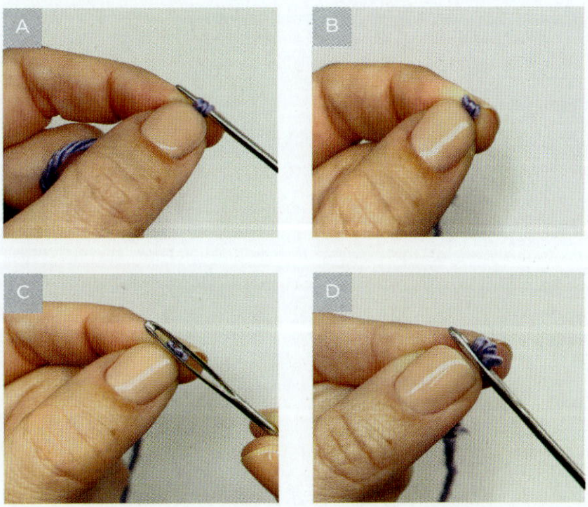

MASCHENMARKIERER

Maschenmarkierer sind unschätzbar zum Kennzeichnen von Runden und Reihen, bestimmten Maschen und zum Maschenzählen. Es gibt sie in allen Formen und Größen: vom einfachen Plastikmarkierer bis zum kunstvoll handgearbeiteten Anhänger sind die Möglichkeiten unbegrenzt.

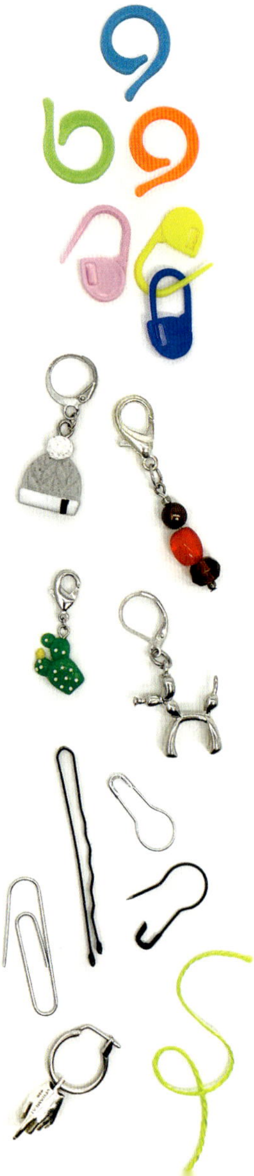

Einfache Maschenmarkierer

Aus Plastik gibt es vorwiegend diese zwei Sorten: offen ringförmig und verschließbar.

Kunstvolle Maschenmarkierer

Diese gibt es in vielen verschiedenen Größen, Formen und Materialien. Die Schließen selbst sind in aller Regel Karabiner- oder Bügelverschlüsse.

Alles andere

Es gibt viele weitere Alltagsgegenstände, die als Maschenmarkierer fungieren können. Sicherheitsnadeln, Büroklammern, Ohrringe, sogar ein Stück Hilfsfaden – all das kann man zum Maschenmarkierer umfunktionieren.

! WICHTIG

Beim Häkeln benutzte Maschenmarkierer müssen offen sein, anders als die beim Stricken verwendeten, die meist geschlossen sind. Beim Häkeln werden die Markierer nämlich direkt in die Maschen eingehakt (beim Stricken auf die Nadel gesteckt), also müssen sie entfernbar sein. Nicht verwechseln!

WEITERE UTENSILIEN

Neben all dem einfachen Zubehör schlage ich noch ein paar weitere Utensilien vor, die nützlich sein können.

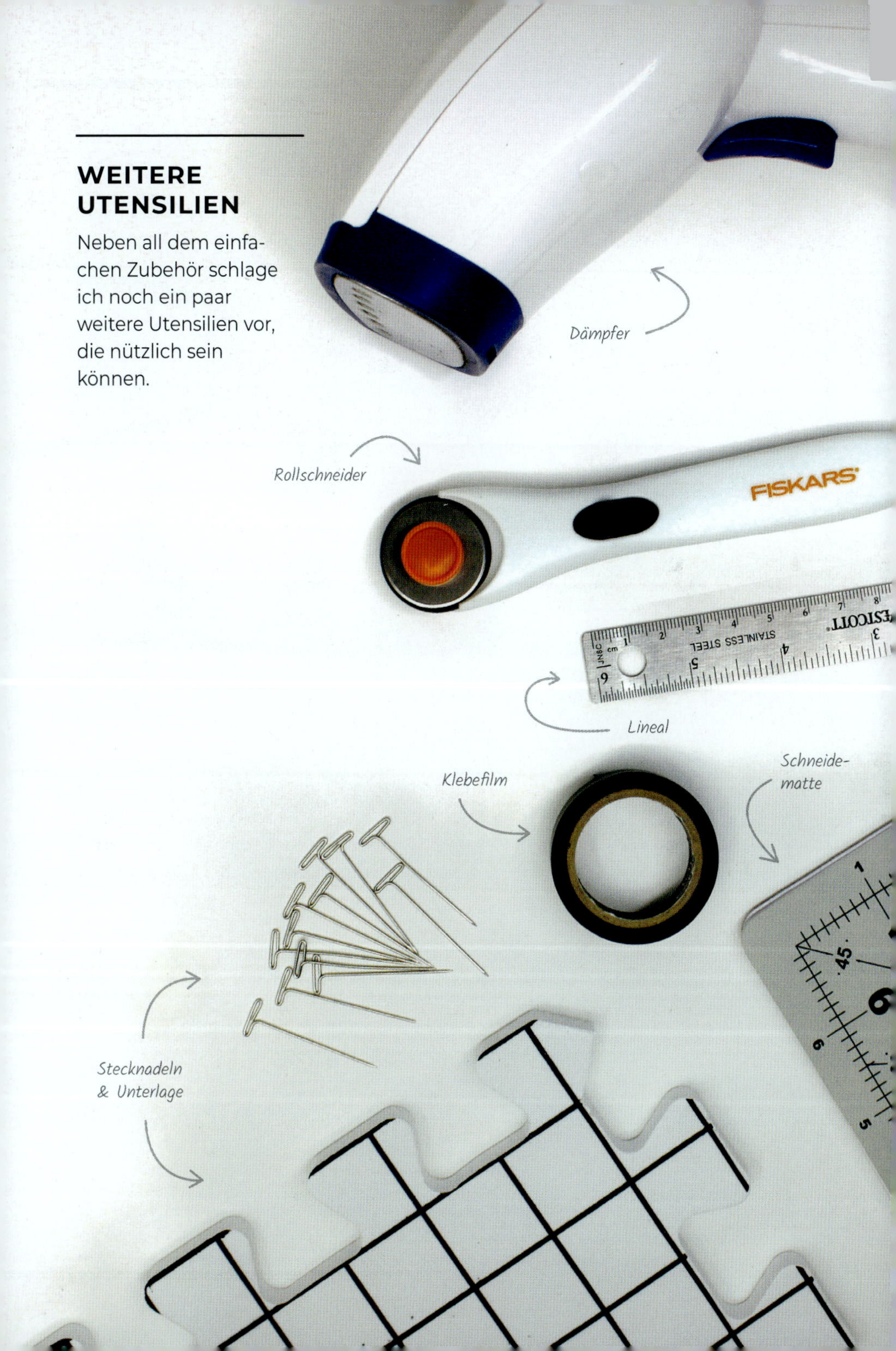

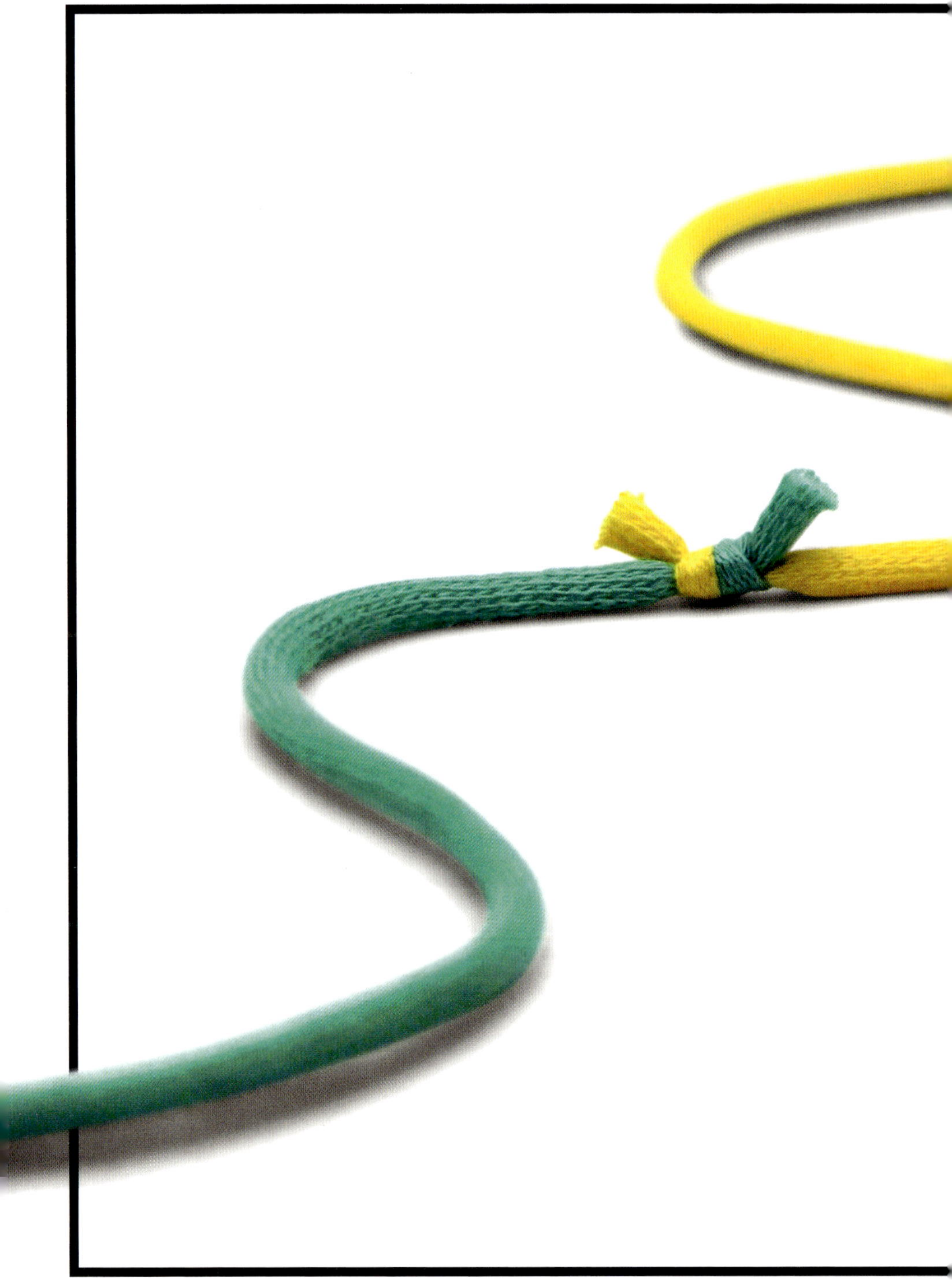

RICHTIG **VERKNÜPFT**

VON DER ANFANGSSCHLINGE BIS ZUM ZUSAMMEN-HÄKELN: TIPPS UND TRICKS FÜR PERFEKTE SCHLINGEN, KNOTEN UND VERBINDUNGEN

ANFANGSSCHLINGE

Einer der ersten Schritte beim Häkeln ist die Anfangsschlinge. Es ist zwar ein einfacher Knoten, aber manche Methoden sind komplizierter als andere. Hier kommen ein paar leicht zu merkende Wege zur schnellen, einfachen Anfangsschlinge.

OHNE HÄKELNADEL

Anleitung

1. Den Arbeitsfaden zweimal im Uhrzeigersinn um den Zeigefinger wickeln (A).
2. Linke Schlinge über die rechte ziehen (B).
3. Die neue linke Schlinge noch mal über die rechte (C) und vom Finger ziehen (D).

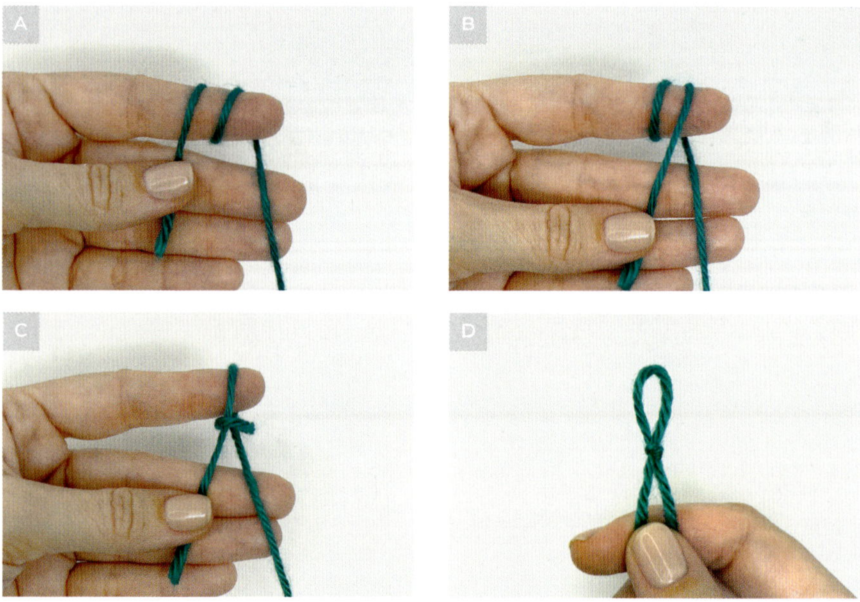

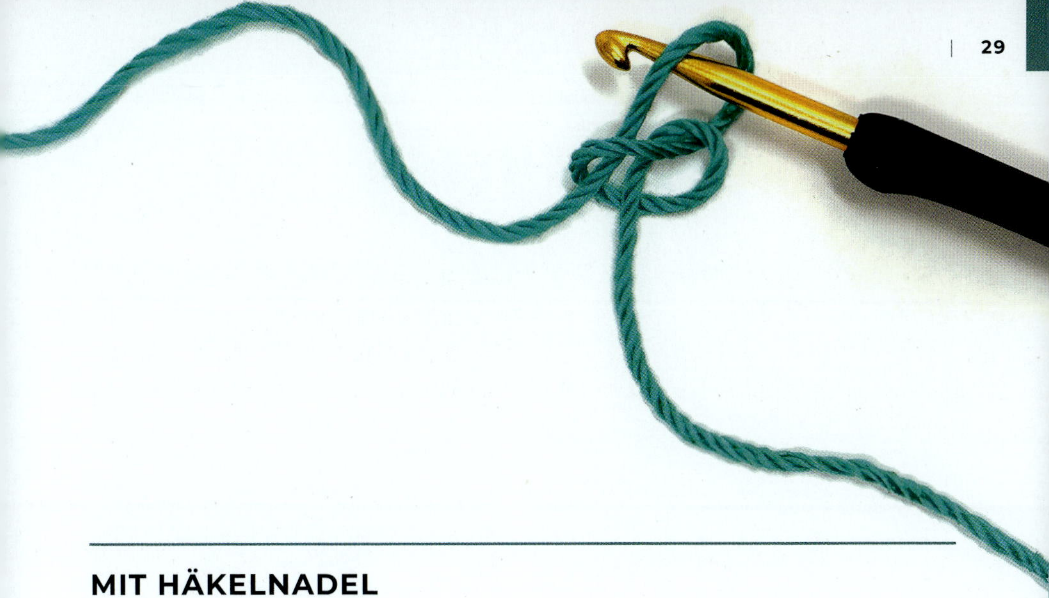

MIT HÄKELNADEL

Anleitung

1. Eine Schlinge formen, dabei liegt der Arbeitsfaden über dem Fadenende (A).
2. Die Häkelnadel in die Schlinge stecken (B).
3. Den Arbeitsfaden umschlagen (C).
4. Durch die Schlinge ziehen und festziehen (D).

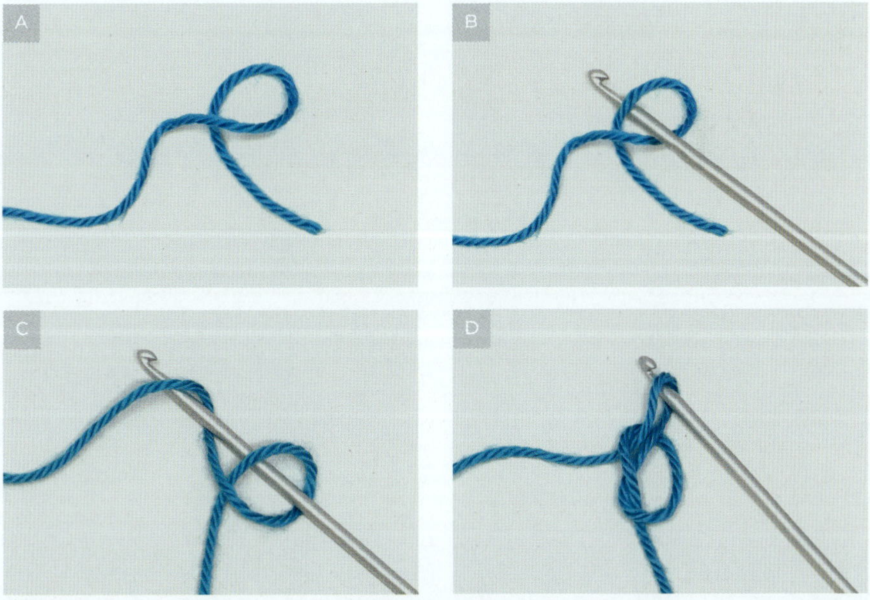

VERBINDUNGSKNOTEN

Es gibt mehrere Methoden, zwei Fäden miteinander zu verbinden, sei es für den Farbwechsel oder weil ein Knäuel zu Ende geht. Manche sind sicherer, haben aber einen deutlicher sichtbaren Knoten, andere erfordern etwas Feingefühl, sind dafür aber unsichtbar. Wählen Sie die Methode, die für Ihr Projekt am passendsten ist. Bei Amigurumi können sichtbare Knoten einfach innen versteckt werden. Bei einem zarten Lace-Schal dagegen könnte sich ein Übergang anbieten, der von keiner Seite zu sehen ist.

ZAUBERKNOTEN

Dies ist einer der sichersten Verbindungsknoten (außer für seidige, rutschige Garnsorten). Er ist einfach und es entsteht ein leicht kaschierbarer Knoten.

Anleitung

1. Die beiden Fäden parallel in die entgegengesetzte Richtung legen (A).
2. Den oberen Faden um den unteren schlingen und einen einfachen Knoten machen (B).
3. Den unteren Faden über den oberen legen und ebenfalls einen einfachen Knoten machen (C, D).
4. An den Fadenenden ziehen, was die beiden Knoten zusammen- und festzieht (E, F).
5. Die Restfäden komplett abschneiden.

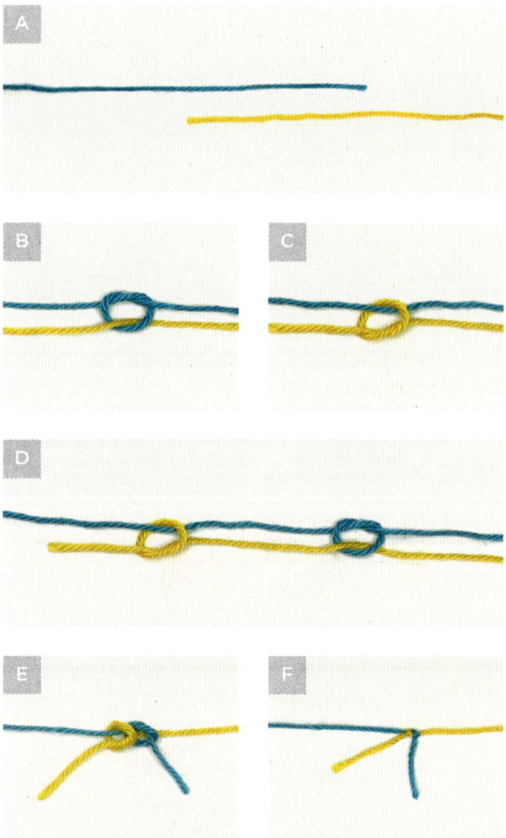

WEBERKNOTEN

Auch ein toller Knoten zum Verbinden zweier Garne ist der Weberknoten. Mit dieser Methode entsteht ein Knoten mit glattem Profil, der einfach zu kaschieren ist und nicht aufgeht. Für zusätzliche Sicherheit kann man die Fäden später noch vernähen.

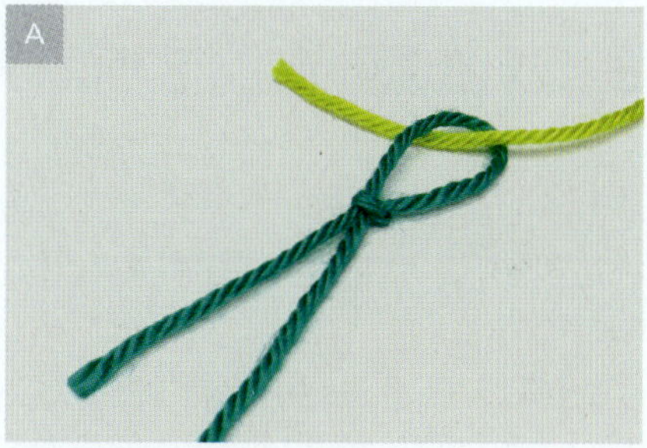

Anleitung

1. Zunächst eins der Fadenenden zur Anfangsschlinge formen.
2. Das zweite Fadenende durch die Schlinge führen (A).
3. Die Schlinge langsam zuziehen (B).
4. Aufhören zu ziehen, sobald der zweite Faden durchgezogen wird.
5. An beiden Arbeitsfäden ziehen, um den Knoten festzuziehen (C).

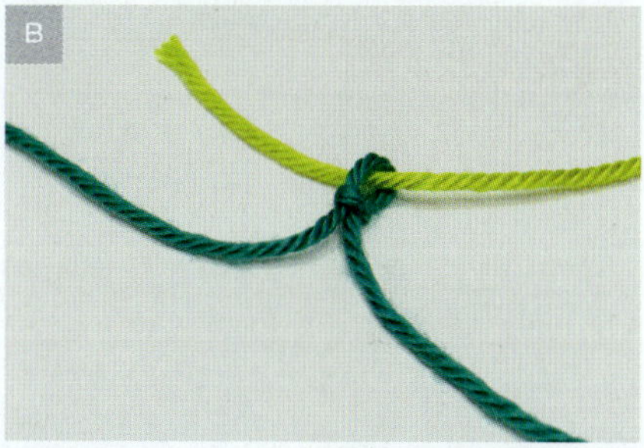

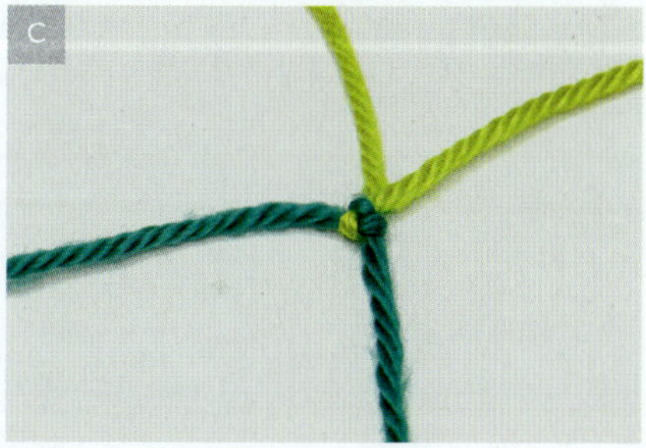

ZUSÄTZLICHE SICHERHEIT

Wenn man ein Stück anfertigt, das viel in Gebrauch sein wird, empfehle ich, lange Restfäden stehen zu lassen und sie gut zu vernähen, um sicherzugehen, dass das fertige Stück sich nicht auftrennt.

DER RUSSIAN JOIN

Ein etwas zeitaufwendiger, aber nahtloser, glatter Farbwechsel ganz ohne Knoten oder Wellen. Gleichzeitig sind die verzwirbelten Fäden eine sehr reißfeste Verbindung.

Anleitung

1. Zwei Fäden umeinanderlegen wie abgebildet (A).
2. Ein Fadenende in eine spitze Nadel einfädeln.
3. Die Nadel in die Mitte des gleichen Fadens einstechen und 2,5–5 cm hindurchfädeln (B, C).
4. Mit dem anderen Fadenende ebenso verfahren (D).
5. An beiden Fadenenden ziehen, um die Fäden zu glätten, dann festziehen.
6. Überstehende Restfäden abschneiden.

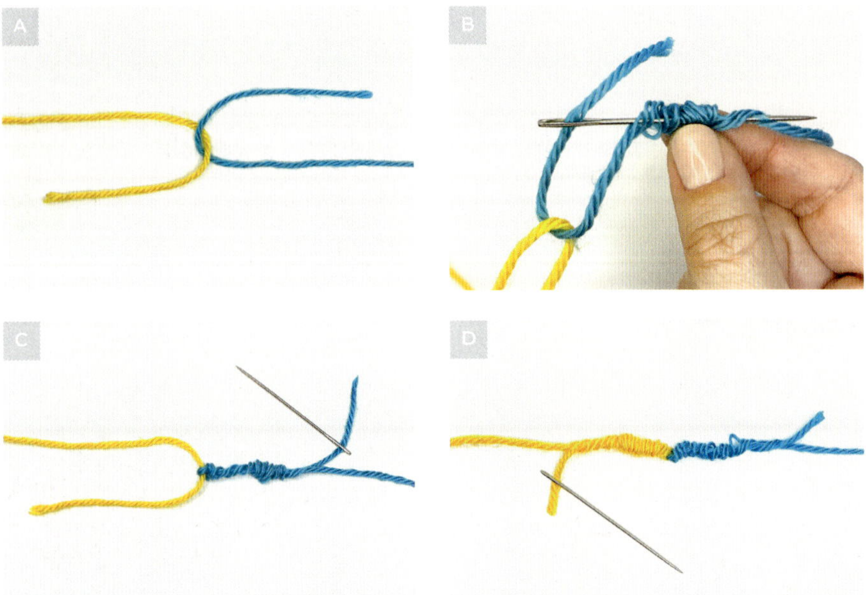

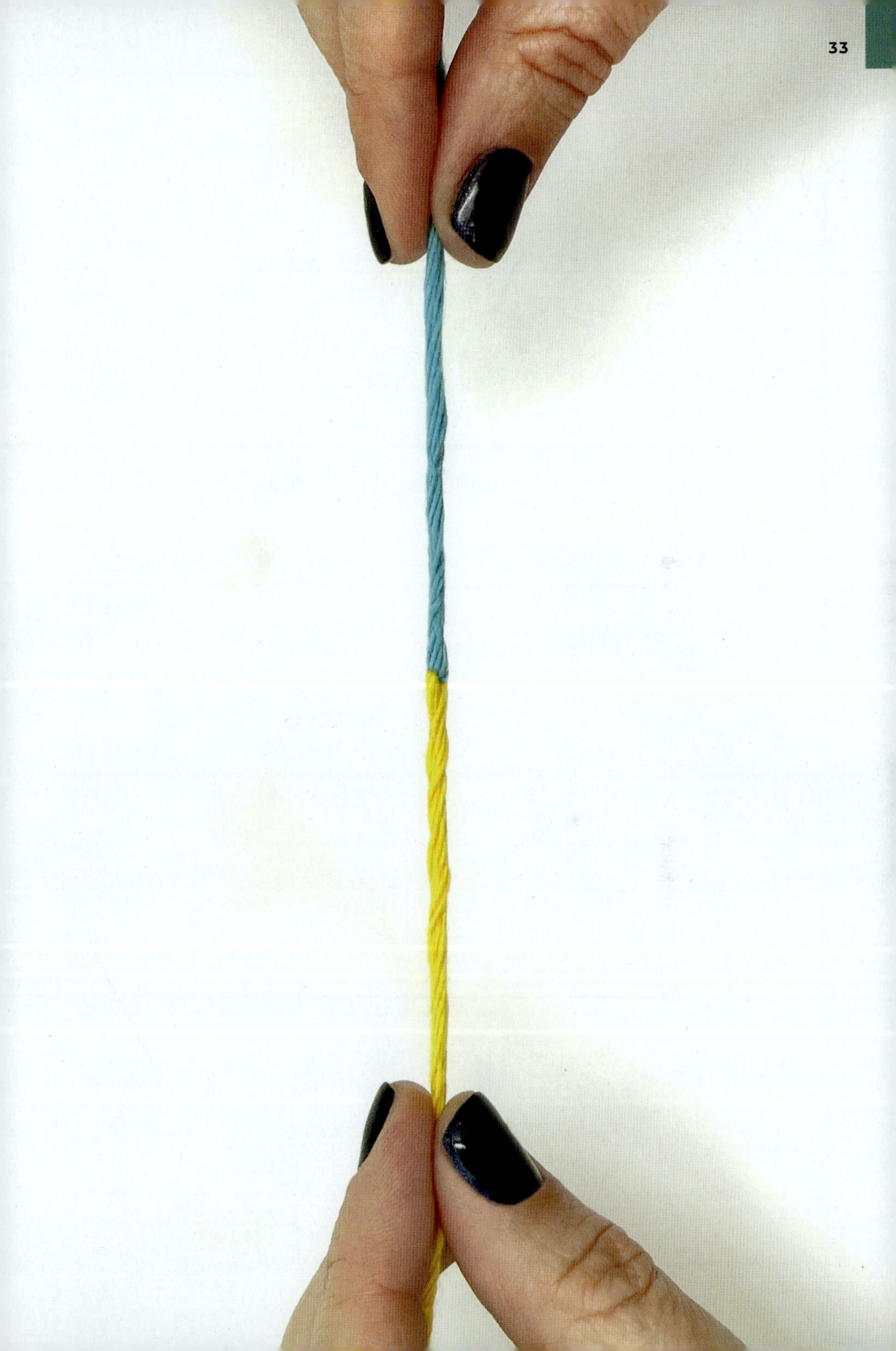

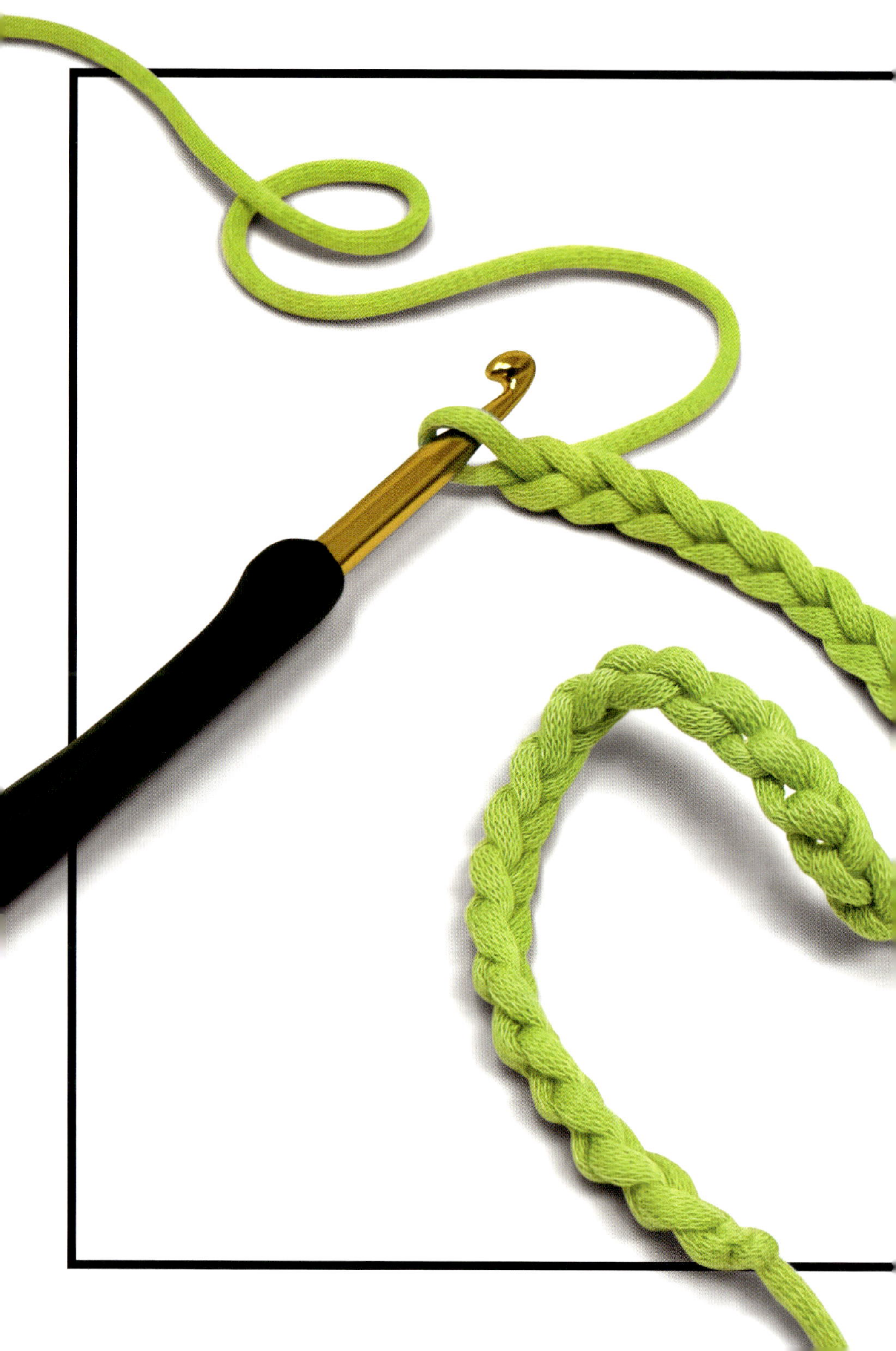

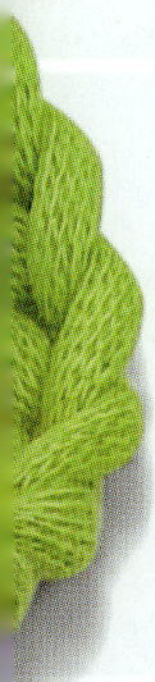

EIN SAUBERER **BEGINN**

LUFTMASCHENKETTEN UND ERSTE REIHE:
TIPPS UND TRICKS FÜR EINE
STABILE GRUNDREIHE

ALLES ÜBER LUFTMASCHENKETTEN

Die Luftmaschenkette wird für so gut wie alle Häkelprojekte benötigt. Sie kann Grundreihe für flach liegende Stücke aus Hin- und Rückreihen sein sowie der Anfang von länglichen oder oval geformten Projekten, die in der Runde gehäkelt werden. Man kann sie auch zur Runde schließen, um Schläuche zu häkeln.

Luftmaschen sind vielseitig und die vielleicht am einfachsten erlernbare Maschenart – haben aber ihre Tücken. Denn Luftmaschenketten sind ziemlich unstabil und es ist schwierig, hineinzustechen. Sie verdrehen sich, sie beißen ... nein, das dann doch nicht. Hier kommen ein paar Tricks, die jeglichem Frust bei der Luftmaschenkette den Garaus machen.

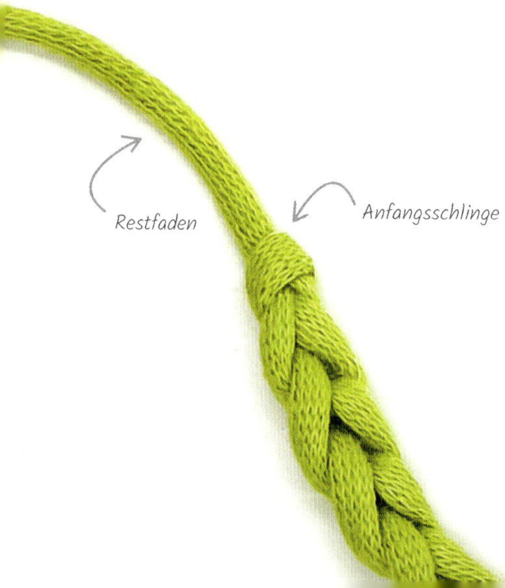

GLATTGEZOGEN

Unregelmäßig aussehende Luftmaschenketten können Sie ein paarmal an beiden Enden glattziehen.

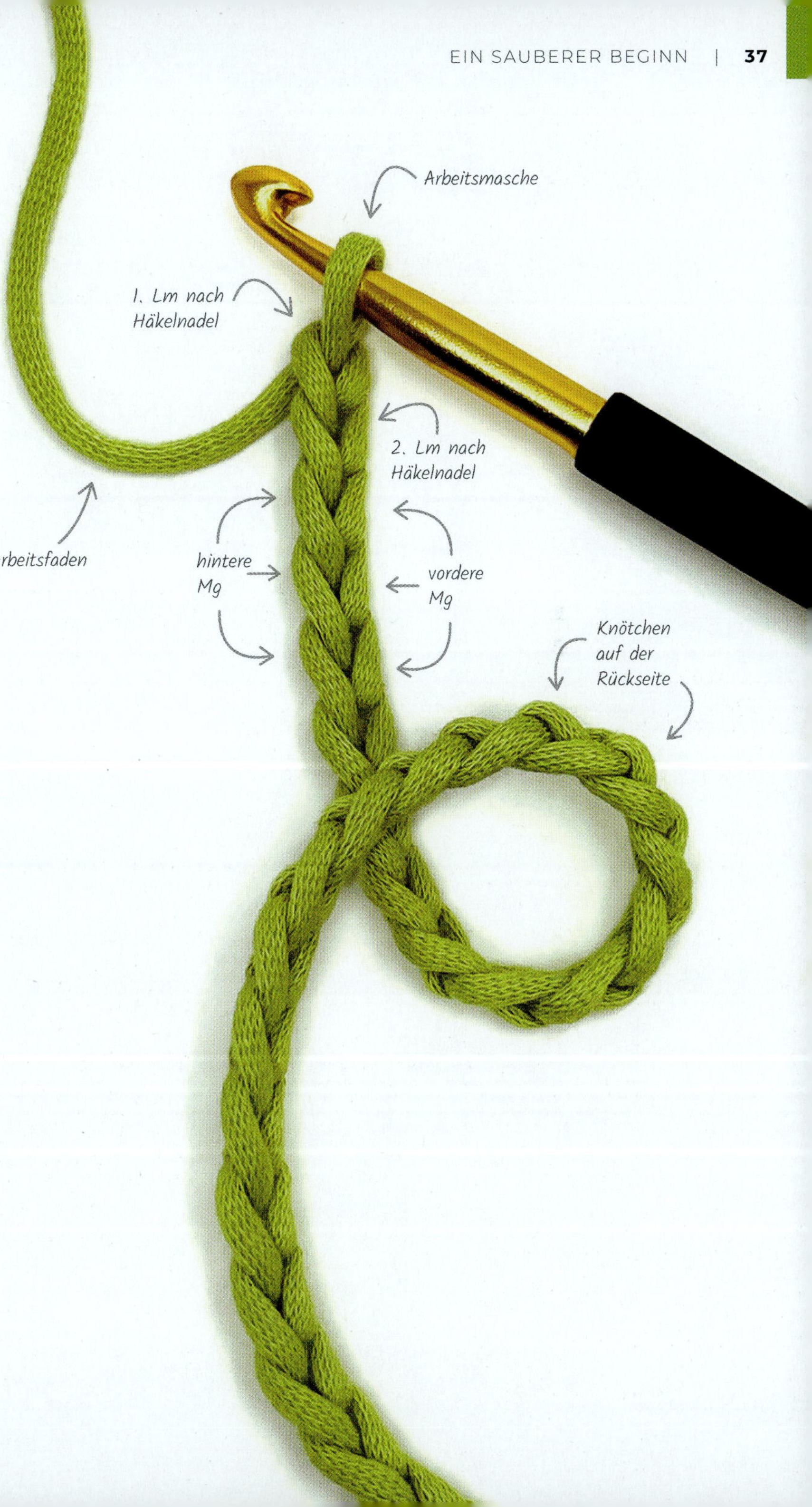
Arbeitsmasche
1. Lm nach Häkelnadel
2. Lm nach Häkelnadel
Arbeitsfaden
hintere Mg
vordere Mg
Knötchen auf der Rückseite

ANFANG OHNE KNOTEN

Beginnt denn nicht jede Grundreihe mit einer Anfangsschlinge, die ein kleines Knötchen hinterlässt? Was, wenn ich Ihnen sage, dass man auch ohne sichtbares Knötchen eine Luftmaschenkette häkeln kann? Das ist nämlich der Fall.

Anleitung

1. Fadenende unter den Arbeitsfaden legen. Es entsteht eine Schlinge. Häkelnadel in die Schlinge stecken (A).
2. Unten an der Schlinge die beiden Fäden zusammendrücken, sodass die Schlinge zusammenhält (B).
3. Arbeitsfaden durch diese Schlinge ziehen. Diese Masche zählt als erste Luftmasche (C, D).
4. Die restlichen Luftmaschen häkeln wie gewohnt (E, F).
5. Sollte die erste Luftmasche zu groß sein, diese einfach sanft am Fadenende festziehen. Vorsicht: nicht allzu fest ziehen, da die Luftmasche dann zum Knötchen wird.

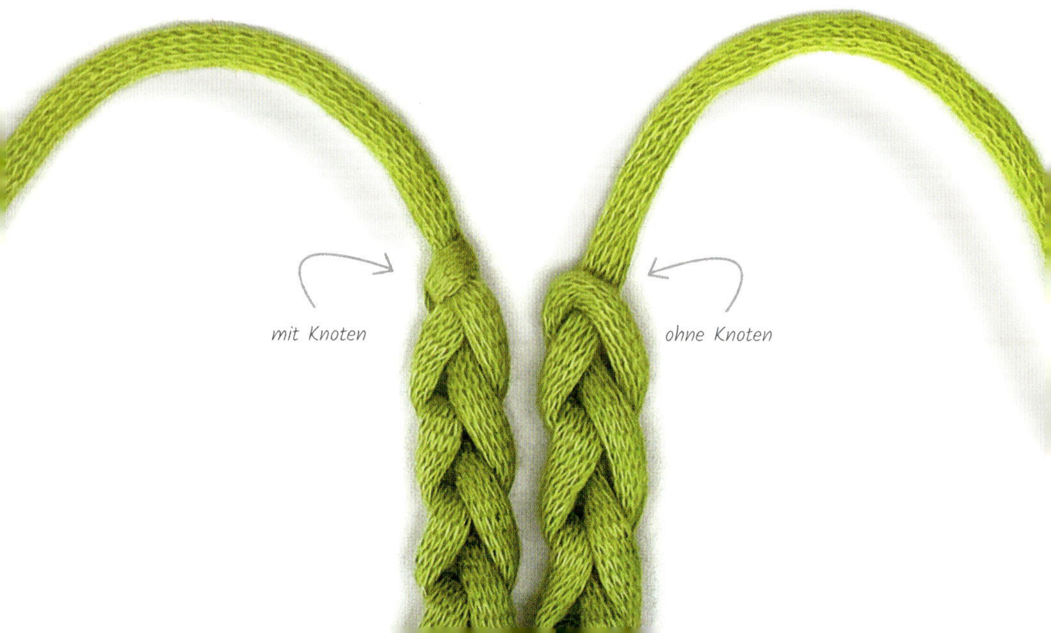

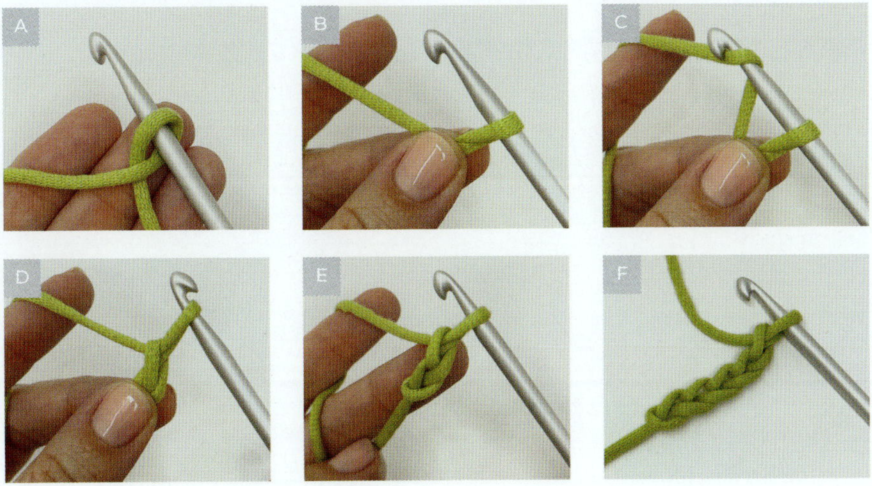
A
B
C
D
E
F

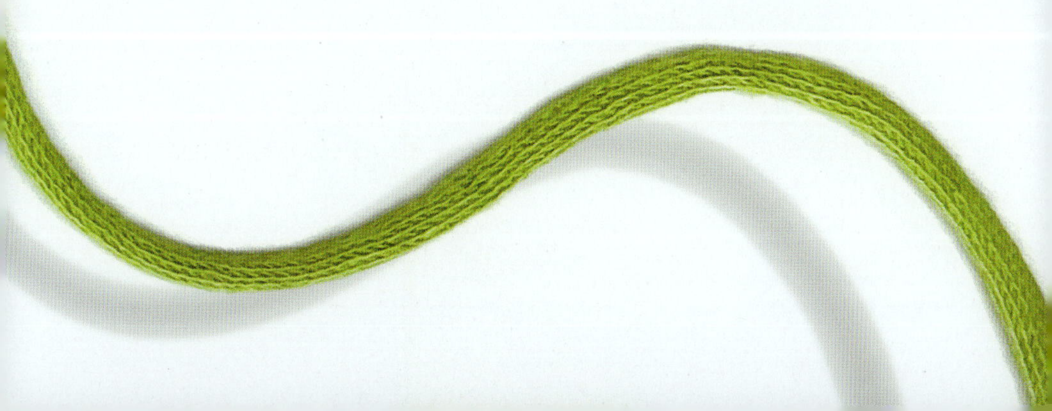

KEINE VERDREHTE LUFTMASCHENKETTEN MEHR

Wenn Sie jemals lange Luftmaschenketten zur Runde schließen mussten, wissen Sie, wie schwierig das sein kann. Trotz aller Bemühungen um die richtige Ausrichtung verdreht sich die Kette unweigerlich. Das Schlimmste daran: Man merkt es meist erst am Ende der ersten Reihe. Diese erprobte Methode sorgt dafür, dass sich Ihre Luftmaschenketten nie wieder verdreht!

Anleitung

1. Luftmaschenkette wie gewohnt mit einer Anfangsschlinge beginnen.
2. Einige Luftmaschen häkeln, dann die Häkelnadel aus der Arbeitsmasche ziehen und von hinten nach vorne in die erste Luftmasche einstechen (A).
3. Häkelnadel wieder in die Arbeitsmasche einstechen (B) und die Luftmaschenkette fertighäkeln (C).
4. Um die Kette zur Runde zu schließen, einfach die Arbeitsmasche durch die erste Masche ziehen (D).

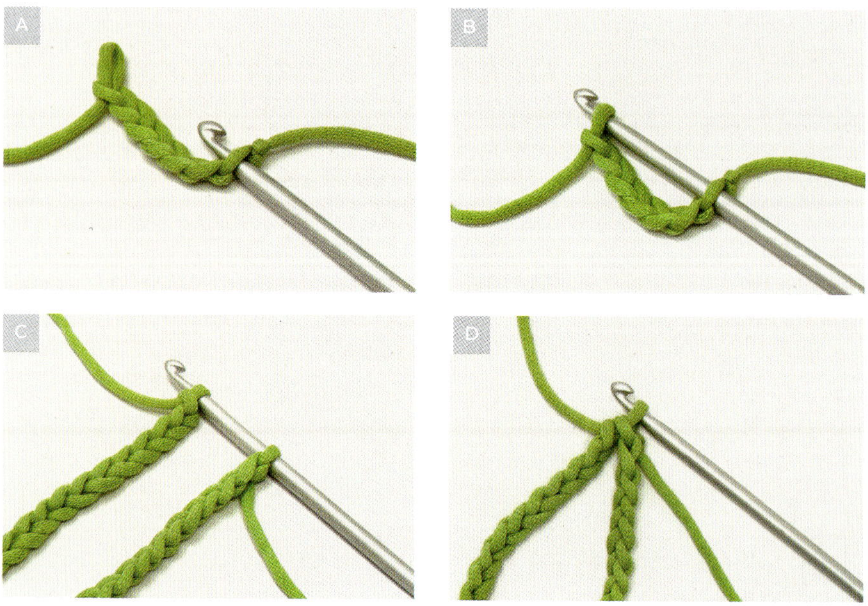

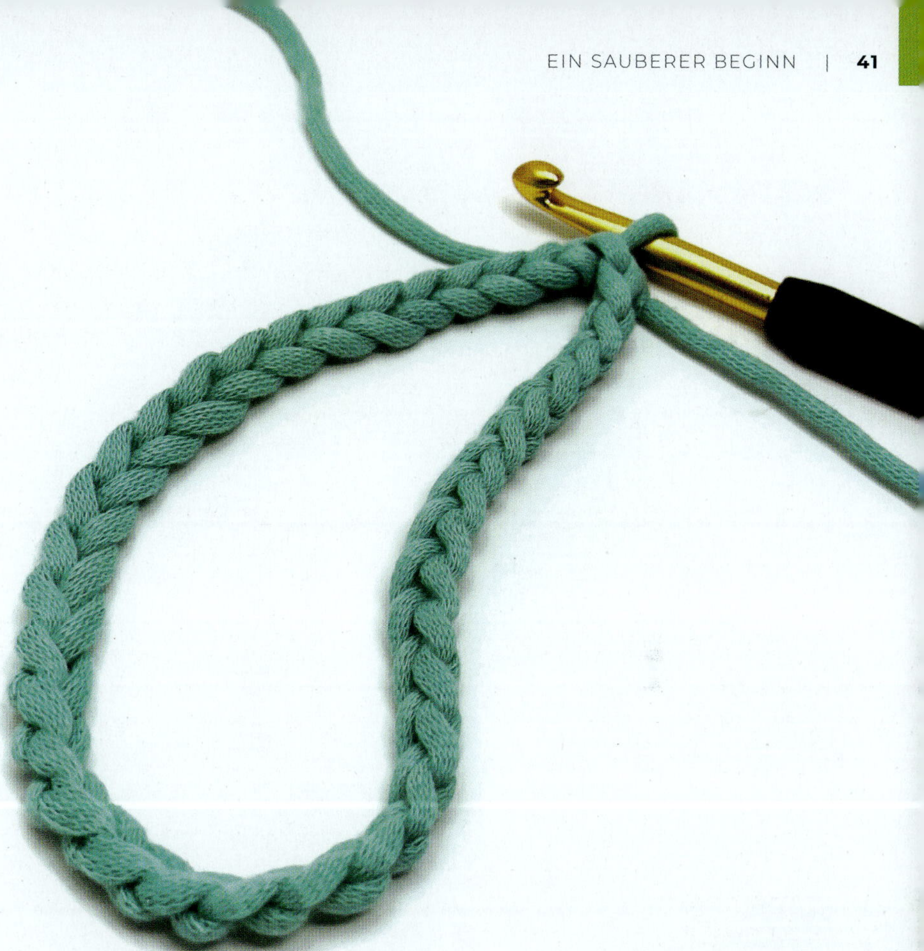

EINE SCHÖNE UNTERKANTE

Wenn Sie bei der ersten Reihe in die Knötchen auf der Rückseite der Lm-Kette einstechen statt in die Maschenglieder, wird die Kante stabiler und sieht schöner aus (s. S. 54).

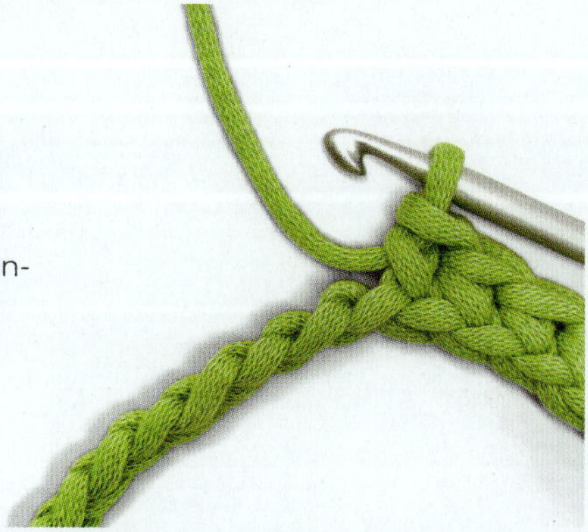

NICHT GENUG LUFTMASCHEN?

Es kann frustrierend sein, beim Beenden der ersten Reihe eines Projektes festzustellen, dass man sich verzählt und zu wenig Luftmaschen gehäkelt hat. Normalerweise müsste man dann alles auftrennen und neu anfangen. Es gibt aber eine Möglichkeit, die Maschenanzahl auch ohne Auftrennen zu korrigieren.

Maschen hinzufügen kann man, indem man in die letzte Luftmasche eine Masche häkelt. Diese Technik kann mit festen Maschen, halben Stäbchen und Stäbchen ausgeführt werden – hier ist die Methode anhand von Stäbchen erklärt, aber bei den anderen Maschen funktioniert es ähnlich.

LIEBER ETWAS MEHR

Im Zweifelsfall eher mehr Luftmaschen häkeln als nötig. Nach Beenden der ersten Musterreihe die Anfangsschlinge lösen und überzählige Luftmaschen auftrennen.

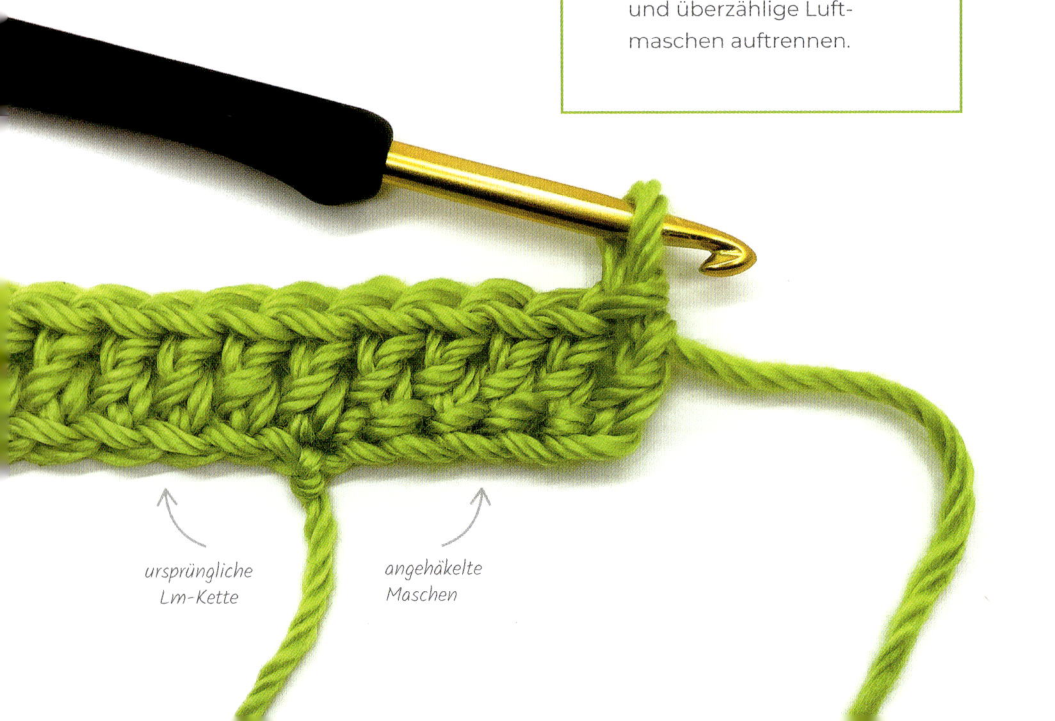

Stäbchen (Stb) anhäkeln

Anleitung

1. Am Ende der ersten Reihe die Arbeit um 90° im Uhrzeigersinn drehen (A).
2. Nun wird in die letzte Lm der Lm-Kette gearbeitet: umschlagen (fürs Stb) und einstechen (B).
3. U, Faden durchziehen: 3 Schlingen auf der Häkelnadel (C).
4. U, nur die erste Schlinge häkeln. Diese Lm wird die neue Masche der Grund-Lm-Kette (MM in diese Lm) (D).
5. U, 2 Schlingen abhäkeln: 2 Schlingen auf der Häkelnadel (E). U, 2 Schlingen abhäkeln: M beendet (F).
6. Bei der nächsten M Schritte 2–5 wdh, dabei in die neue M der Grund-Lm-Kette einstechen (die mit dem MM).

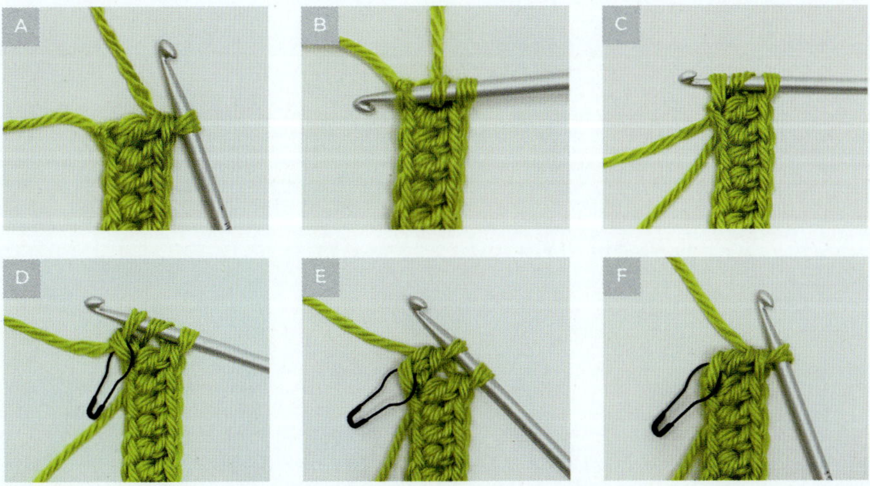

STARTEN OHNE LM-KETTE

In eine Lm-Kette zu häkeln kann schwierig und frustrierend sein. Projekte mögen »standardmäßig« mit Lm-Ketten beginnen, es ist aber nicht die einzige Möglichkeit. Hier kommen einige Alternativen zur Lm-Kette, die Sie vielleicht nützlich finden werden.

STABILER STRANG

Bei dieser Methode wird die schlaffe Lm-Kette durch einen Strang ersetzt, der eine festere Basis für die weitere Häkelarbeit darstellt. Der Strang ist dehnbarer als die traditionelle Lm-Kette, was Ihrer Arbeit eine flexiblere Kante gibt.

Anleitung

1. Bei der Anfertigung der Anfangsschlinge den Restfaden 3- bis 4-mal länger stehen lassen als die gewünschte Länge der Lm-Kette (A).
2. Ein Fadenende von vorne nach hinten um die Häkelnadel legen: 2 Schlingen auf der Häkelnadel (B).
3. Das andere Fadenende aufnehmen und durch die Schlingen ziehen (C, D).
4. Schritte 2 und 3 wiederholen, bis der Strang die gewünschte Länge hat.
5. Jetzt den Strang um 90° im Uhrzeigersinn drehen. Es mag sich intuitiver anfühlen, in die andere Richtung zu drehen, aber so wird die Kante schöner.
6. Wende-Lm gemäß der folgenden Maschen häkeln (s. S. 56) dann die erste Reihe in den Strang häkeln (E, F).

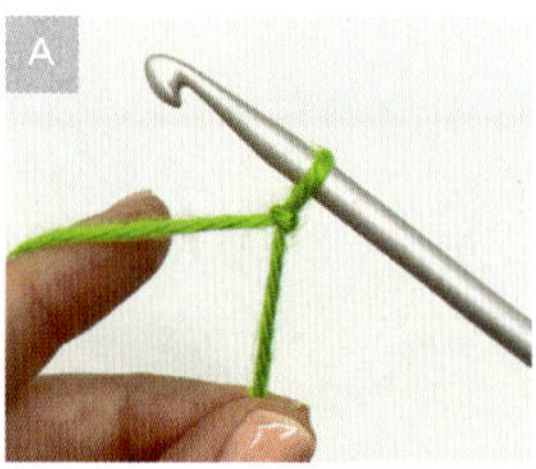

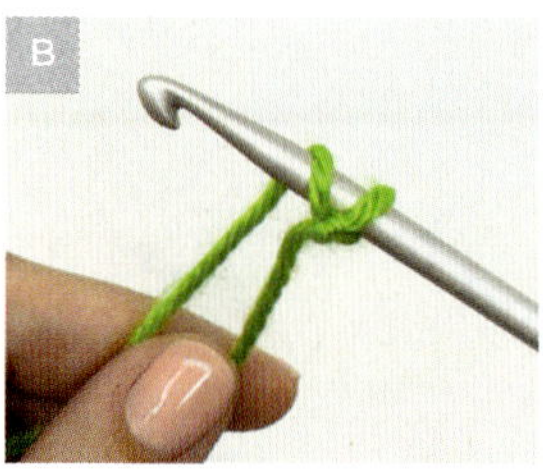

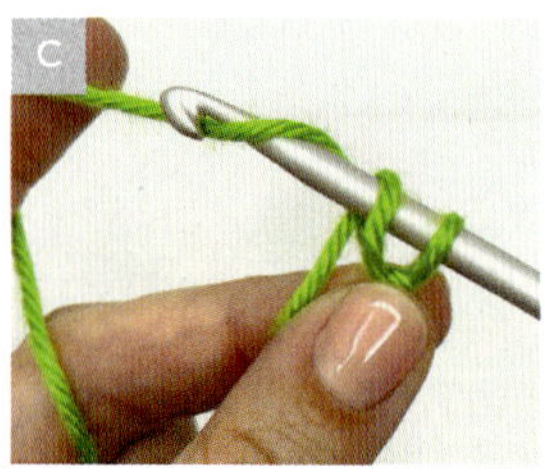

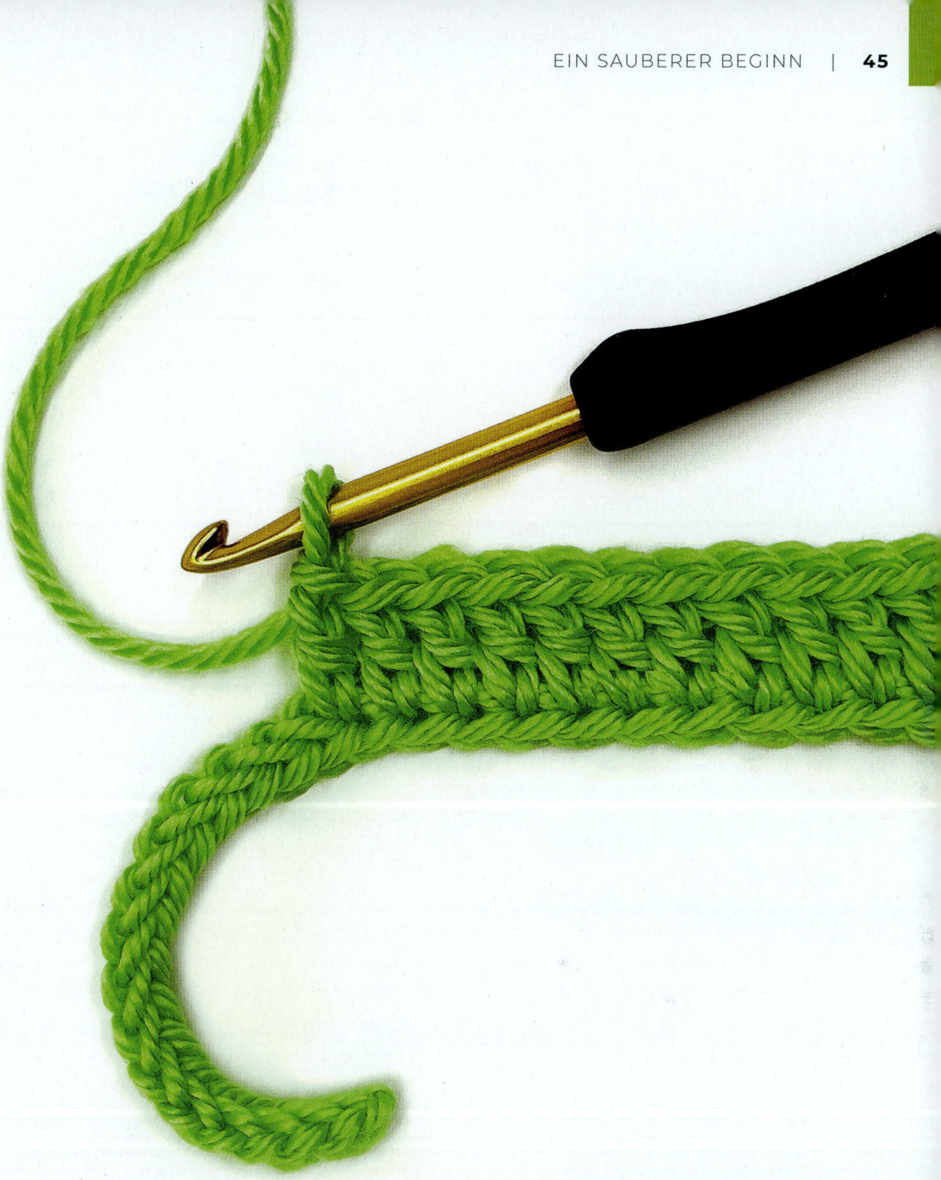

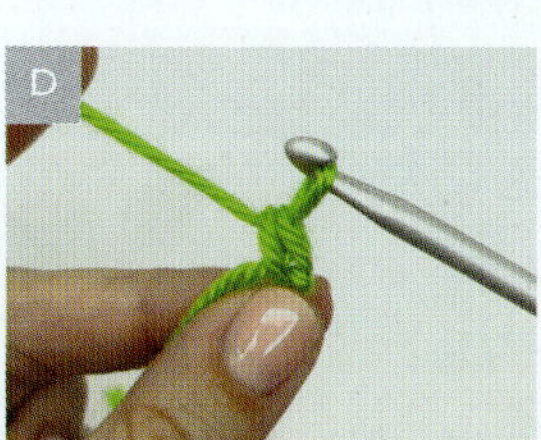

D

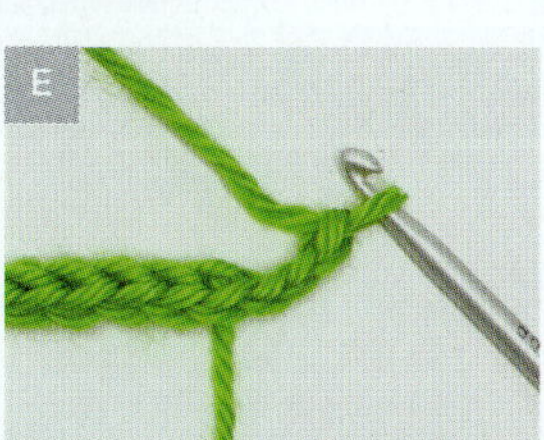

E

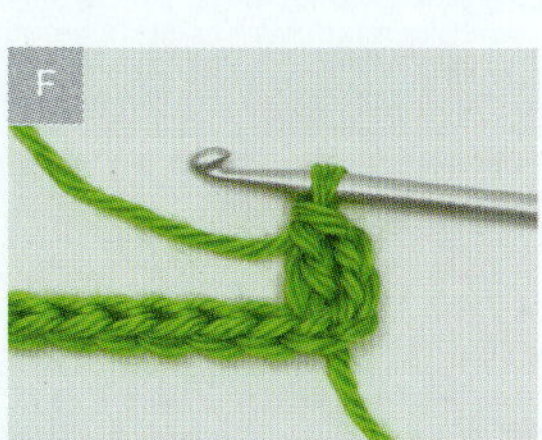

F

Fußschlingenanschlag mit fM

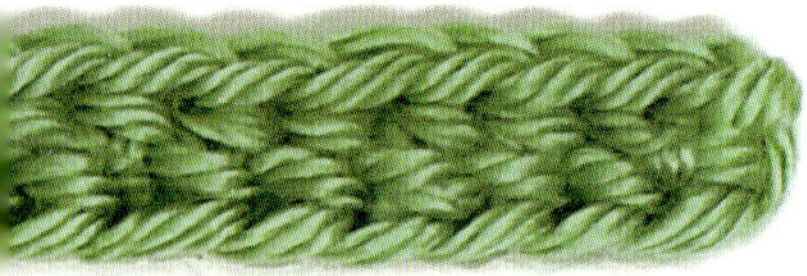

Fußschlingenanschlag mit hStb

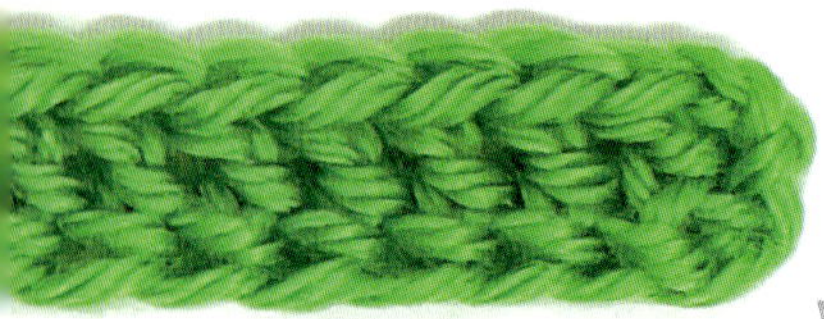

Fußschlingenanschlag mit Stb

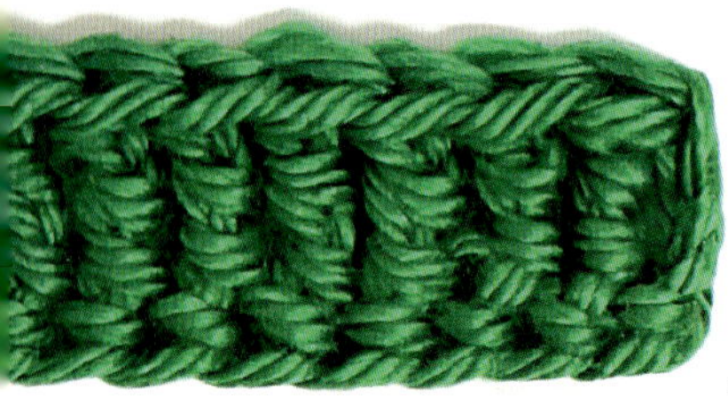

Fußschlingenanschlag mit DStb

FUSSSCHLINGEN

Eine weitere Alternative zur Lm-Kette ist der Fußschlingenanschlag: Diese magischen Maschen ermöglichen es Ihnen, die Lm-Kette und die erste Reihe gleichzeitig zu häkeln, und machen damit die Grund-Lm-Kette überflüssig.

Verglichen mit der Lm-Kette, die zum Einrollen neigt, bleibt der Fußschlingenanschlag viel gerader. Er ist außerdem dehnbar und somit ideal für Kleidungsstücke und Accessoires.

Der Fußschlingenanschlag kann immer dann benutzt werden, wenn die erste Reihe aus einfachen Stichen wie fM, hStb, Stb usw. besteht.

Statt horizontal wie bei der herkömmlichen Lm-Kette häkelt man die Maschen im Fußschlingenanschlag senkrecht, mit übereinander gelagerten Lm.

Bedenken Sie, dass sich der Fußschlingenanschlag nicht für alle Projekte eignet. Damit Sie ihn einsetzen können, müssen Sie sicherstellen, dass die M-Anzahl der Lm-Kette und die erforderliche M-Anzahl der ersten Reihe gleich sind. Wenn in der ersten Reihe außerdem Maschen übersprungen oder zusammengehäkelt oder besondere Maschen benutzt werden, wird die Methode nicht funktionieren.

Fußschlingenanschlag mit festen Maschen (FafM)

Anleitung

1. 2 Lm (A).
2. Unter beide Mg der 1. Masche nach der Anfangsschlinge einstechen, U und Faden durchziehen: 2 Schlingen auf der Häkelnadel (B).
3. U, Faden durch die erste Schlinge ziehen (C). So entsteht die nächste Fußschlinge (optional: MM in diese Lm).
4. U und beide Schlingen abhäkeln: 1 Schlinge auf der Häkelnadel. Erste Masche fertig (D).
5. Für die nächste Masche in beide Mg der Fußschlinge aus Schritt 3 einstechen. U und Faden durchziehen (E), dann Schritte 3–5 bis zur gewünschten Länge der ersten Reihe wiederholen (F).

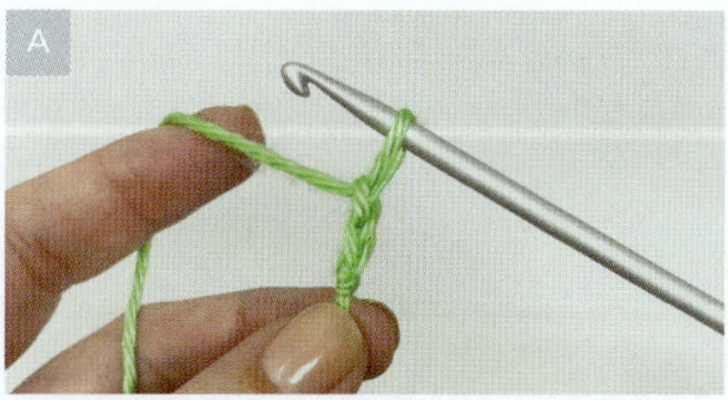

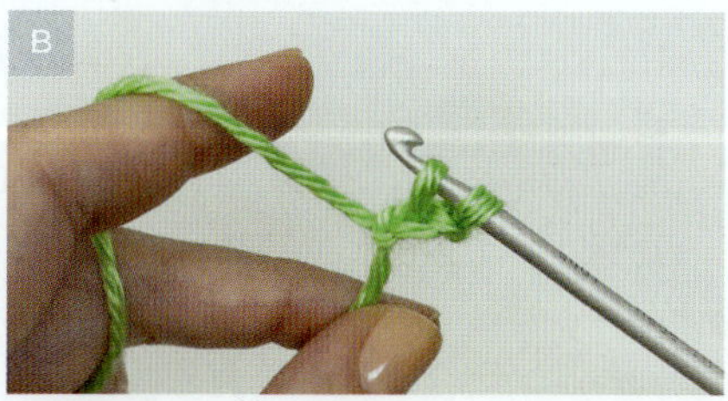

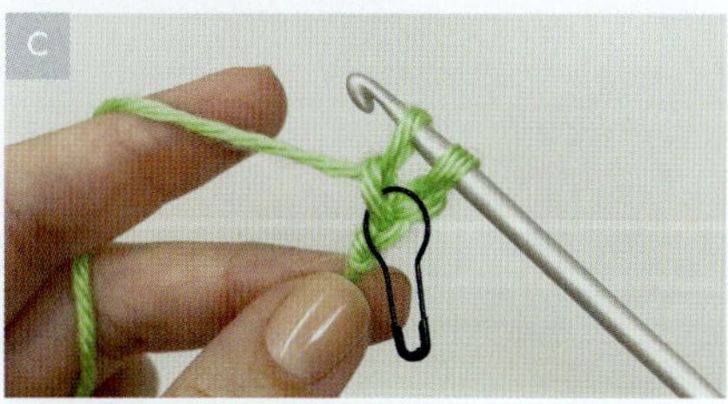

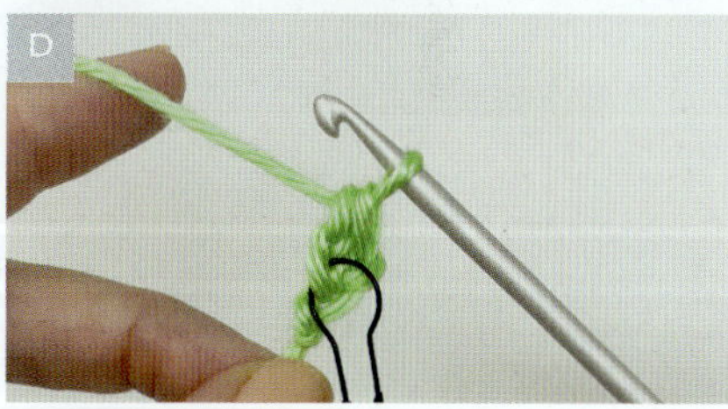

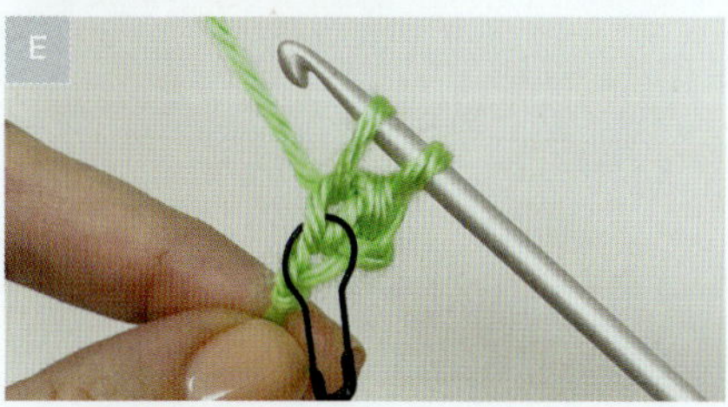

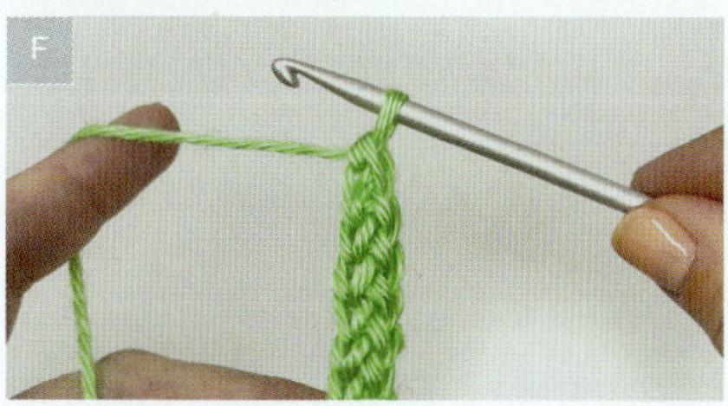

Fußschlingenanschlag mit halben Stäbchen (FahStb)

Anleitung

1. 2 Lm (A).
2. U, Häkelnadel unter beide Mg der 1. Lm einstechen, U und Faden durchziehen: 3 Schlingen auf der Häkelnadel (B).
3. U, Faden durch die 1. Schlinge ziehen (C). So entsteht die nächste Fußschlinge (optional: MM in diese Lm).
4. Jetzt 1 hStb fertighäkeln wie gewohnt: U, dann die 3 Schlingen auf der Häkelnadel abhäkeln. Erstes FahStb fertig (D).
5. Für die nächste Masche U, dann in beide Mg der in Schritt 3 gehäkelten Fußschlinge einstechen und den Faden durchziehen (E). Schritte 3–5 bis zur gewünschten Länge der ersten Reihe wiederholen (F).

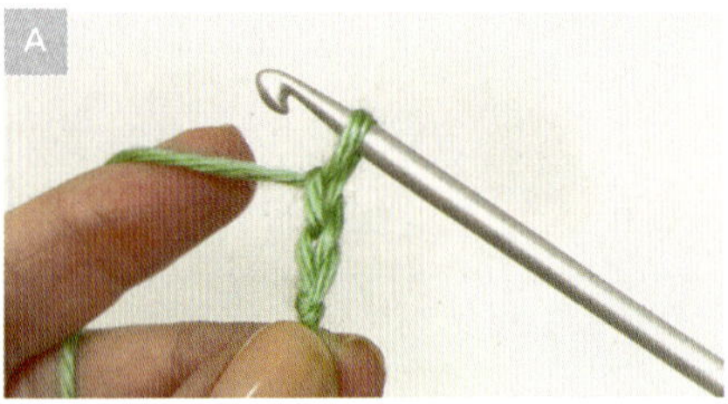
A

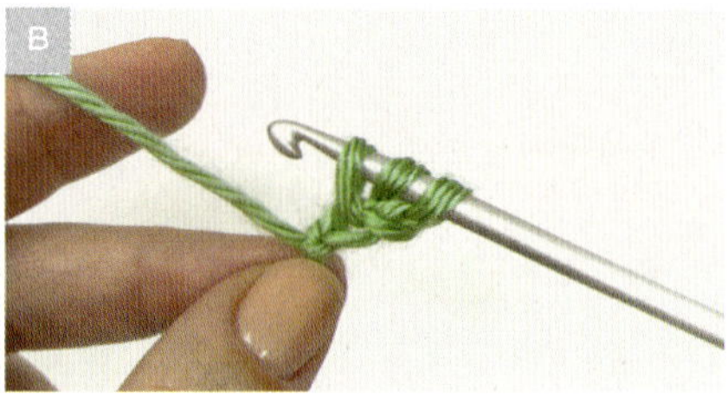
B

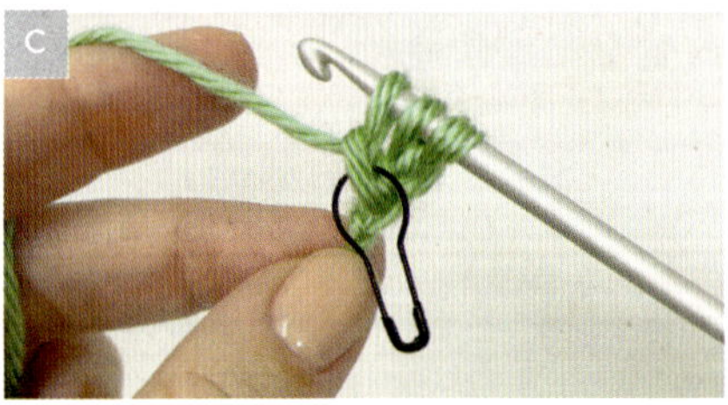
C

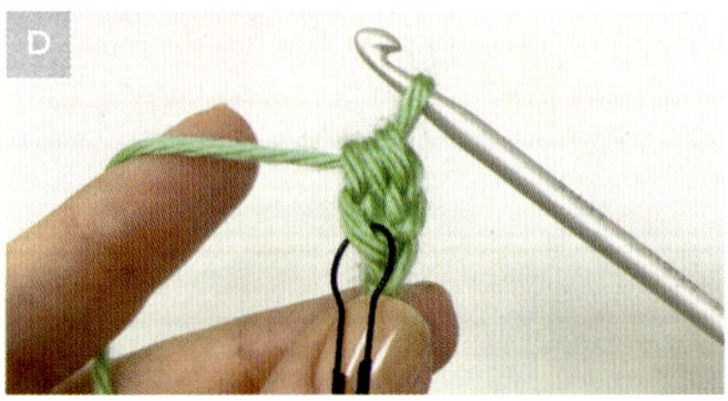
D

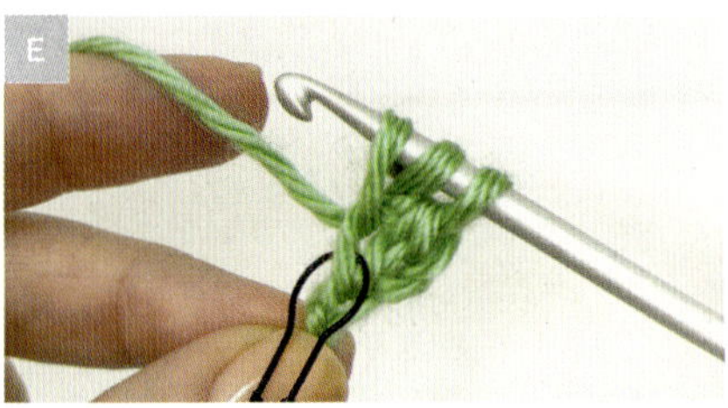
E

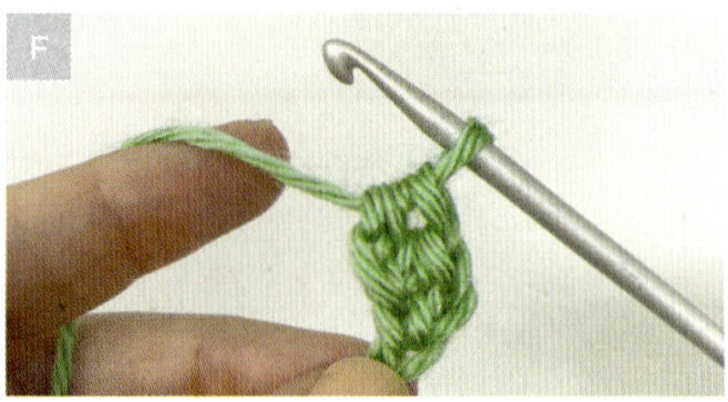
F

Fußschlingenanschlag mit Stäbchen (FaStb)

Anleitung

1. 3 Lm (A).
2. U, Häkelnadel unter beide Mg der 1. Lm einstechen, U und Faden durchziehen: 3 Schlingen auf der Häkelnadel (B).
3. U, Faden durch die 1. Schlinge ziehen (C). So entsteht die nächste Fußschlinge (optional: MM in diese Lm).
4. Jetzt 1 Stb fertighäkeln wie gewohnt: U, 2 Schlingen auf der Häkelnadel abhäkeln, U, dann die restlichen 2 Schlingen abhäkeln. Erstes FaStb fertig.
5. Für die nächste Masche U, dann in beide Mg der in Schritt 3 gehäkelten Fußschlinge einstechen und den Faden durchziehen (E). Schritte 3–5 bis zur gewünschten Länge der ersten Reihe wiederholen (F).

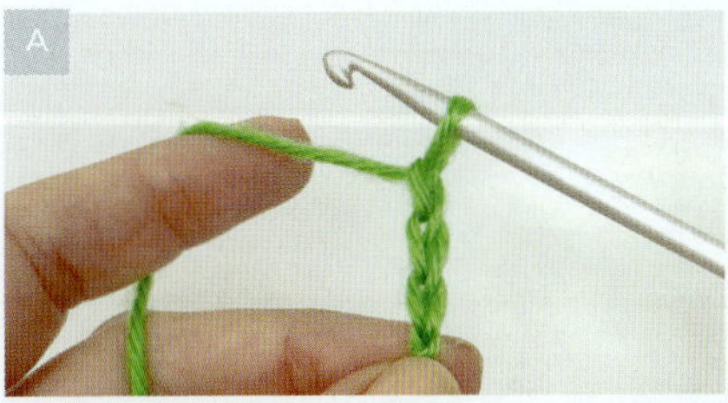

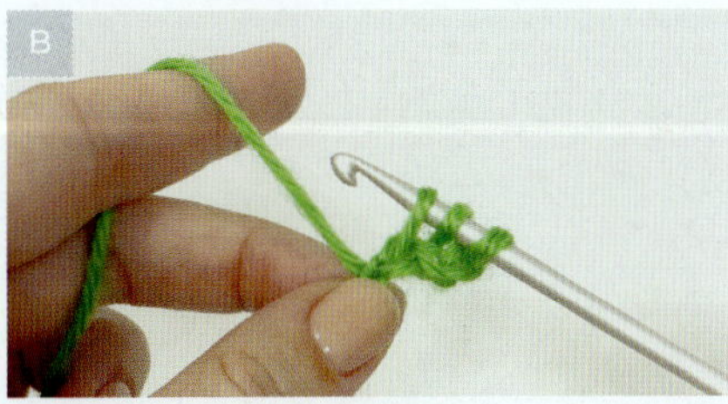

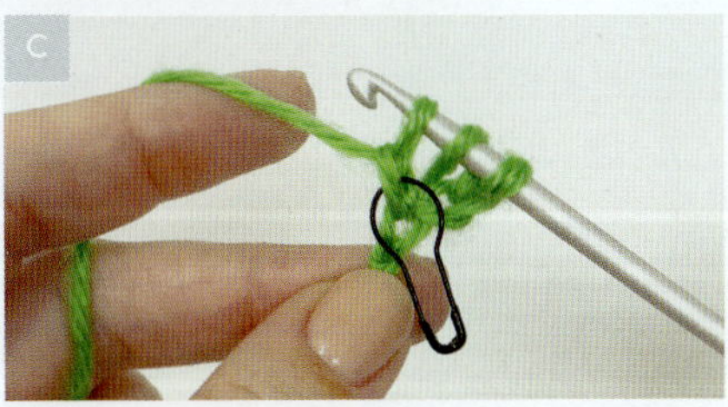

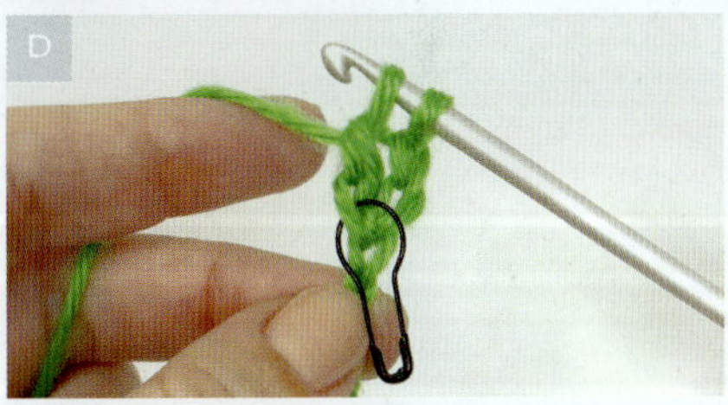

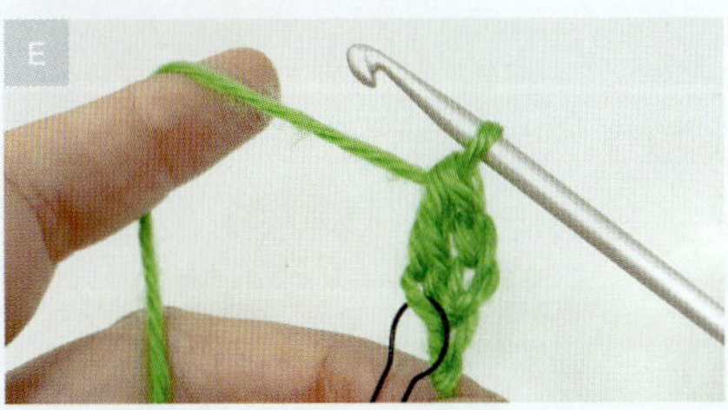

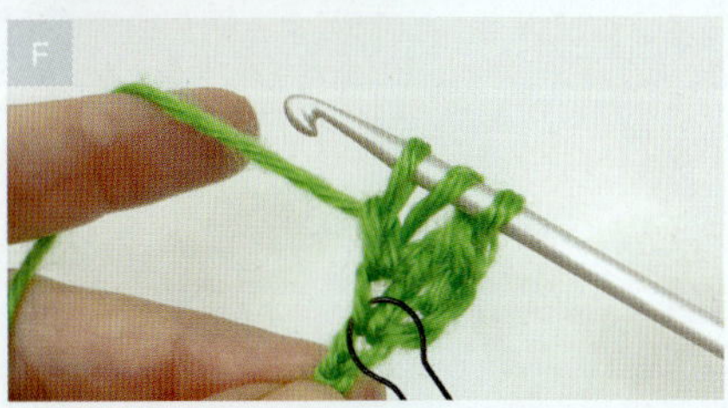

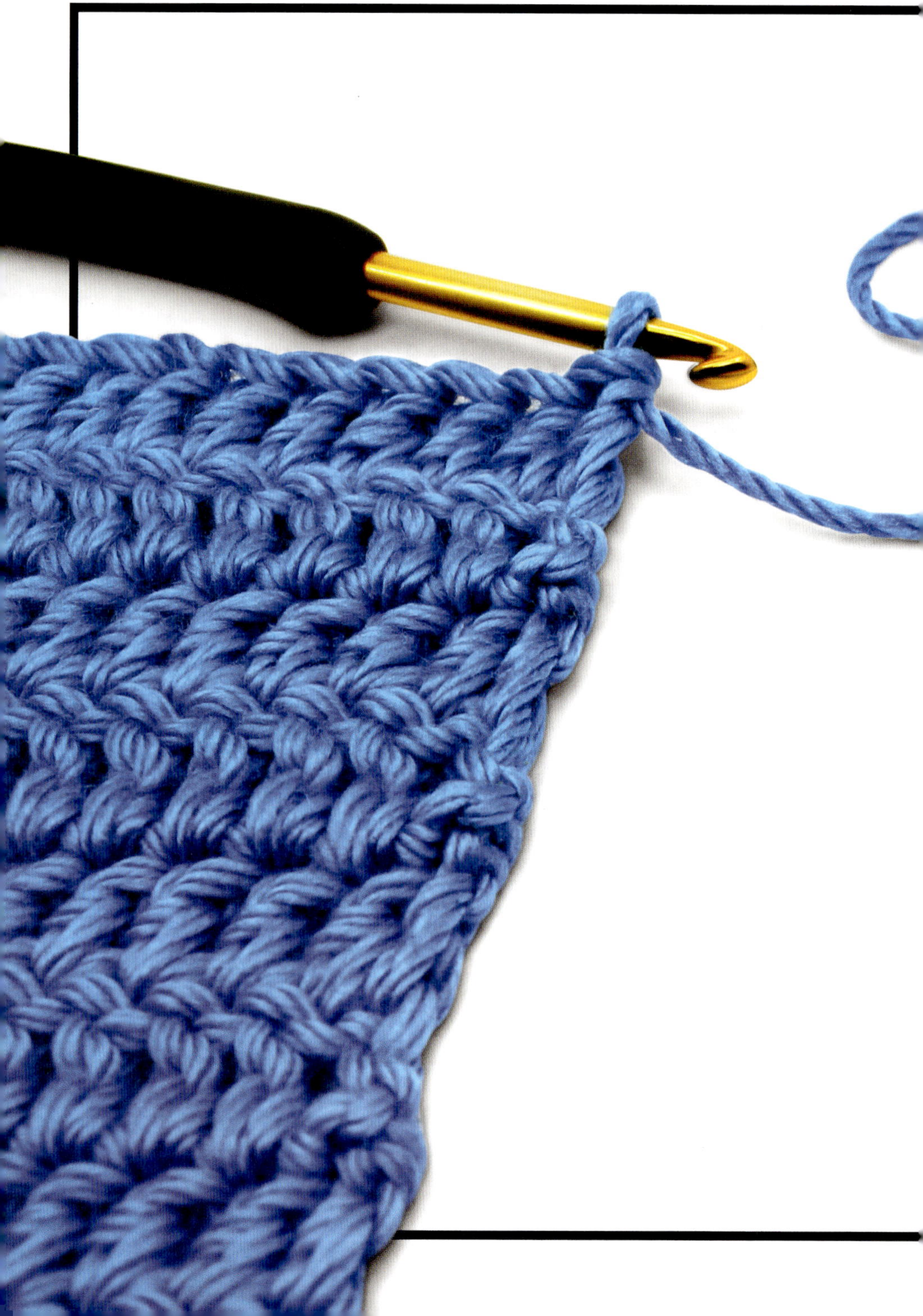

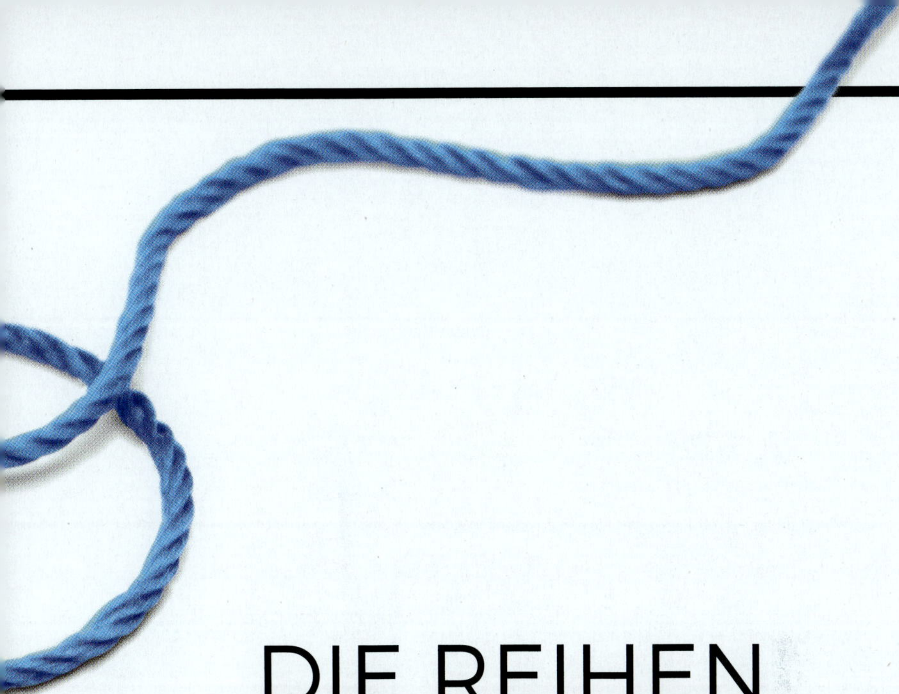

DIE REIHEN **MEISTERN**

TIPPS FÜR GERADE KANTEN UND EBENMÄSSIGE SEITEN BEIM HÄKELN IN HIN- UND RÜCKREIHEN

GLEICHMÄSSIG BLEIBEN

Unabhängig davon, wie lange Sie schon häkeln – bestimmt hatten auch Sie schon mit eingerollten und schiefen Kanten zu kämpfen. Fadenspannung, Nadelstärke oder etwas ganz anderes – der Grund ist nicht immer offensichtlich. Lernen Sie, wie man die meisten dieser Probleme erkennt und in Zukunft vermeidet.

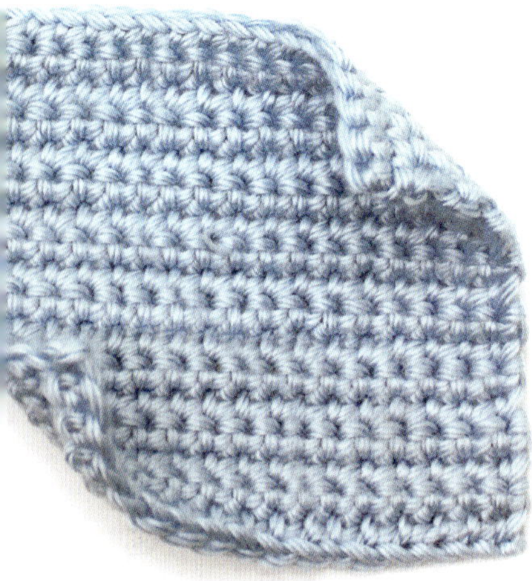

EINGEROLLTE ECKEN

Wenn sich Kanten einrollen und das Stück nicht mehr flach liegt, kann dies daran liegen, dass Sie mit zu viel Fadenspannung arbeiten. Durch fest gehäkelte Maschen wird die Arbeit steifer und die Ecken rollen sich ein.

LÖSUNG: Weniger fest und mit gleichbleibender Spannung häkeln.

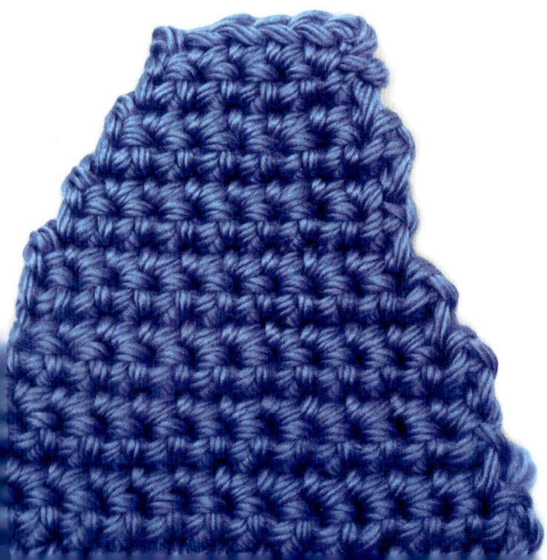

UNGLEICHE SEITEN

Ungleichmäßige Kanten kommen beim Häkeln oft durch zwei verbreitete Fehler zustande: ausgelassene oder überzählige Maschen.

LÖSUNG: Erste und letzte Masche mit MM markieren.

GEBOGENE UNTERKANTE

Wenn sich die Unterkante der Arbeit biegt, liegt das vermutlich daran, dass die Anfangs-Lm-Kette zu fest war. Denn dann ist diese kürzer als die Reihen darüber.

LÖSUNG: Für die Lm-Kette eine größere Häkelnadel verwenden und erst danach zur empfohlenen Nadelstärke wechseln.

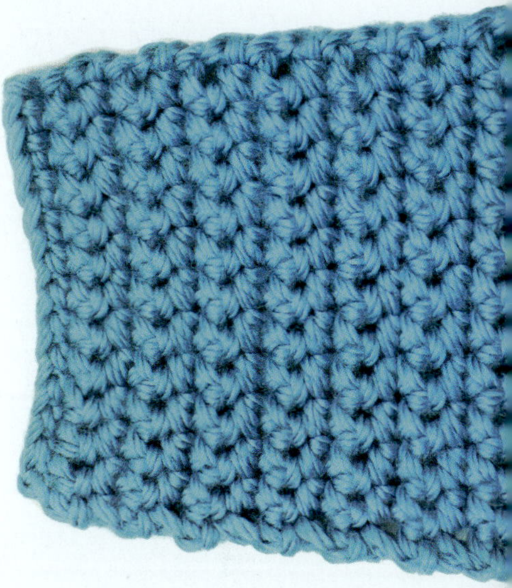

EINGEROLLTE SEITEN

Manche Maschen neigen von sich aus zum Einrollen. Wie sehr Sie es auch zu vermeiden versuchen, die Seiten wollen nicht glatt liegen. Keine Sorge, Sie haben nichts falsch gemacht.

LÖSUNG: Spannen (s. S. 150) dehnt, entspannt und glättet die Fasern und Maschen.

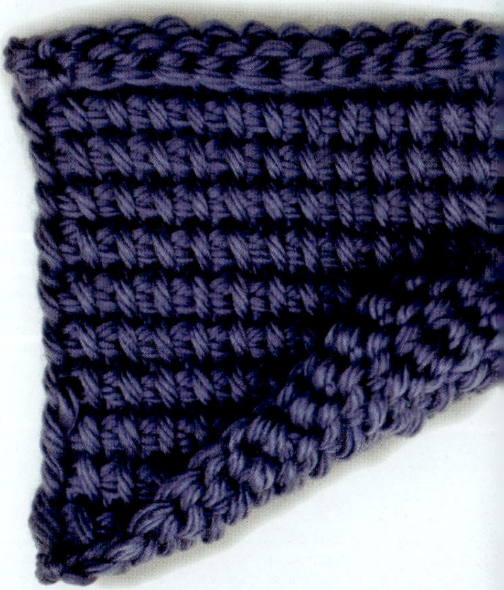

IN DIE KNÖTCHEN AUF DER RÜCKSEITE HÄKELN

Sie kennen das sicher: Nie sieht die Unterkante der Arbeit so ordentlich aus wie die Oberkante, denn sie wirkt schwach und weist deutliche Lücken zwischen Lm-Kette und 1. Reihe auf, und nie zeigen sich die gleichen hübschen, v-förmigen Maschen wie an der Oberkante.

Damit Unter- und Oberkante gleich aussehen und die Lm-Kette Stabilität bekommt, die erste Reihe in die Knötchen auf der Rückseite häkeln.

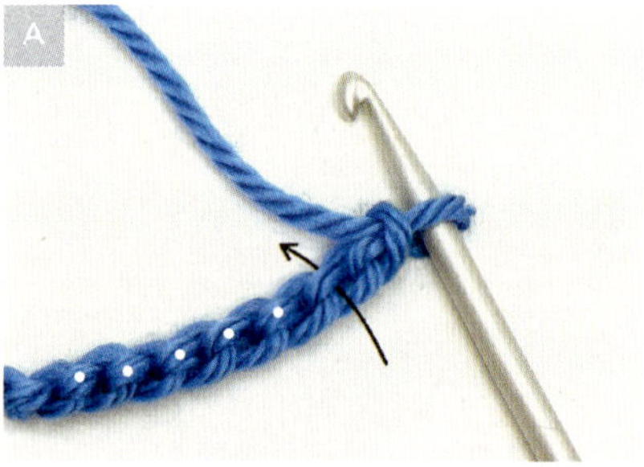

EIN MUSS BEIM UMHÄKELN DER LM-KETTE

In die Rückenknötchen der Lm-Kette zu häkeln macht das Umhäkeln der Lm-Kette tausendmal einfacher. Probieren Sie diese Technik das nächste Mal beim Häkeln von ovalen Formen aus.

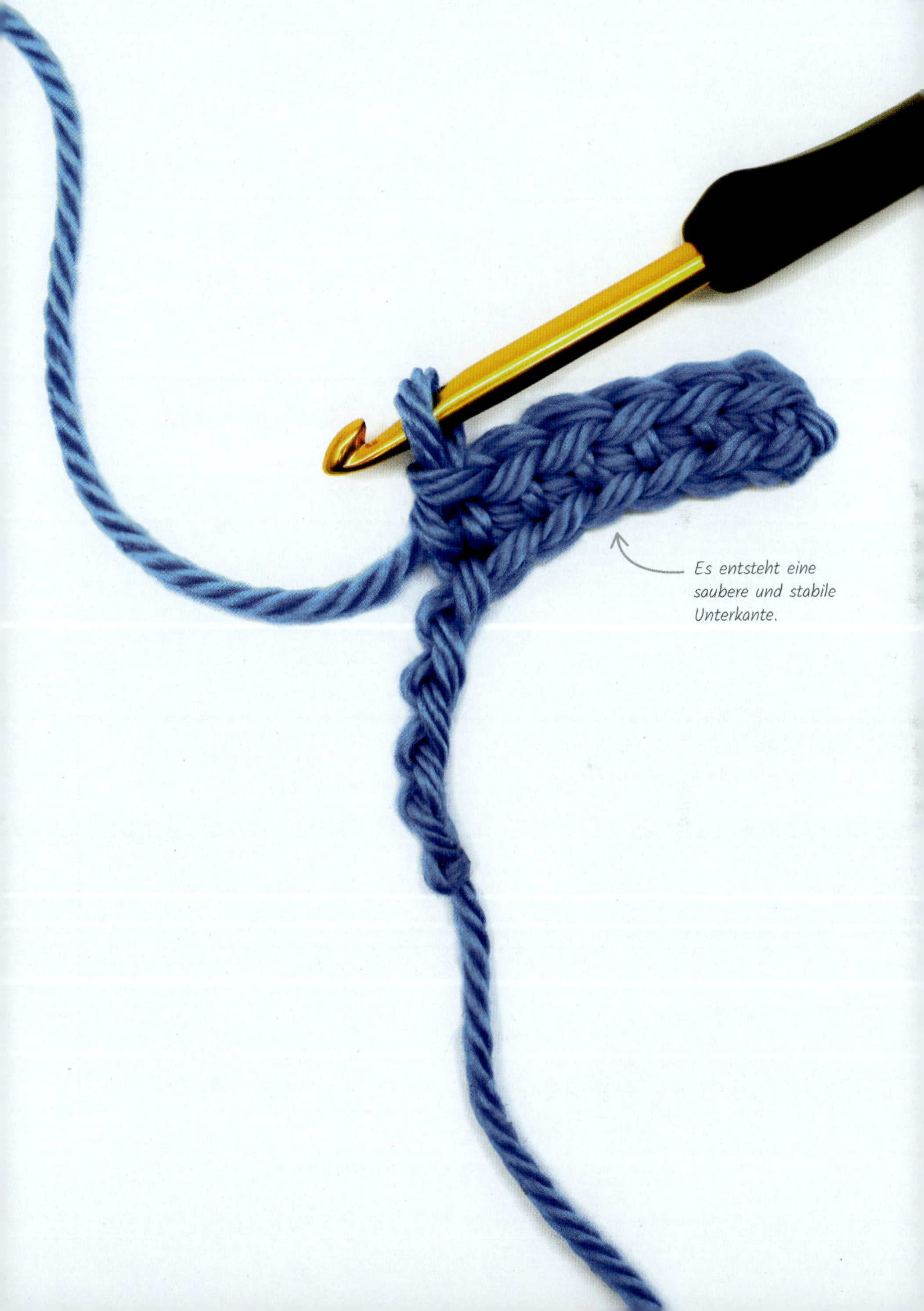

Es entsteht eine saubere und stabile Unterkante.

WENDELUFTMASCHEN

Zwischen den Reihen werden normalerweise Wende-Lm gehäkelt. Sie sollen das Garn zur nächsten Reihe führen und auf die korrekte Höhe für die nächste Masche bringen. Da manche Maschen höher sind als andere, ändert sich entsprechend die Anzahl der benötigten Wende-Lm. Die korrekte Anzahl Wende-Lm ist entscheidend für gerade Seitenkanten.

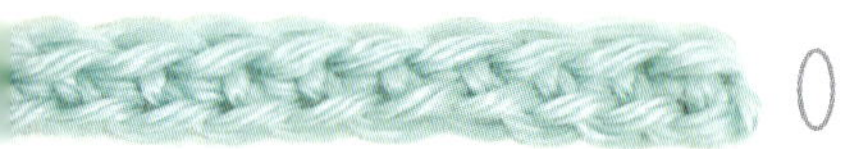

feste Maschen

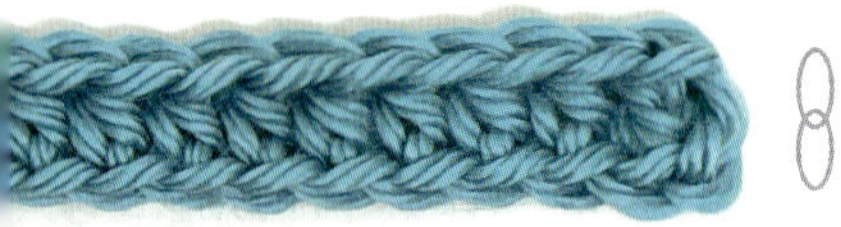

halbe Stäbchen

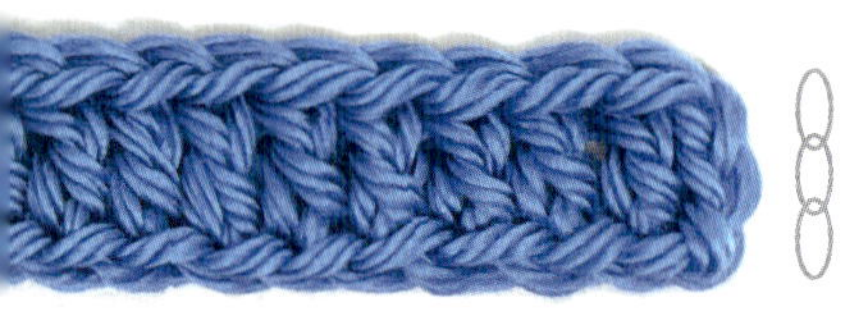

Stäbchen

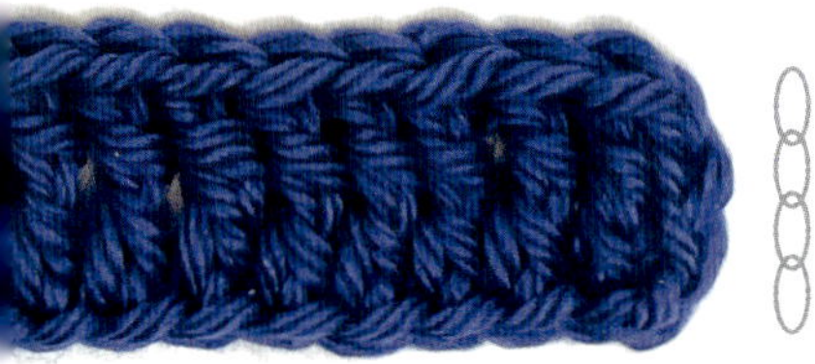

Doppelstäbchen

WIE VIELE WENDE-LM?

Die Anzahl der Wende-Lm hängt von der Höhe der zu häkelnden Maschen ab. Hohe Maschen erfordern mehr Lm, niedrige weniger.

Hier kommen Vorschläge für die Anzahl der benötigten Lm bei einfachen Häkelmaschen. Bedenken Sie, dass es nur Empfehlungen sind. Je nach Arbeitsweise und Fadenspannung kann es sein, dass Sie die Anzahl anpassen müssen.

ANZAHL WENDE-LM

Masche	Anzahl
feste Maschen	1
halbe Stäbchen	2
Stäbchen	3
Doppelstäbchen	4

LM NICHT MITZÄHLEN

Sollen die Wende-Lm als Masche gezählt werden oder nicht? Wenn die Wende-Lm mitzählt, ersetzt sie die erste Masche der Reihe. Da nicht direkt in die erste Masche gehäkelt wird, entsteht eine sichtbare Lücke in der Arbeit.

In Anleitungen wird meist angegeben, ob die Wende-Lm mitgezählt wird. Ich persönlich zähle sie lieber nicht, da ich so diese Lücken vermeiden kann.

Wenn Sie die Wende-Lm lieber nicht mitzählen wollen, platzieren Sie die erste Masche in die gleiche Stelle am Fuß der Wende-Lm, statt diese Masche auszulassen. Am Ende der Reihe ignorieren Sie die Wende-Lm und häkeln Sie nur noch in die letzte Masche dieser Reihe.

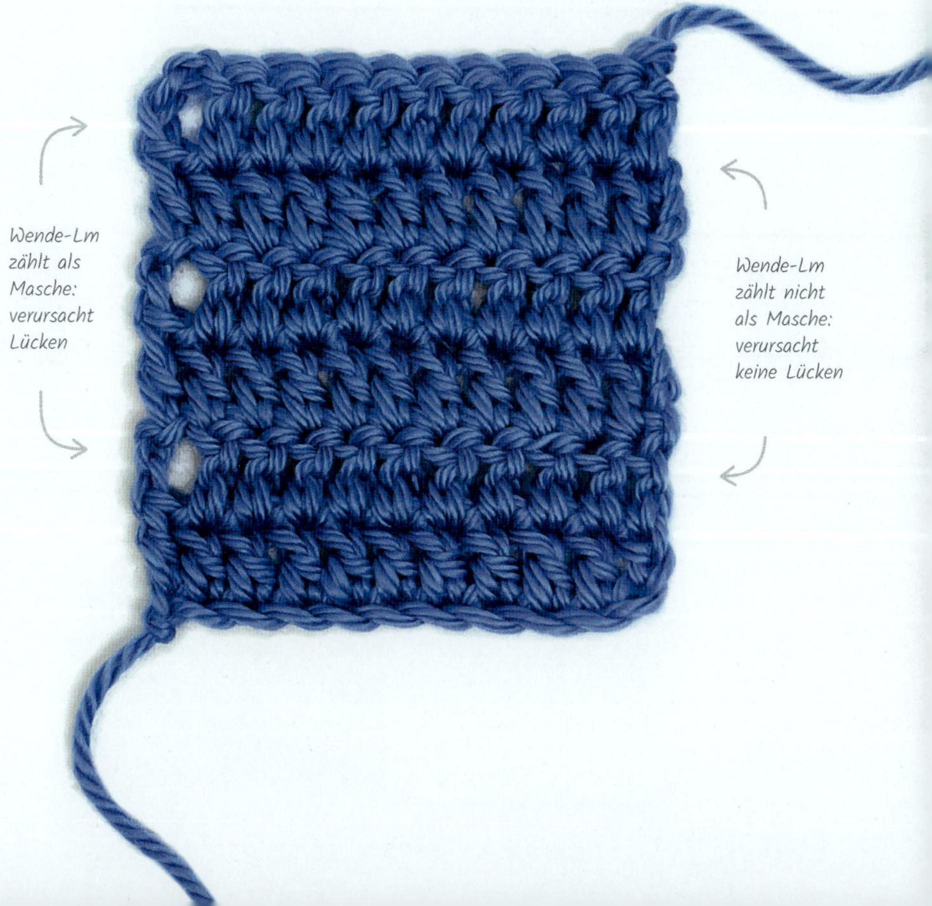

GLATTE SEITENKANTEN

Ist Ihnen schon aufgefallen, dass die Seitenkanten bei Stücken mit Hin- und Rückreihen immer eine leichte Zickzack-Form haben, auch wenn die Anzahl der Wende-Lm stimmt? Das liegt in der Natur der Maschen, aber es gibt ein paar Möglichkeiten, diese Wellen zu vermeiden – egal, ob Sie feste Maschen, halbe Stäbchen, Stäbchen oder Doppelstäbchen häkeln.

FESTE MASCHEN OHNE WENDE-LM

Eine der einfachsten Möglichkeiten, beim Häkeln von fM glatte Seitenkanten zu erzielen: ganz auf Wende-Lm verzichten.

Anleitung

1. Nach der letzten Masche einer Reihe die Häkelnadel aus der Arbeitsmasche herausziehen (A).
2. Die Arbeit wenden, dann die Häkelnadel wieder in die Arbeitsmasche einstechen. KEINE Lm.
3. Die Arbeitsmasche leicht auf die Höhe einer fM hochziehen (B).
4. In die erste Masche einstechen und eine fM häkeln (C).
5. Die restlichen Reihen häkeln wie gewohnt.

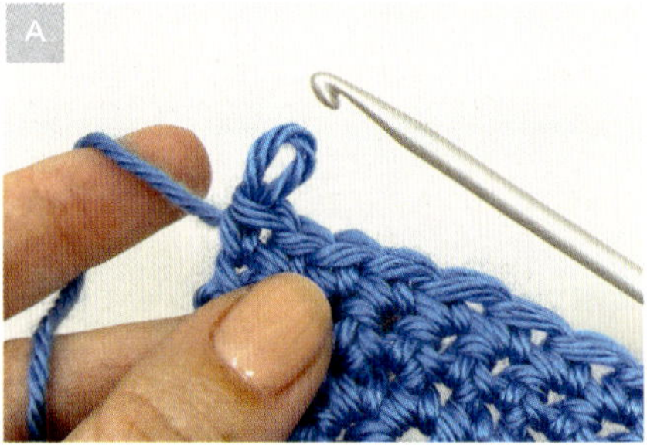

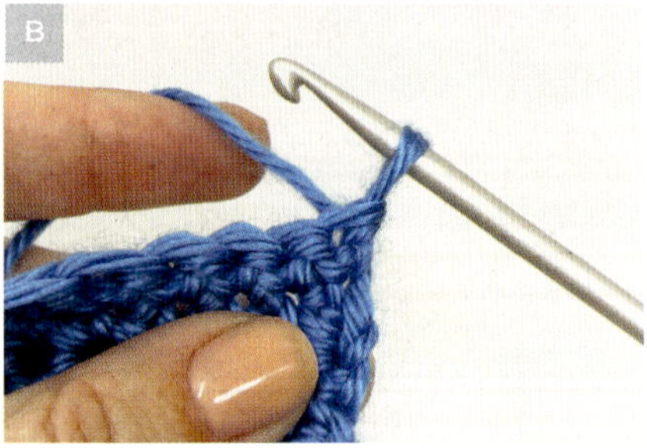

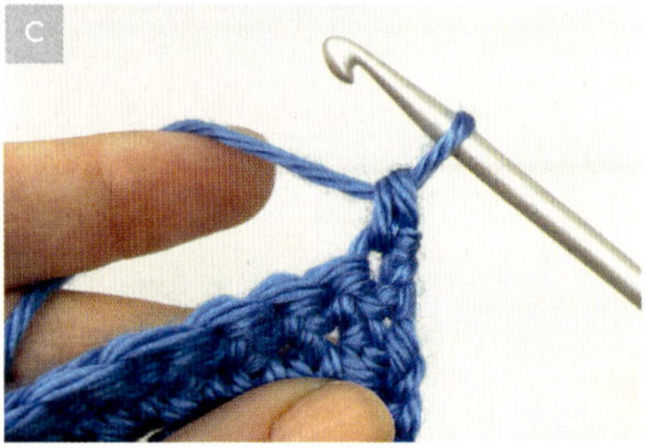

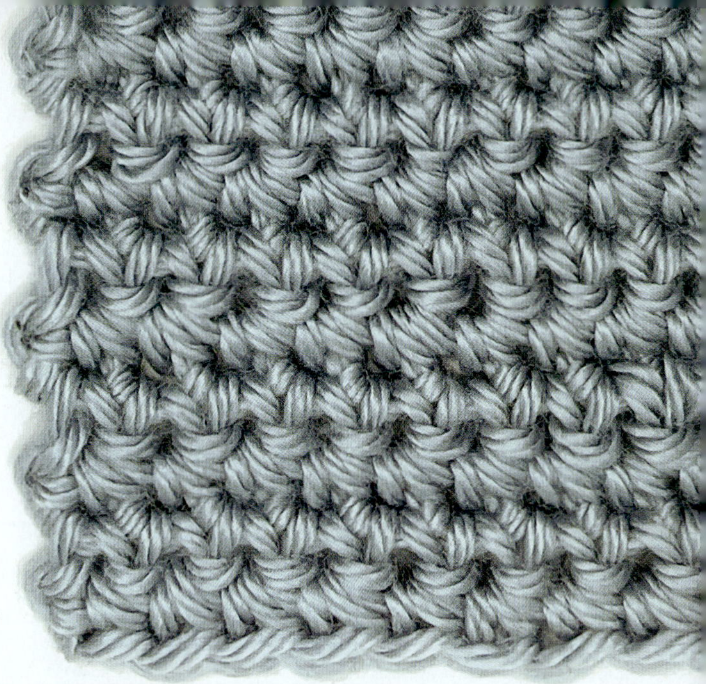

mit Wende-Lm

ohne Wende-Lm

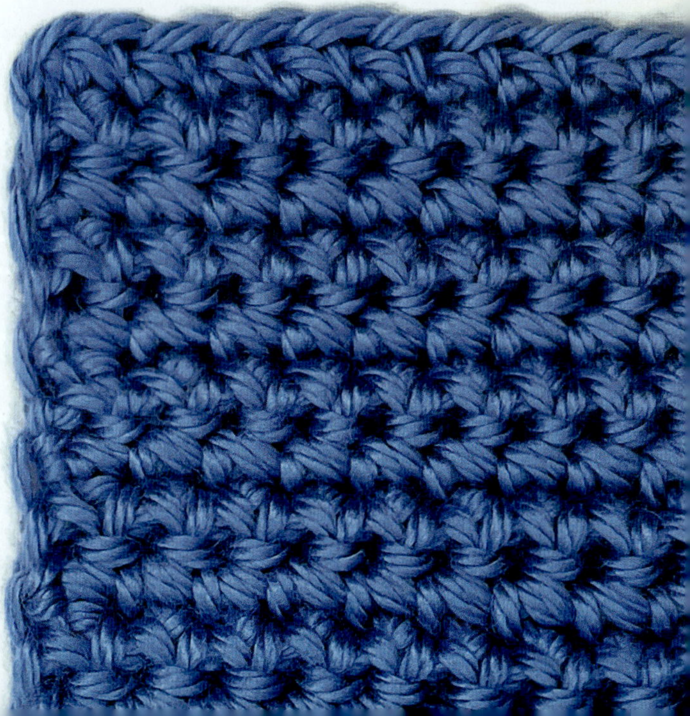

VORDERES MG / WENDE-LM-TRICK

Es gibt eine weitere Methode, eine glatte Seitenkante zu erzielen, die ich vielleicht sogar meine Lieblingsmethode nennen würde. Dabei wird die Wende-Lm nicht ersetzt; der Unterschied besteht darin, wie die letzte Masche der Reihe gehäkelt wird. Die Methode funktioniert bei festen Maschen und halben Stäbchen.

Feste Maschen (fM)

Anleitung

1. Wenden, 1 Lm, dann eine neue Reihe fM bis zur letzten M (A).
2. Bei der letzten Masche nur ins vordere Mg einstechen (B rechter Pfeil).
3. Dann in die waagerechte Schlinge der Wende-Lm der Reihe davor einstechen (B linker Pfeil).
4. Den Faden durch beide Schlingen holen (C). Es liegen nun 2 Schlingen auf der Nadel.
5. Zum Abschluss den Faden durch beide Schlingen holen (D).

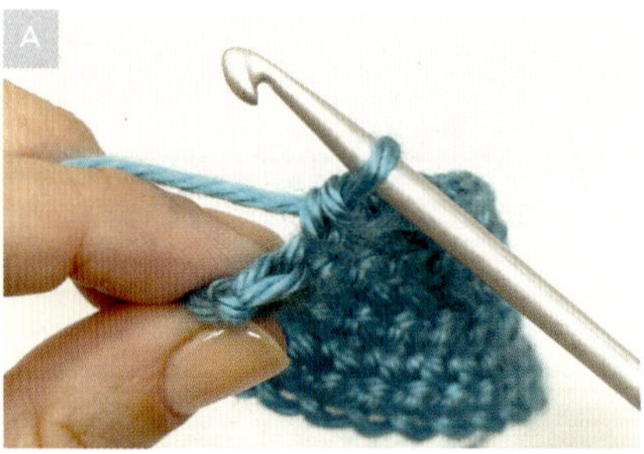

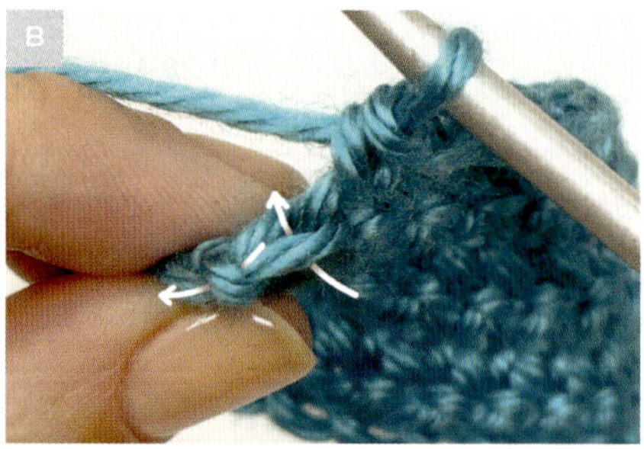

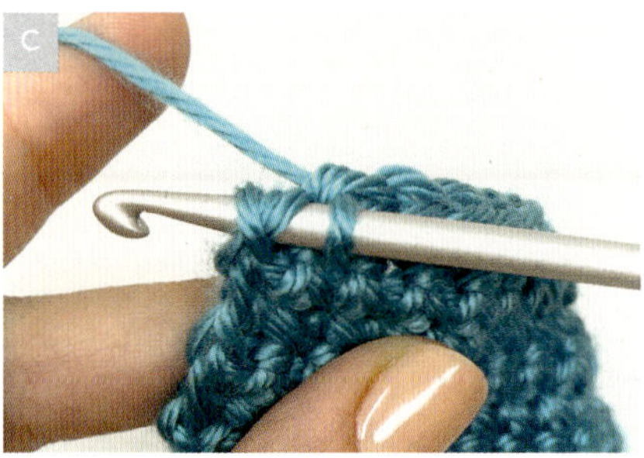

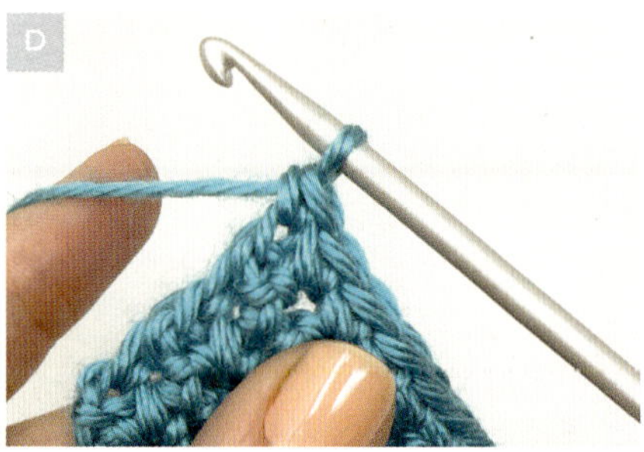

Halbe Stäbchen (hStb)

Anleitung

1. Wenden, 2 Lm, dann eine neue Reihe hStb bis zur letzten M (A).
2. Bei der letzten M U und nur ins vordere Mg der letzten M einstechen (B).
3. Dann in die waagerechte Schlinge der Wende-Lm der Reihe davor einstechen (C).
4. Den Faden durch beide Schlingen holen. Es liegen nun 3 Schlingen auf der Nadel (C).
5. Zum Abschluss den Faden durch alle 3 Schlingen holen (D).

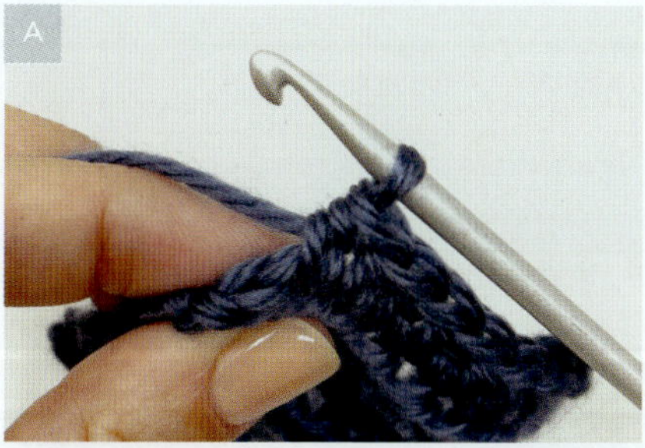

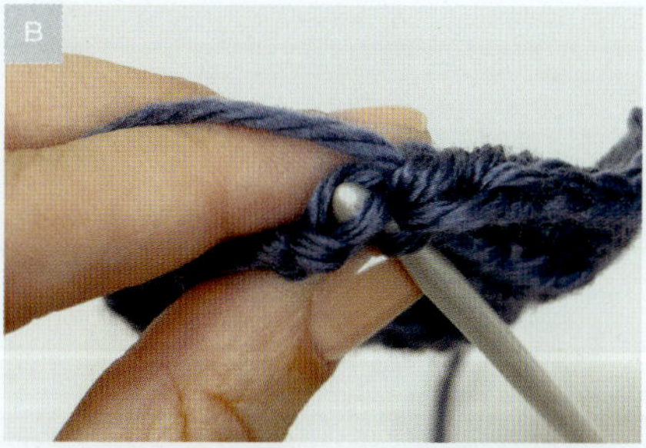

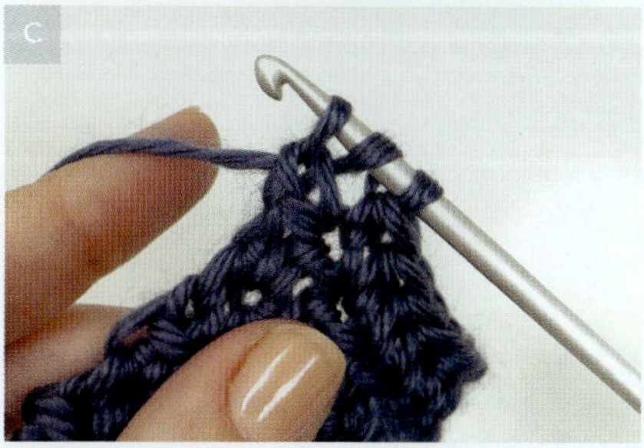

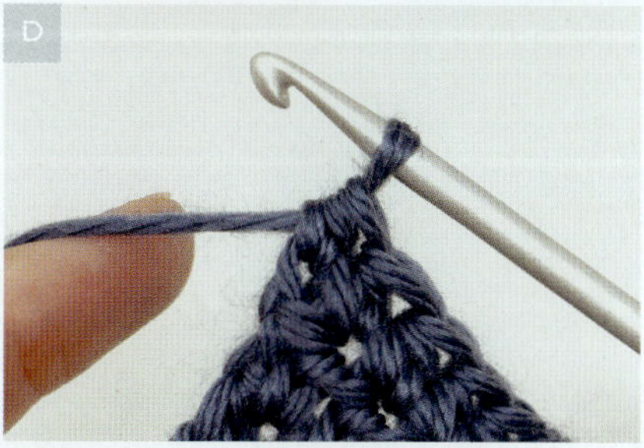

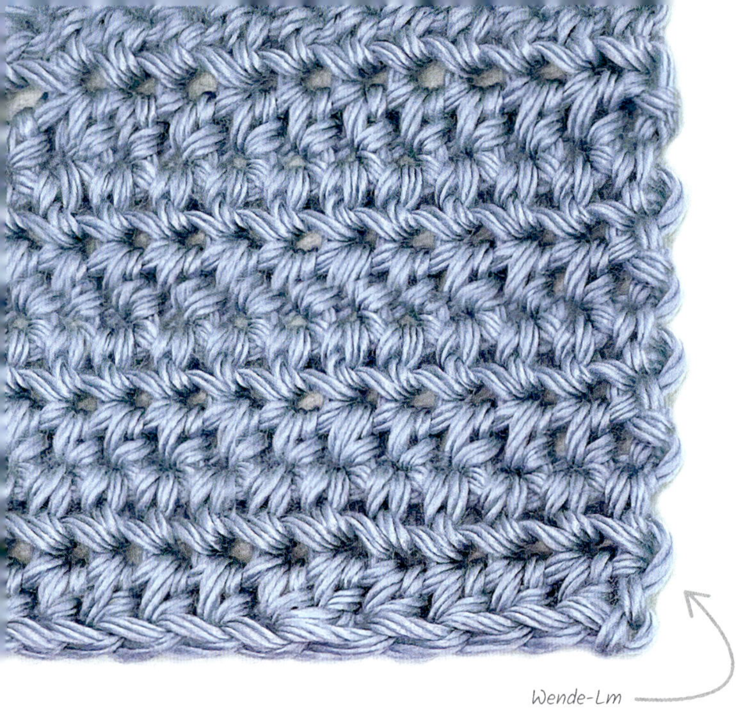
Wende-Lm

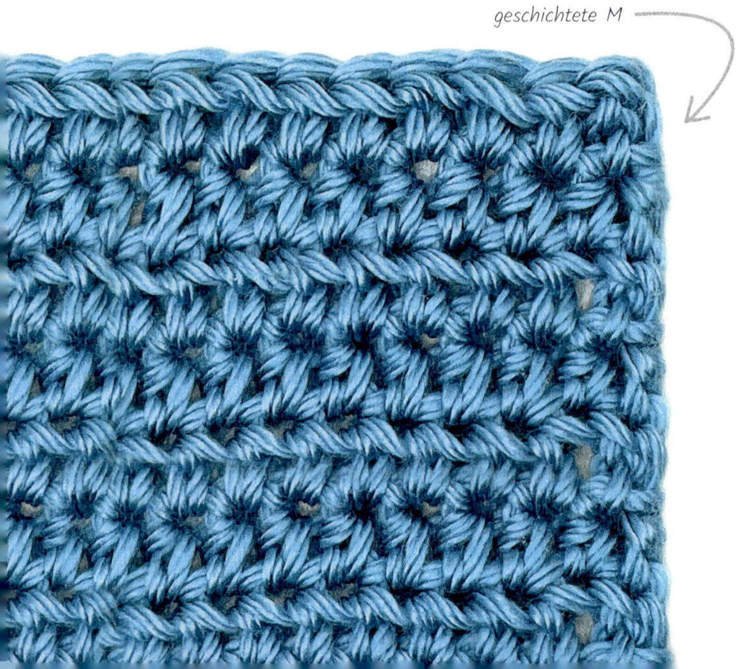
geschichtete M

GESCHICHTETE MASCHEN

Bei höheren Maschen wie halben Stäbchen, Stäbchen und aufwärts kann man auch mit geschichteten festen Maschen glatte Kanten erzielen. Wie bei der Wende-Lm gilt: Je höher die Maschenart, desto mehr fM übereinander schichten.

Anleitung (hStb)

1. Am Reihenende wenden. Keine Lm häkeln, dafür 1 fM in die erste M der Reihe (A).
2. In die linke senkrechte Schlinge der letzten fM eine weitere fM häkeln (B, C, D).
3. Die beiden geschichteten M ersetzen das erste hStb.

ANZAHL GESCHICHTETE FM

Masche	fM
halbes Stäbchen	2
Stäbchen	3
Doppelstäbchen	4
Dreifachstäbchen	5

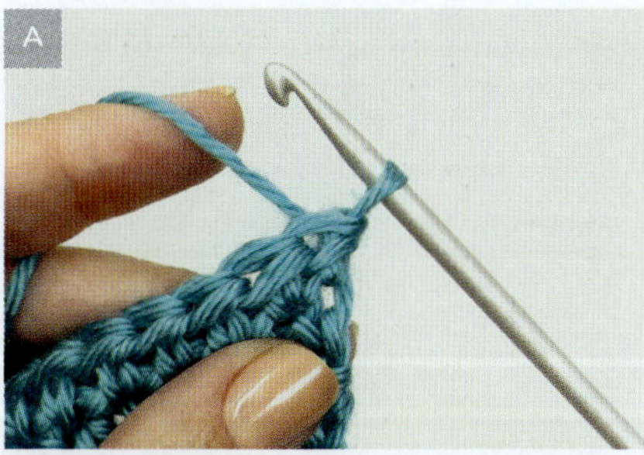

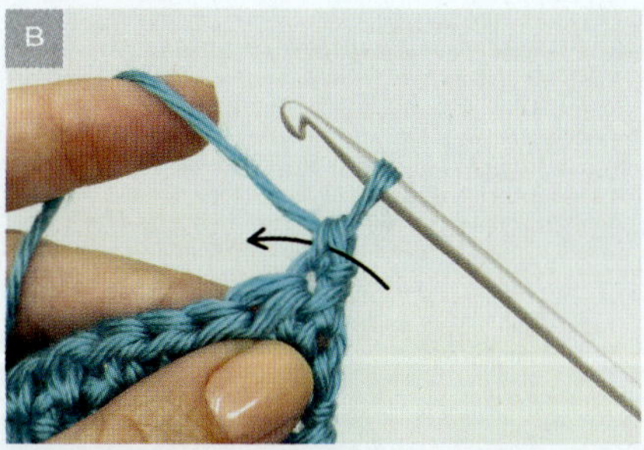

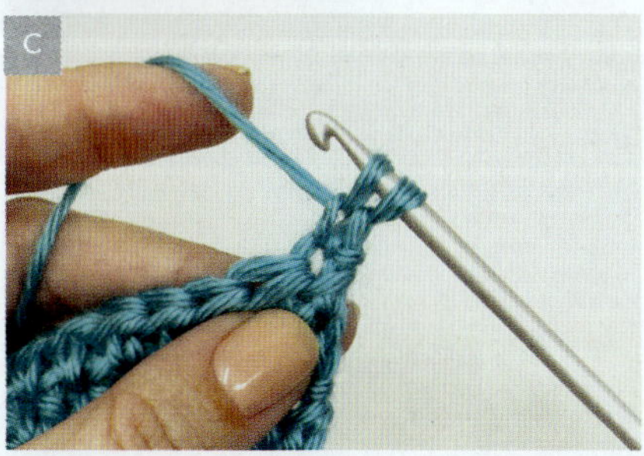

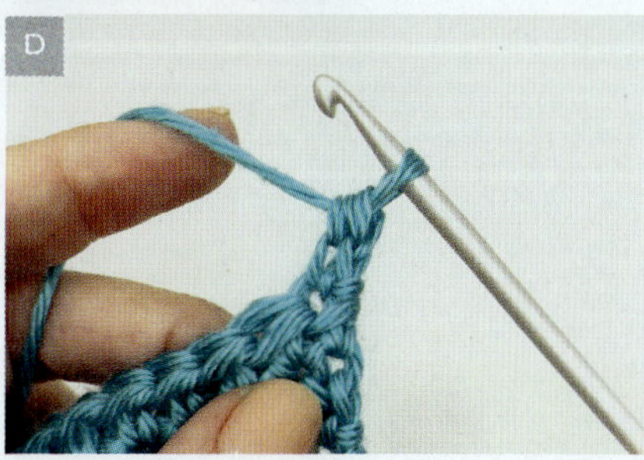

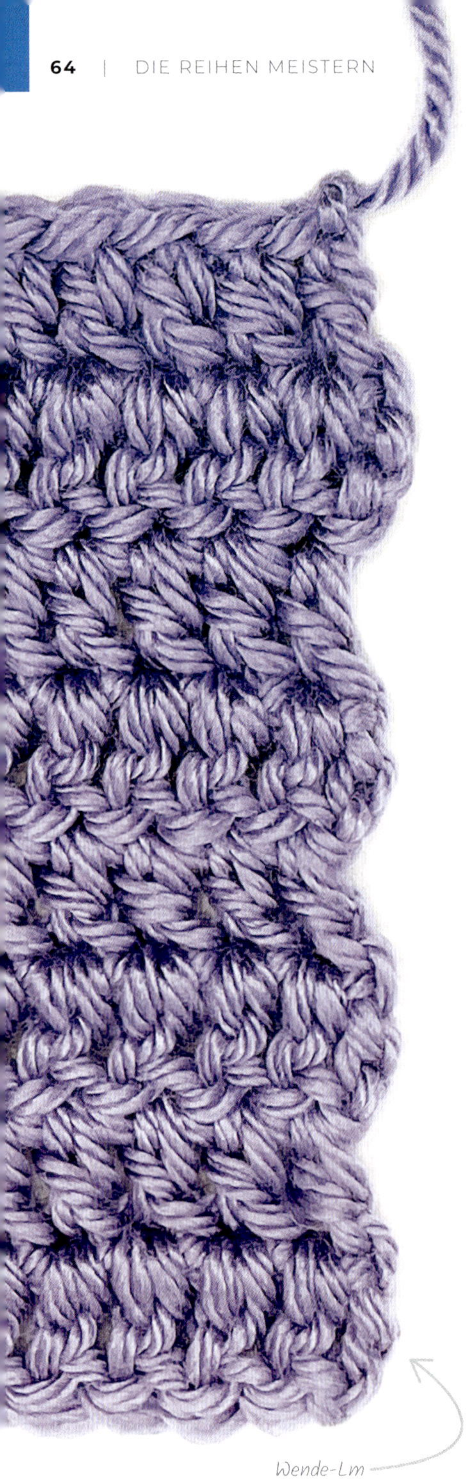

STANDMASCHEN

Eine weitere tolle Methode, beim Häkeln von Stäbchen eine schöne, saubere Kante zu erzielen: Wende-Lm und die erste Masche durch eine Standmasche ersetzen.

Anleitung

1. Eine Schlinge etwa in der Höhe eines Stäbchens hochziehen.
2. Die Schlinge mit dem Zeigefinger an der Häkelnadel fixieren, dann gegen den Uhrzeigersinnn die Häkelnadel um die Schlinge drehen (A). Die Schlinge nicht loslassen. Es sieht nun so aus, als ob zwei Schlingen auf der Häkelnadel liegen (B).
3. In die erste M einstechen, U und den Arbeitsfaden durchziehen. Nun sieht es aus, als liegen 3 Schlingen auf der Nadel (C).
4. U und zwei der Schlingen gemeinsam abhäkeln (D). Sie können den Finger jetzt wegnehmen und etwas an der Häkelnadel ziehen, um die Schlingen-längen auszugleichen.
5. U und die restlichen beiden Schlingen abhäkeln (E).

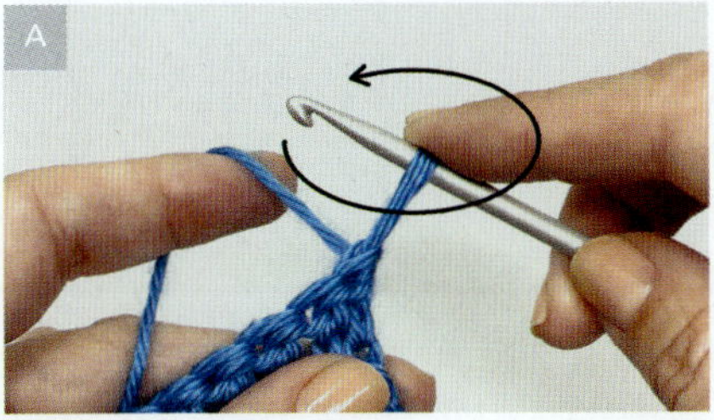
A

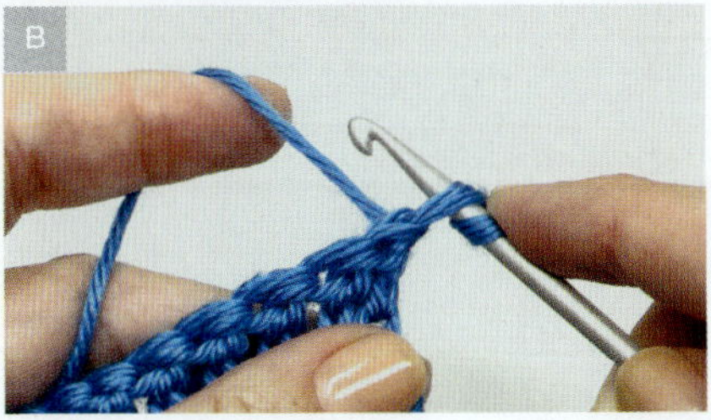
B

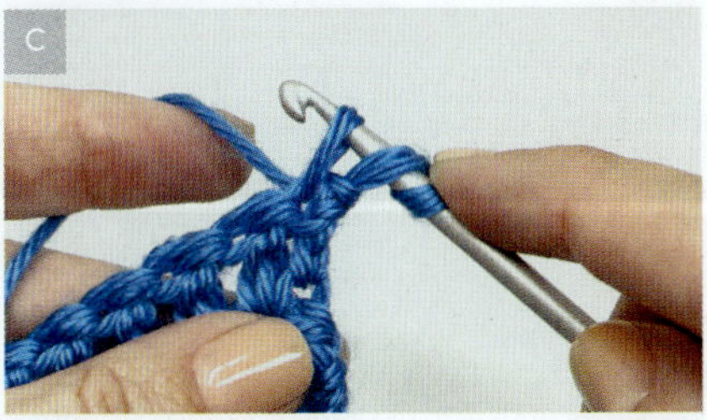
C

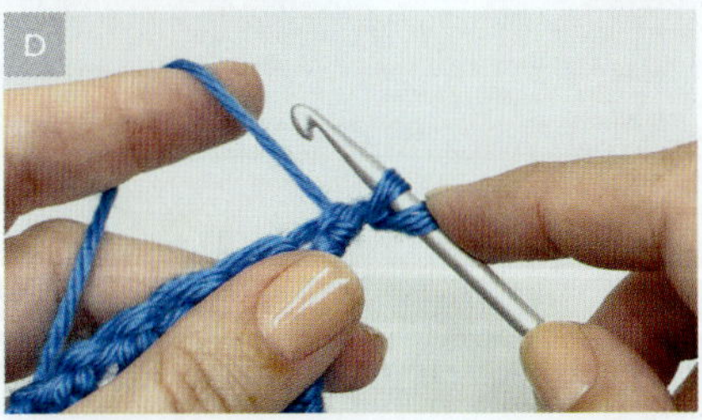
D

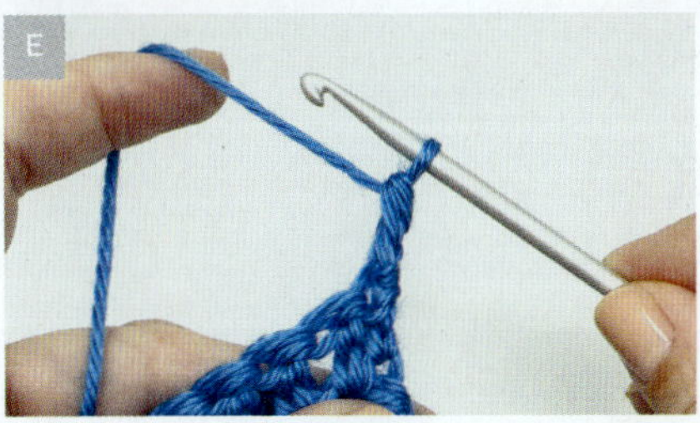
E

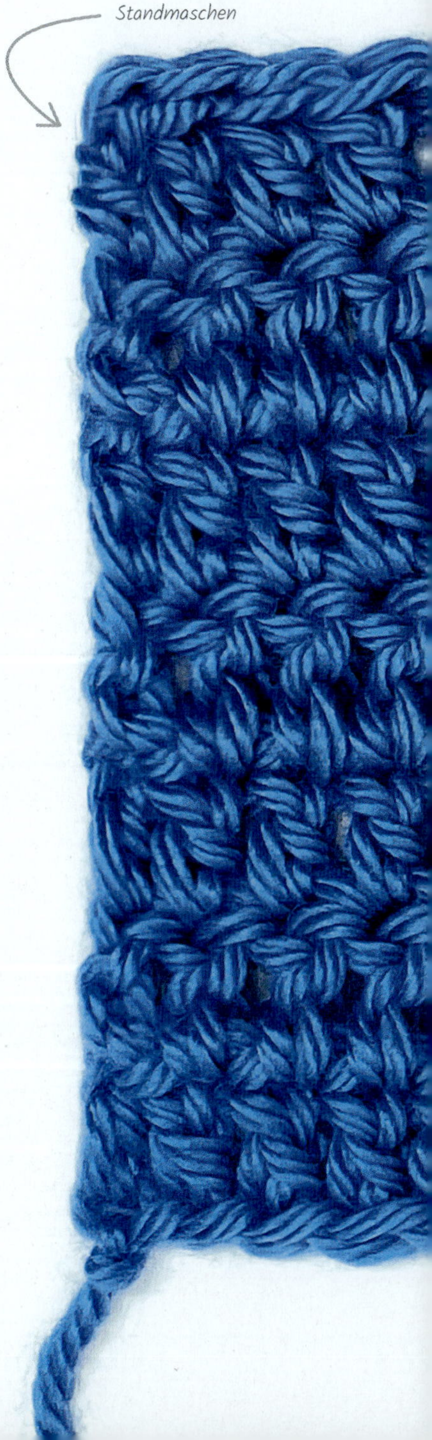
Standmaschen

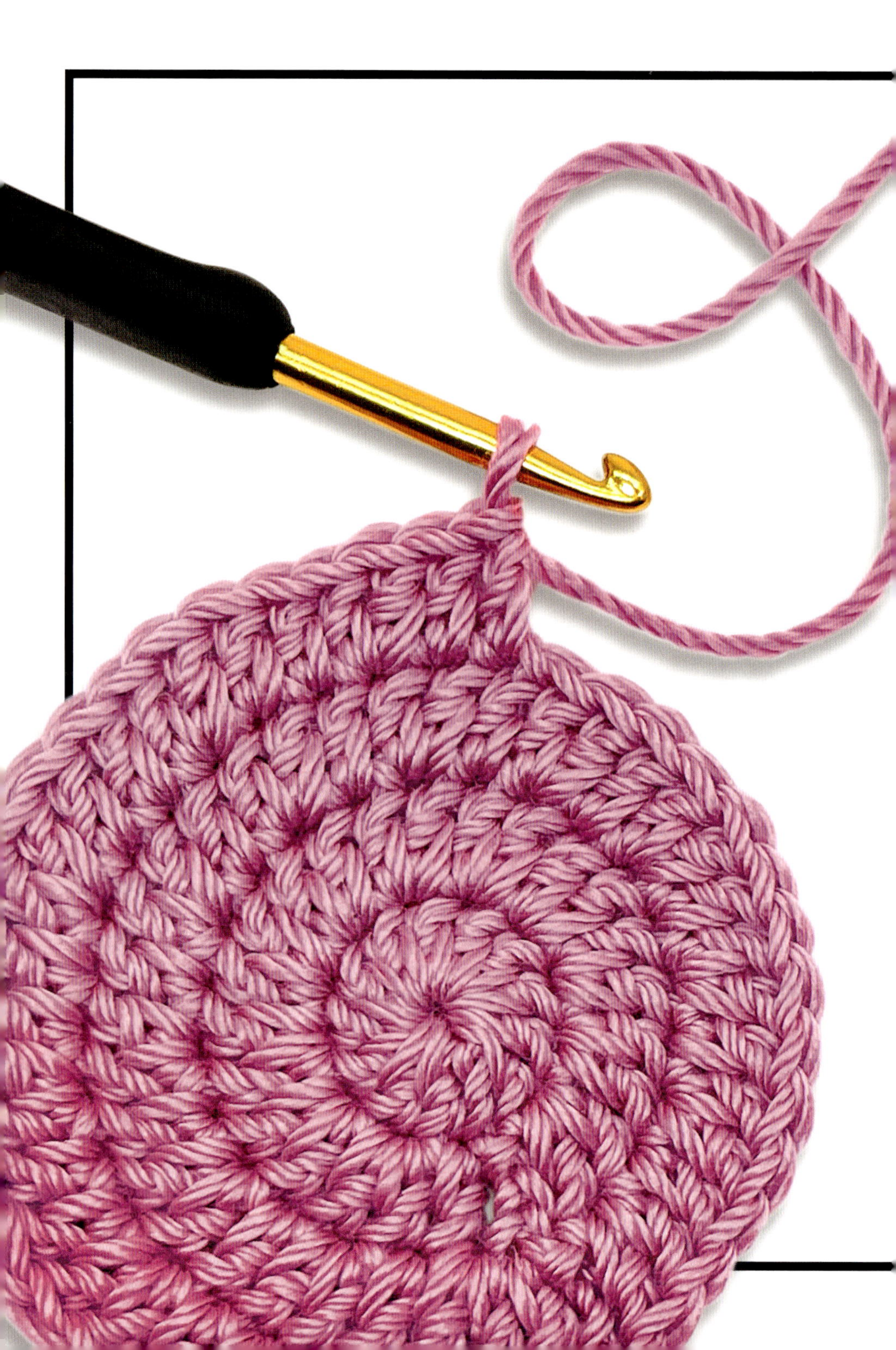

PRÄZISE
RUNDEN

RINGE, NAHTSTELLEN UND ALLES DAZWISCHEN:
TIPPS FÜR STETS PERFEKTE RUNDEN

DER RING ZUM START

So gut wie alle in Runden gehäkelten Projekte beginnen mit einem Ring. Er kann aus Lm bestehen (Lm-Ring) oder ein Fadenring (auch Magic Ring genannt) sein. Haben Sie sich je gefragt, was der Unterschied ist? Das Ergebnis ist ähnlich, aber beide Methoden haben ihre Vor- und Nachteile.

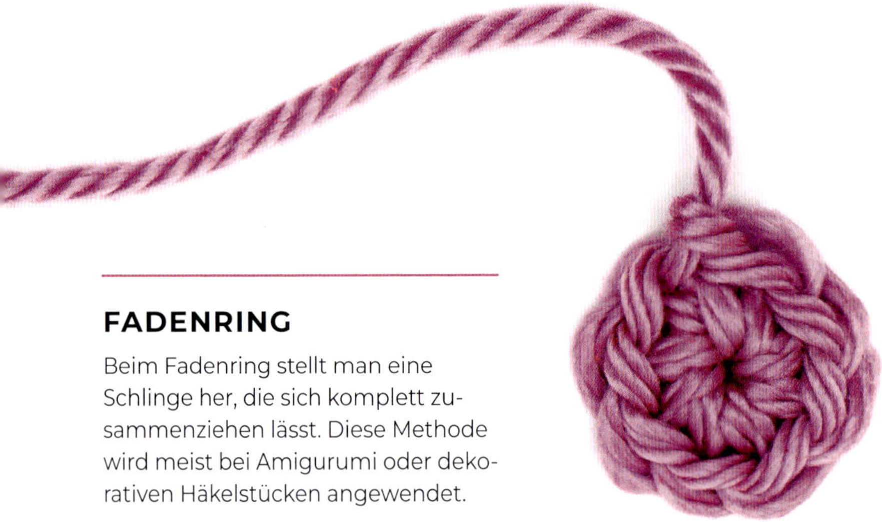

FADENRING

Beim Fadenring stellt man eine Schlinge her, die sich komplett zusammenziehen lässt. Diese Methode wird meist bei Amigurumi oder dekorativen Häkelstücken angewendet.

Pro

- Kann komplett zugezogen werden
- Ergibt eine dünnere Grundreihe
- Sieht glatter aus

Kontra

- Etwas schwieriger zu meistern
- Nicht zu empfehlen für seidige/ rutschige Garne

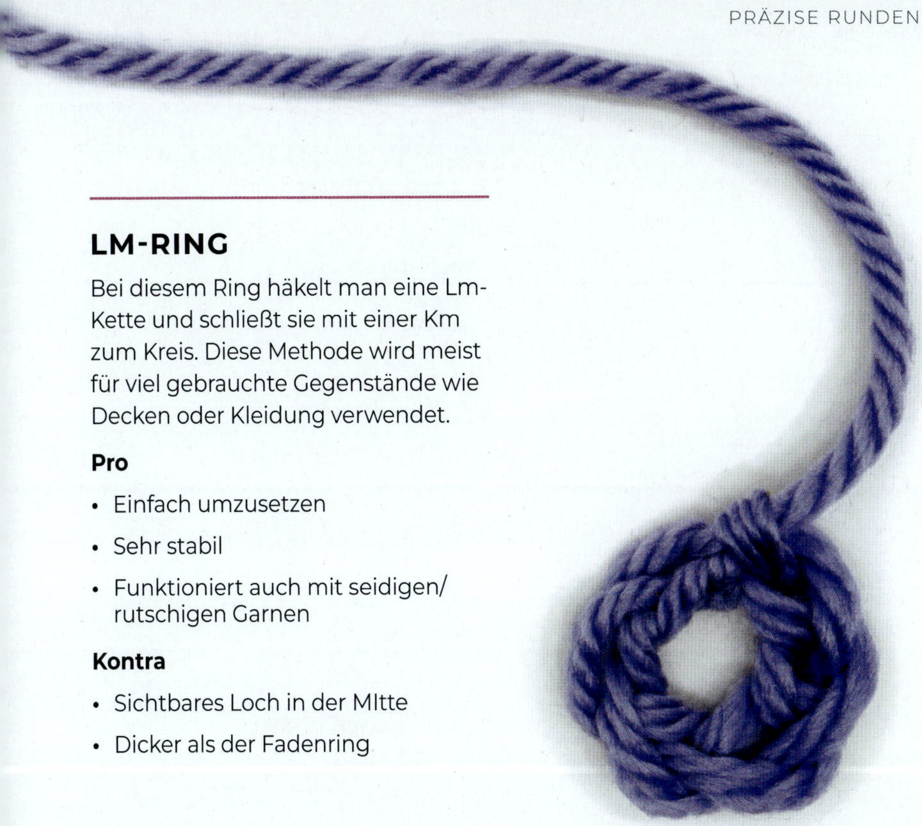

LM-RING

Bei diesem Ring häkelt man eine Lm-Kette und schließt sie mit einer Km zum Kreis. Diese Methode wird meist für viel gebrauchte Gegenstände wie Decken oder Kleidung verwendet.

Pro

- Einfach umzusetzen
- Sehr stabil
- Funktioniert auch mit seidigen/rutschigen Garnen

Kontra

- Sichtbares Loch in der MItte
- Dicker als der Fadenring

LM-RING SCHLIESSEN

Lm-Ringe lassen sich nicht komplett schließen, können aber mithilfe des Fadenendes zugezogen werden: Nach der ersten Runde das Fadenende durch den Fuß der M führen, dann zusammenziehen (A, B).

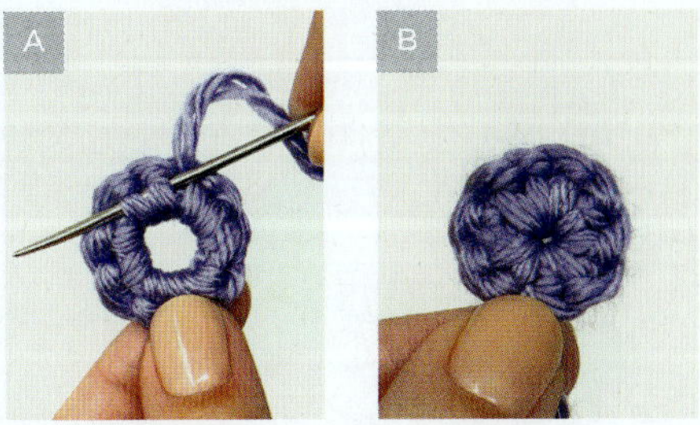

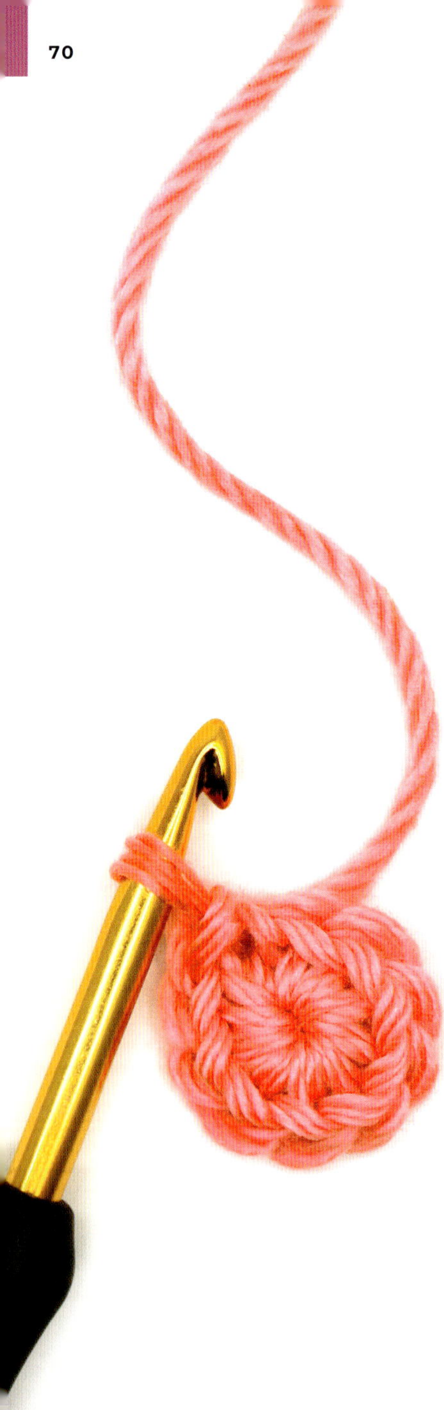

EXTRA SICHERER FADENRING

Einer der größten Nachteile von Fadenringen ist, dass sie sich, je nach Technik, leicht auftrennen können. Um Katastrophen vorzubeugen, empfehle ich einen doppelten Ring, durch den der Fadenring extra sicher wird.

Anleitung

1. Faden über den Zeigefinger legen und zweimal um den Mittelfinger wickeln (A – das Fadenende ist rechts, der Knäuel links).
2. In beide Schlingen am Mittelfinger einstechen und Arbeitsfaden holen (B).
3. Arbeitsfaden durch beide Schlingen ziehen (C).
4. Mit Lm sichern (D). Dies vervollständigt den Fadenring.
5. Die erste Runde in den Ring häkeln.
6. Zum Schließen des Rings an der Schlinge ziehen, die näher am Restfaden sitzt. Dadurch wird die andere Schlinge festgezogen (E).
7. Danach am Fadenende ziehen, um den Ring ganz zu schließen (F).

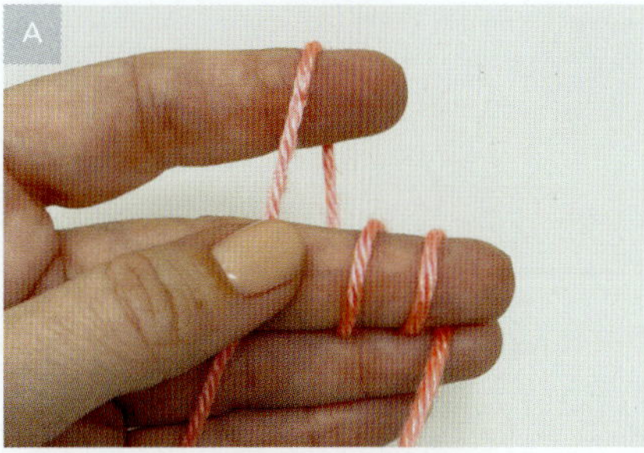

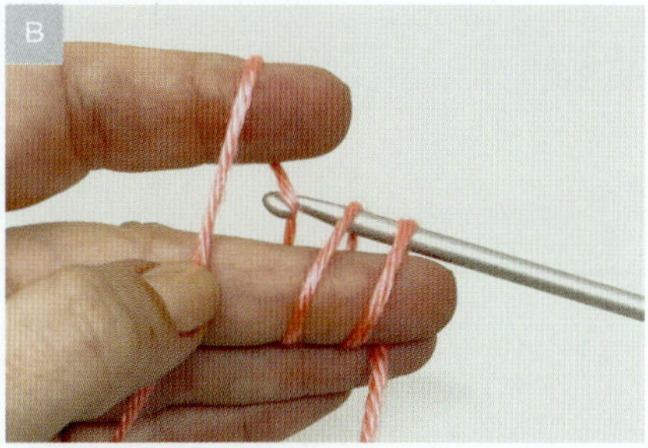

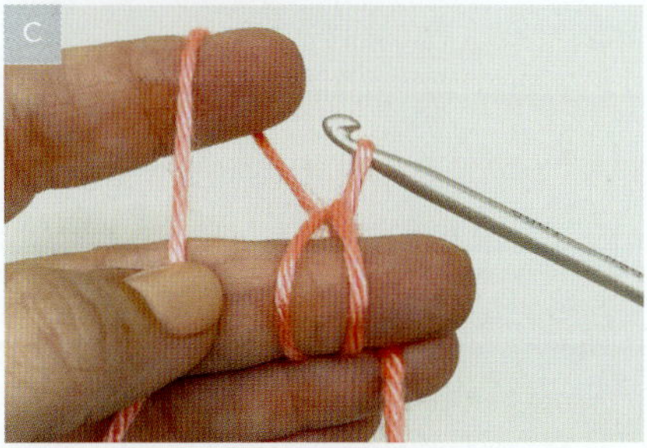

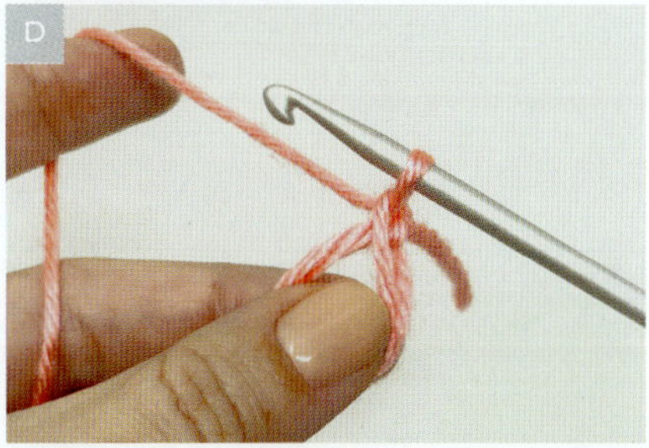

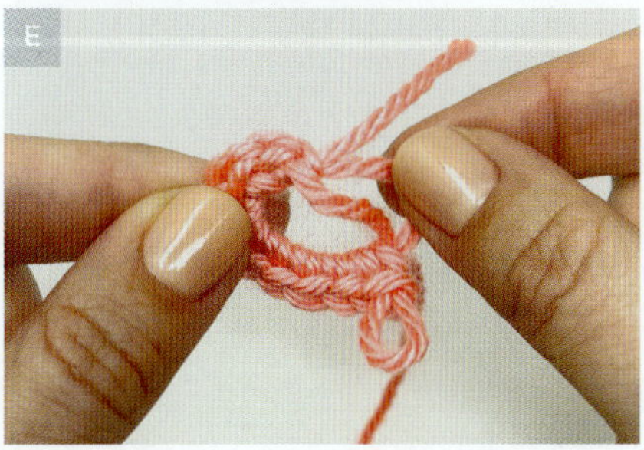

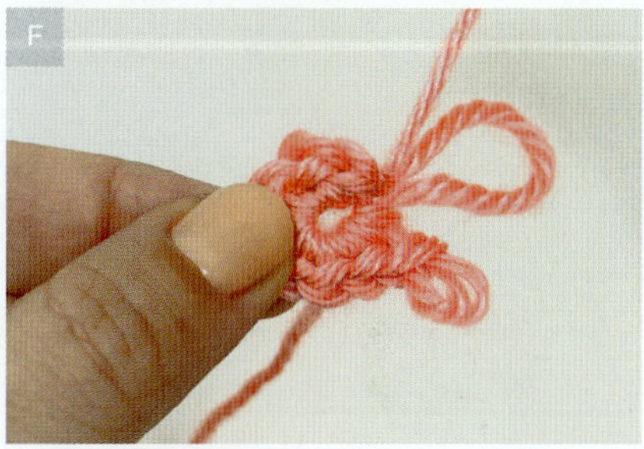

DRANBLEIBEN!

Beim Häkeln der ersten Maschen den Ring am Finger lassen. Das hilft besonders, wenn man viele Maschen hineinhäkelt, denn so bleibt der Ring weit genug.

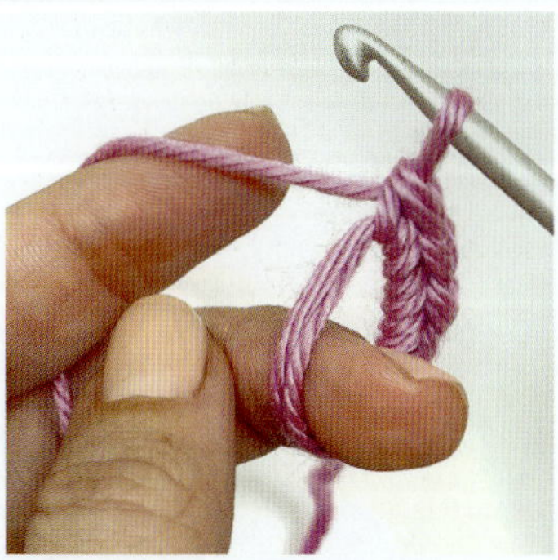

EINE RUNDE SACHE

Es gibt drei Methoden, rund zu häkeln – ja, wirklich! Sie kennen vielleicht die fortlaufenden Runden (spiralförmig) und die mit Kettmasche geschlossenen Runden. Die dritte: Hin- und Rückrunden. Die eine Methode kommt vorwiegend bei Amigurumi zum Einsatz, eine andere bei Jacquardmustern und Kleidung. Was ist der Unterschied, und wann sollte welche benutzt werden?

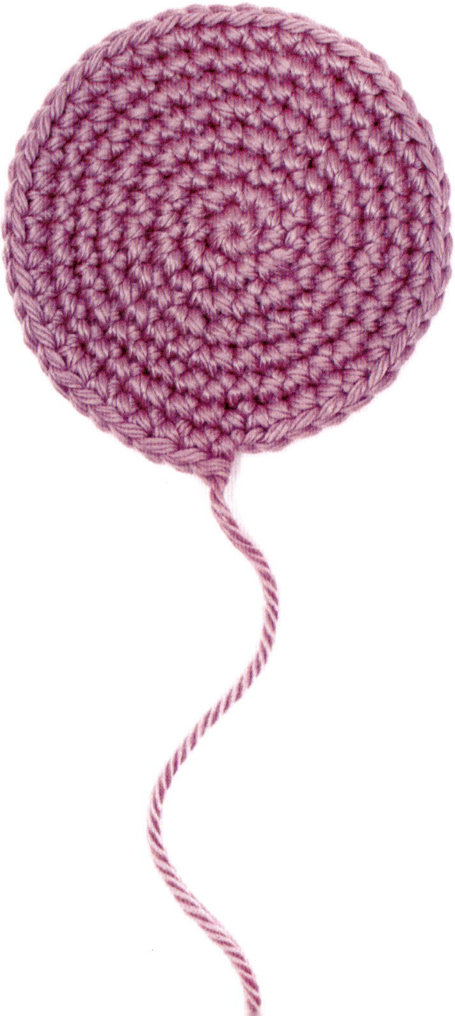

SPIRALRUNDEN

Spiralrunden werden kontinuierlich gehäkelt, ohne verbindende Km oder Lm. Die perfekte Oberfläche hat keine sichtbaren Nähte. Aufgrund der Beschaffenheit von Spiralen sind die Maschen immer leicht schräg übereinander angeordnet. Bei Spiralrunden ist es schwer, Anfang und Ende zu erkennen.

Amigurumi werden meist in Spiralrunden gehäkelt.

MM VERWENDEN

Bei Spiralrunden hilft ein MM, um den Anfang einer Runde im Blick zu behalten.

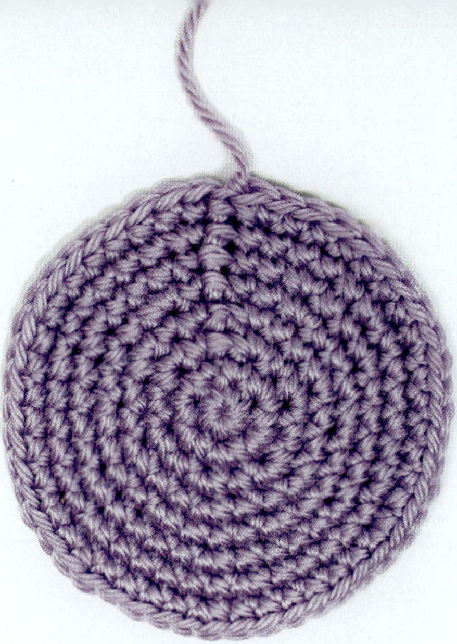

GESCHLOSSENE RUNDEN

Bei dieser oft für Kleidung und Jacquard benutzten Methode entstehen deutlich erkennbare, mit Km geschlossene Runden. Die Maschen liegen perfekt übereinander und es ist klar zu erkennen, wo die Runden beginnen und enden, selbst ohne MM. Der Nachteil ist die sichtbare, schwer zu kaschierende Nahtstelle (s. S. 78).

HIN- UND RÜCKRUNDEN

Genau genommen handelt es sich dabei auch um geschlossene Runden, allerdings wendet man die Arbeit, statt stets in die gleiche Richtung weiter zu häkeln – wie beim Häkeln in Reihen. Manche Maschen sehen in einer kontinuierlichen Arbeitsrichtung ziemlich anders aus als in Hin- und Rückreihen. Es ist also wichtig zu wissen, ob das Muster das Wenden erfordert.

Granny Squares und Kleidungsstücke werden oft in Hin- und Rückreihen gehäkelt.

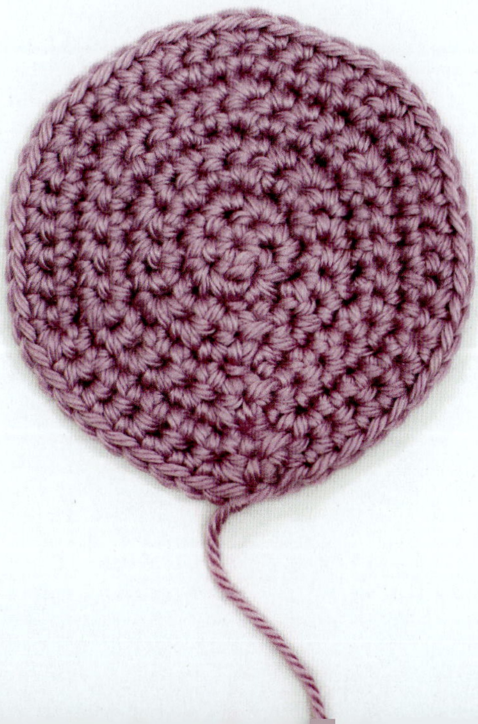

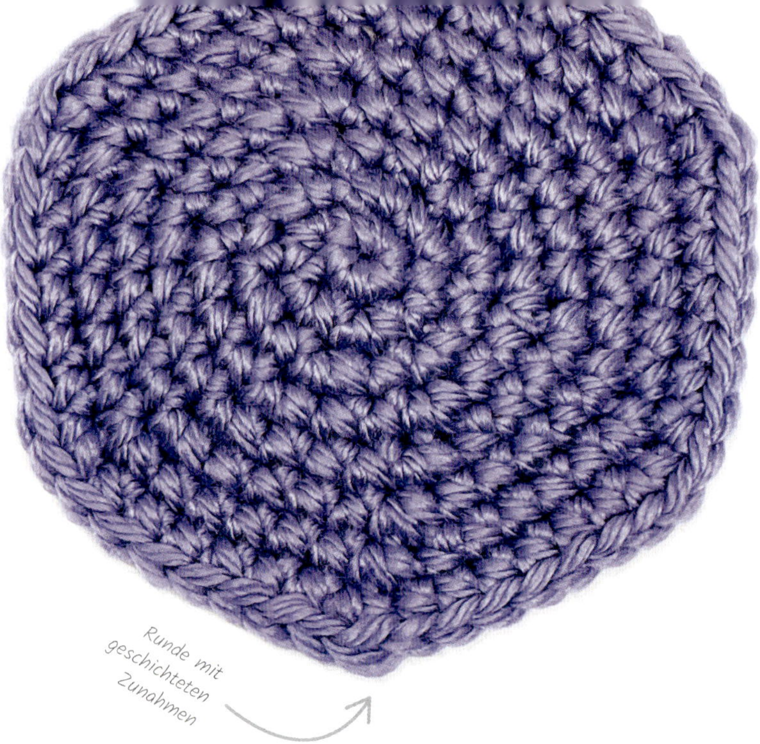
Runde mit
geschichteten
Zunahmen

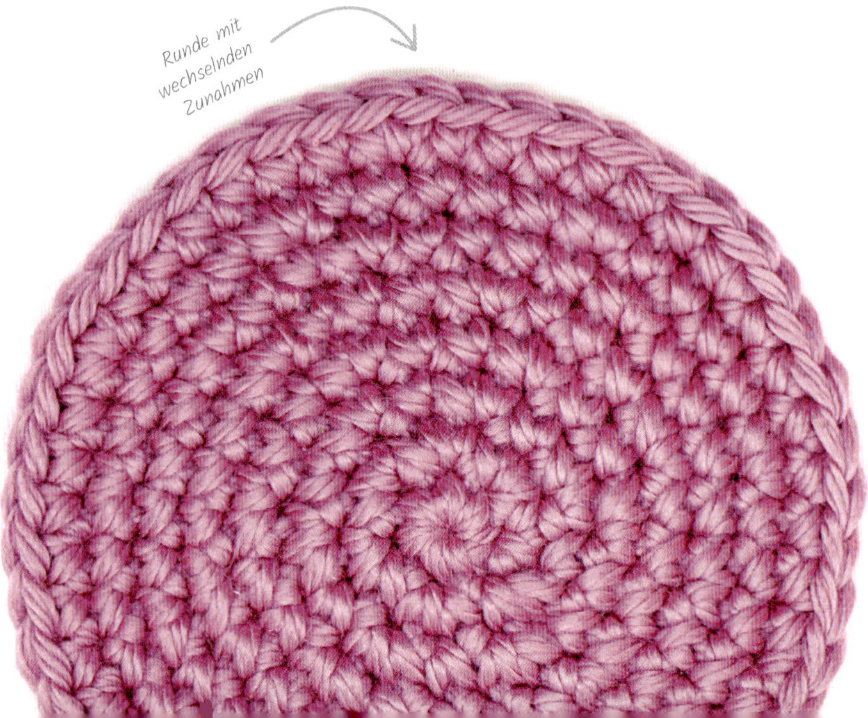
Runde mit
wechselnden
Zunahmen

PERFEKT RUND

Kennen Sie das, wenn runde Häkelstücke statt rund eher sechseckig aussehen? Keine Sorge, Sie haben keinen Fehler gemacht. Es liegt daran, wie Anleitungen geschrieben sind. Man wird praktisch genötigt, Sechsecke zu häkeln, da vorgesehen ist, dass die Zunahmen stets übereinander erfolgen.

Ein einfacher Trick, das Stück rund aussehen zu lassen: die Platzierung der Zunahmen verschieben. Dafür gibt es viele Möglichkeiten, praktisch ist aber abwechselnd in den Runden mit geraden und mit ungeraden Zahlen.

Geschichtete Zunahmen

Fadenring formen.

Runde 1: 6 fM.

Runde 2: [**Zun**] 6-mal wdh.

Runde 3: [**Zun**, 1 fM] 6-mal wdh.

Runde 4: [**Zun**, 2 fM] 6-mal wdh.

Runde 5: [**Zun**, 3 fM] 6-mal wdh.

Runde 6: [**Zun**, 4 fM] 6-mal wdh.

Runde 7: [**Zun**, 5 fM] 6-mal wdh.

Runde 8: [**Zun**, 6 fM] 6-mal wdh.

Wechselnde Zunahmen

Fadenring formen.

Runde 1: 6 fM.

Runde 2: [**Zun**] 6-mal wdh.

Runde 3: [**Zun**, 1 fM] 6-mal wdh.

Runde 4: [1 fM, **Zun**, 1 fM] 6-mal wdh.

Runde 5: [**Zun**, 3 fM] 6-mal wdh.

Runde 6: [2 fM, **Zun**, 2 fM] 6-mal wdh.

Runde 7: [**Zun**, 5 fM] 6-mal wdh.

Runde 8: [3 fM, **Zun**, 3 fM] 6-mal wdh.

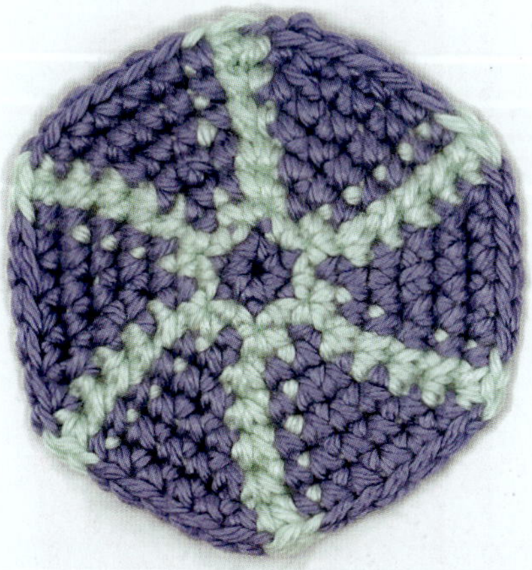

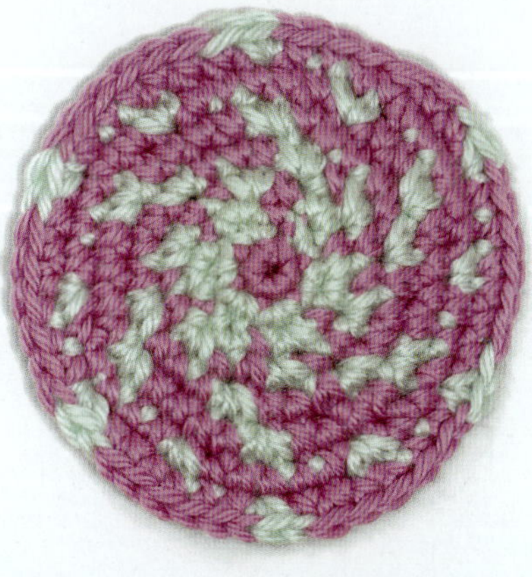

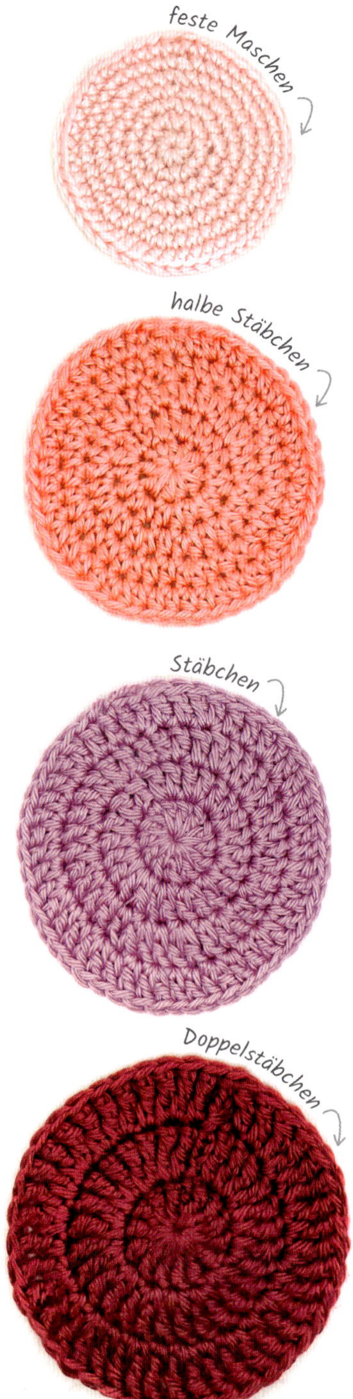

FLACH UND RUND

Runde Stücke zum Flachliegen zu bewegen, kann ebenso schwierig sein, wie sie perfekt rund zu häkeln. Meist ist die Maschenanzahl für das Einrollen verantwortlich. Mit der richtigen Anzahl zu beginnen ist entscheidend. Was aber ist die richtige Anzahl?

Die meisten Bücher, Blogs und Tutorials nennen eine bestimmte Standardzahl. Häkeln ist jedoch keine exakte Wissenschaft. Viele Variablen, von Fadenspannung bis Nadelstärke, spielen eine große Rolle für das Aussehen des fertigen Stücks, also mag nicht für jeden die gleiche Zahl gelten.

Wenn Ihr rundes Stück mit der Standardzahl nicht flach liegen will, versuchen Sie, mehr Maschen zuzunehmen.

In der Tabelle sind Zahlenbereiche für Anfangsmaschen genannt, bezogen auf die wichtigsten Maschen.

MASCHENANZAHLEN ZUN IN RUNDE 1

Masche	Anzahl
feste Maschen	6–8 M
halbe Stäbchen	8–10 M
Stäbchen	10–12 M
Doppelstäbchen	12–14 M

Die richtige Anfangszahl bestimmt auch die Anzahl der Zunahmen. Nach jeder Runde die Maschen zählen, um sicherzugehen, dass die Zahlen stimmen.

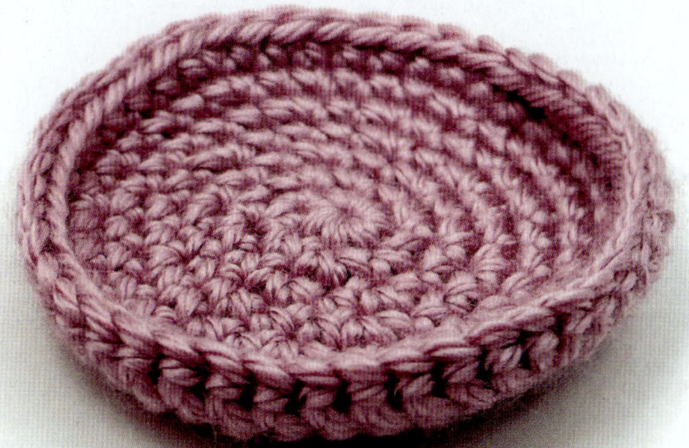

Rollkanten

Rollen sich die Kanten nach innen, haben Sie vermutlich nicht genug zugenommen. Zählen sie nach, um zu erkennen, wo ggf. eine Zunahme ausgelassen wurde.

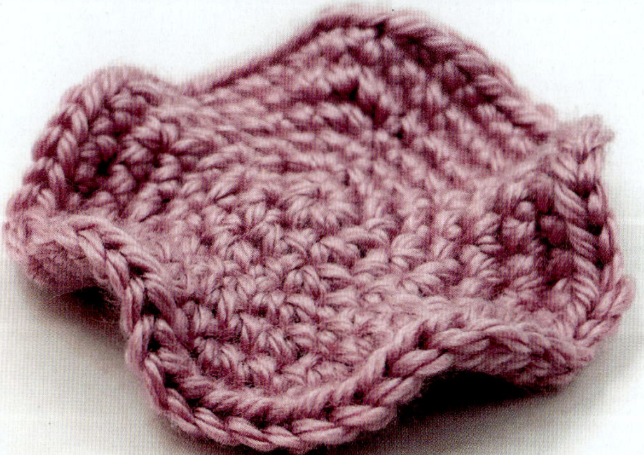

Gewellte Kanten

Wellt sich die Kante des runden Stücks, haben Sie vielleicht zu viele Maschen zugenommen. Zählen Sie nach, um zu erkennen, wo überzählige Zunahmen vorgenommen wurden.

In beiden Fällen müssen die fehlerhaften Runden aufgetrennt und wiederholt werden.

MIT NÄHTEN KLARKOMMEN

Ob flache, runde oder schlauchförmige Häkelarbeit: Die »Nahtstelle« ist und bleibt der frustrierendste Punkt bei geschlossenen Runden. Sie ist nicht nur auffällig sichtbar, sondern hat auch die Tendenz, unschön schief zu verlaufen. Wenn man sie doch nur gleichmäßiger machen oder, noch besser, ganz kaschieren könnte! So funktioniert's!

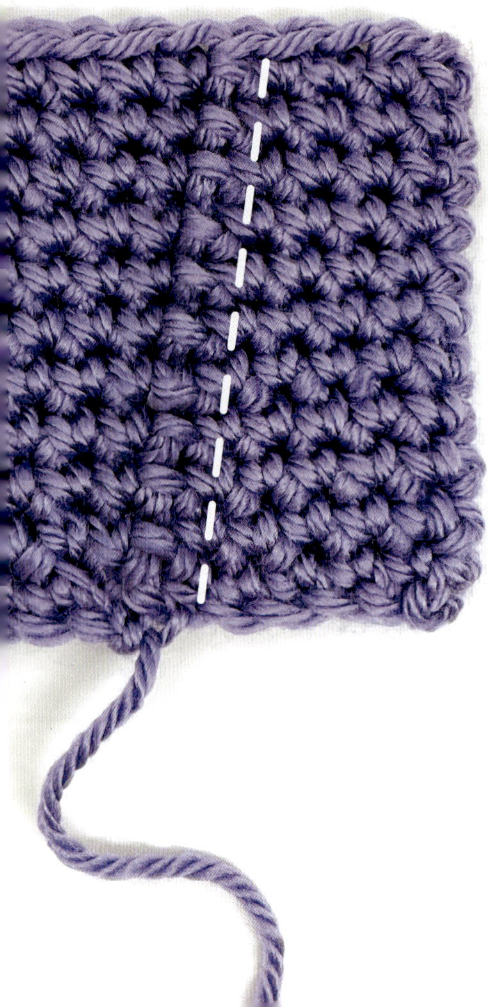

SCHRÄGLAGE VERMEIDEN

Beim Häkeln in geschlossenen Runden entsteht für gewöhnlich eine diagonal verlaufende Nahtstelle, unabhängig von der Art der Maschen. Das liegt an der Beschaffenheit von Häkelmaschen: Der Fuß der Masche sitzt direkt über der Masche darunter, aber der obere Teil ist leicht seitlich verschoben – und in diesen wird der Fuß der nächsten Masche gesetzt.

Es gibt zwei einfache Wege zum Vermeiden der Neigung, es kommt nur darauf an, ob die Arbeitsrichtung gewechselt werden kann.

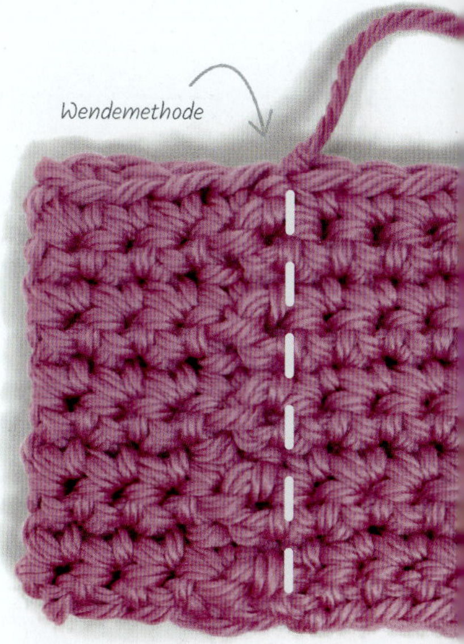

Methode #1 – wenden

Am einfachsten behebt man die »schiefe Naht«, indem man in Hin- und Rückrunden häkelt, wie beim Häkeln in Reihen. Die Technik funktioniert aber nur bei Projekten, die gewendet werden können.

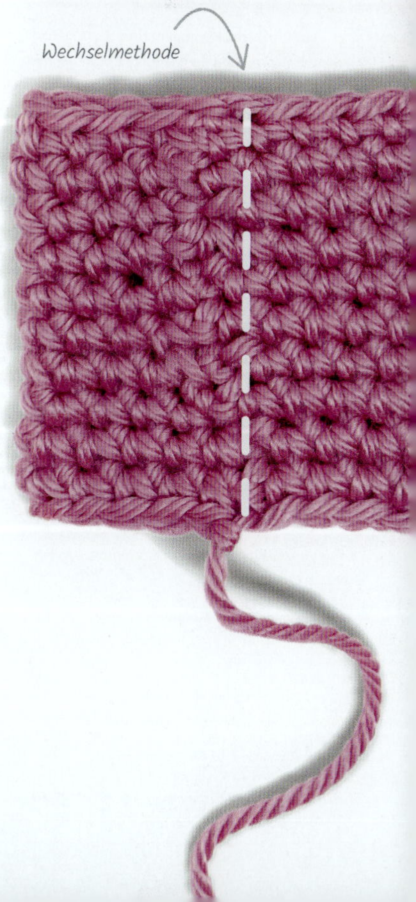

Methode #2 – wechseln

Beim Häkeln ohne Wenden kann die Naht durch eine andere Platzierung der ersten M begradigt werden. Normalerweise steht in der Anleitung, ob die erste Masche in die »nächste« M oder »in die gleiche M wie die Lm« gehäkelt werden soll. Bei dieser Methode tut man beides – aber nicht auf einmal.

Anleitung

In ungeraden Runden (3., 5. usw.) die erste M in die gleiche M häkeln wie die Wende-Lm (A). In geraden Runden in die nächste M platzieren (B).

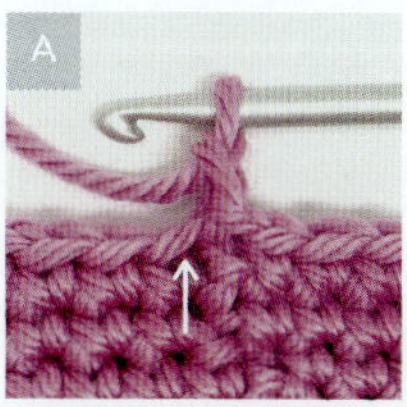

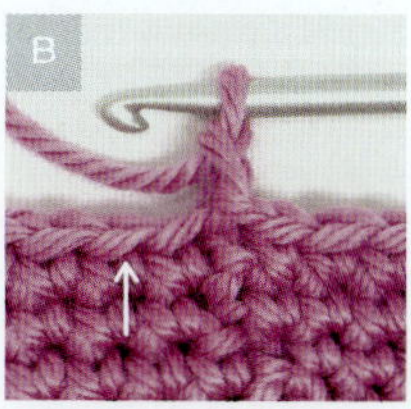

UNSICHTBARE NAHT BEI FESTEN MASCHEN

Da wir jetzt unsere Nähte begradigt haben, versuchen wir mal, sie weniger sichtbar zu machen. Es gibt einige Methoden, Nähte zu kaschieren, abhängig von der Art der Masche. Beim Arbeiten mit festen Maschen in geschlossenen Runden lässt man die Nähte folgendermaßen weniger sichtbar werden:

Anleitung

1. Bis zum Rundenende häkeln (A).
2. Die Häkelnadel aus der Arbeitsmasche nehmen und von hinten in die Km einstechen (B).
3. Die Arbeitsmasche wieder über die Häkelnadel ziehen und die Schlinge durch die Km ziehen (C, D).
4. 1 Lm häkeln.
5. Häkelnadel in die gleiche Km einstechen und 1 fM häkeln (E). Dies wird die erste M der nächsten Runde (F).

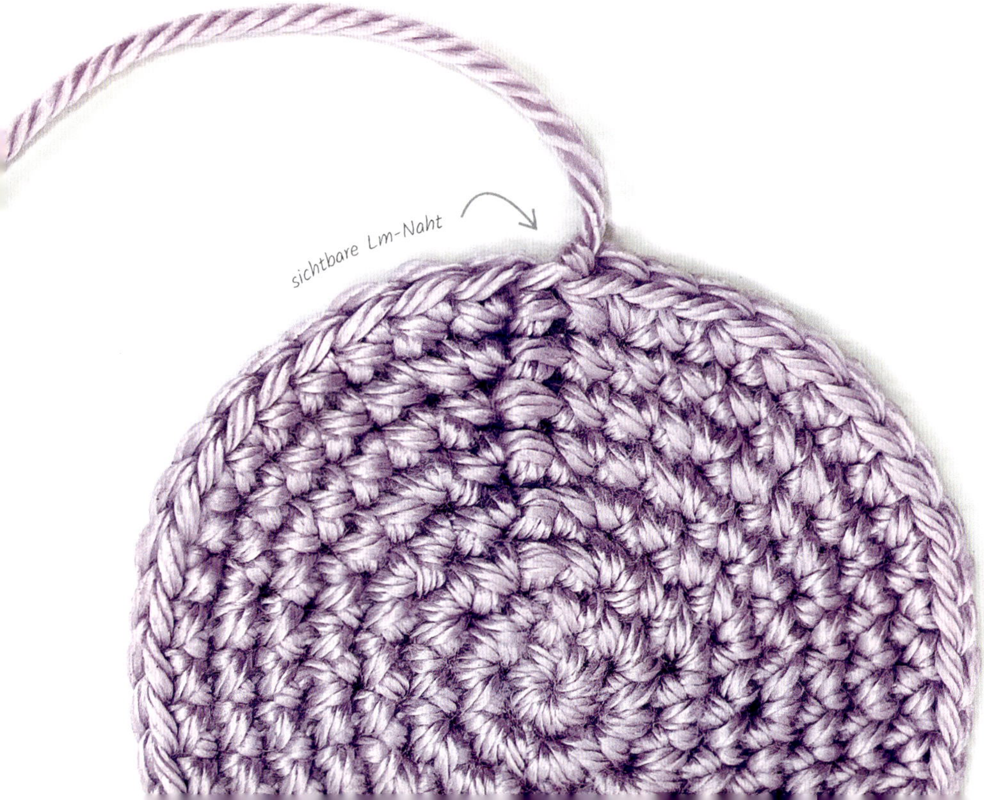

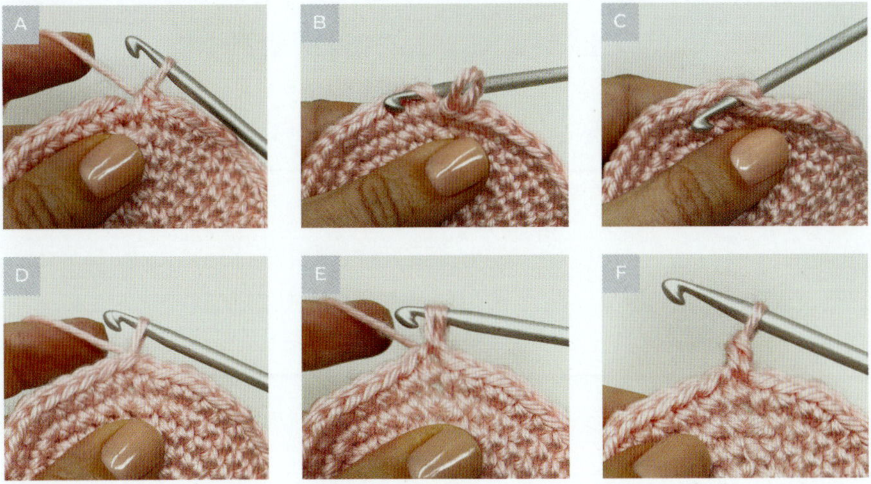
A
B
C
D
E
F

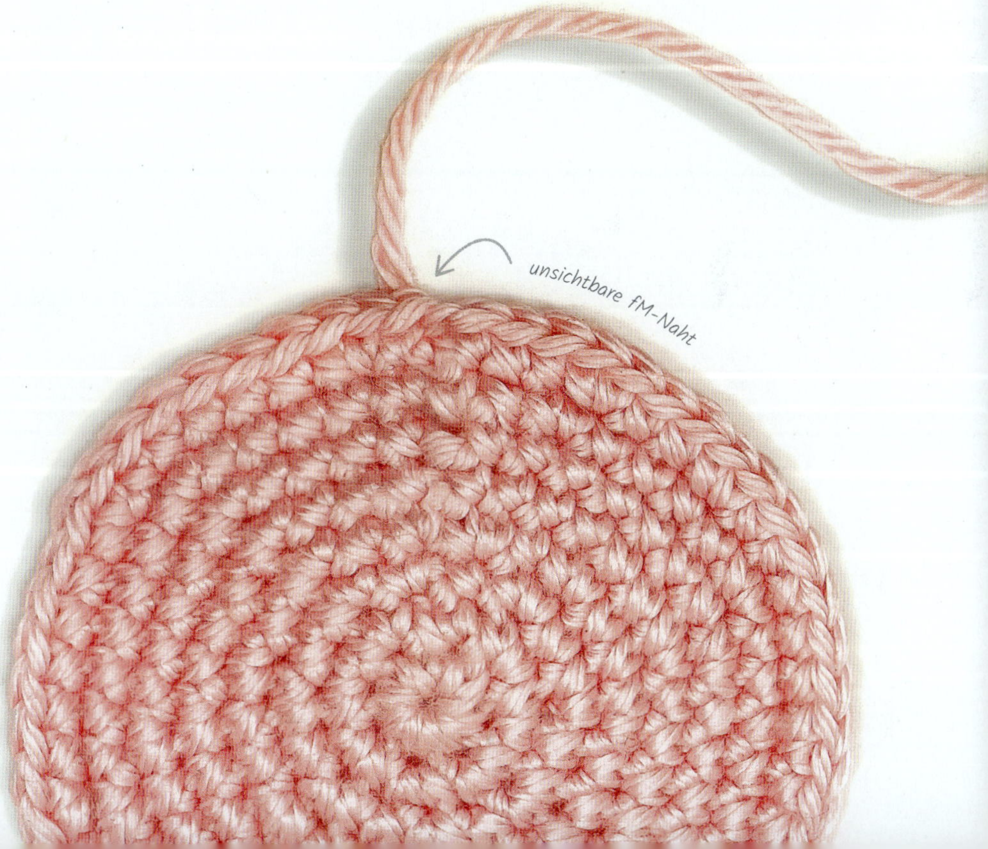
unsichtbare fM-Naht

UNSICHTBARE NAHT BEI HÖHEREN MASCHEN

Mit geschichteten Maschen kann man nicht nur die Kanten beim Häkeln von Hin- und Rückreihen begradigen (s. S. 63), sie können auch zum Kaschieren der Naht beim Häkeln in geschlossenen Runden dienen. Zwei geschichtete fM ersetzen ein hStb, mehrere die höheren Maschen.

Anleitung

1. 1 Lm, dann 1 fM in die erste Masche der Runde (A).
2. In den linken senkrechten Maschenhals der fM einstechen und noch 1 fM häkeln (B, C, D).
3. Diese 2 geschichteten fM ersetzen das erste hStb.

ANZAHL GESCHICHTETE FM

Masche	fM
halbes Stäbchen	2
Stäbchen	3
Doppelstäbchen	4
Dreifachstäbchen	5

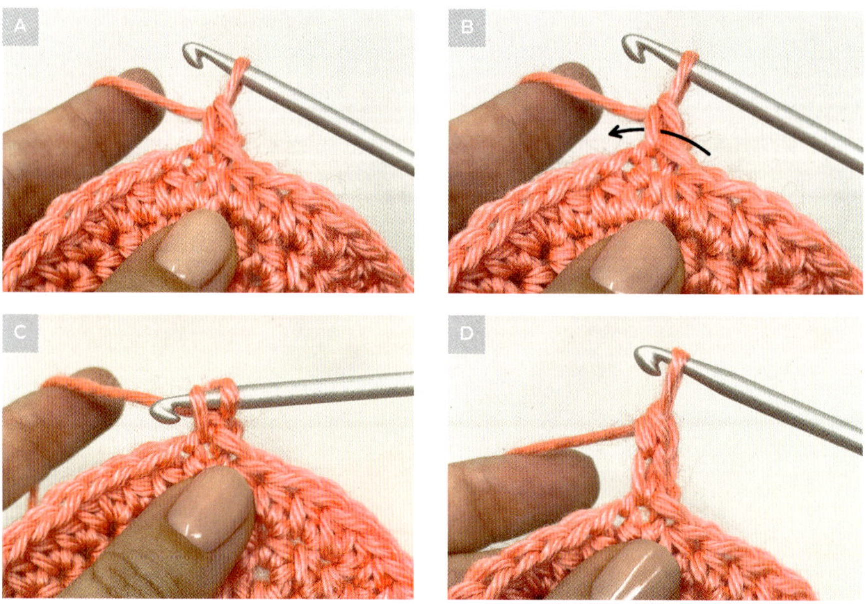

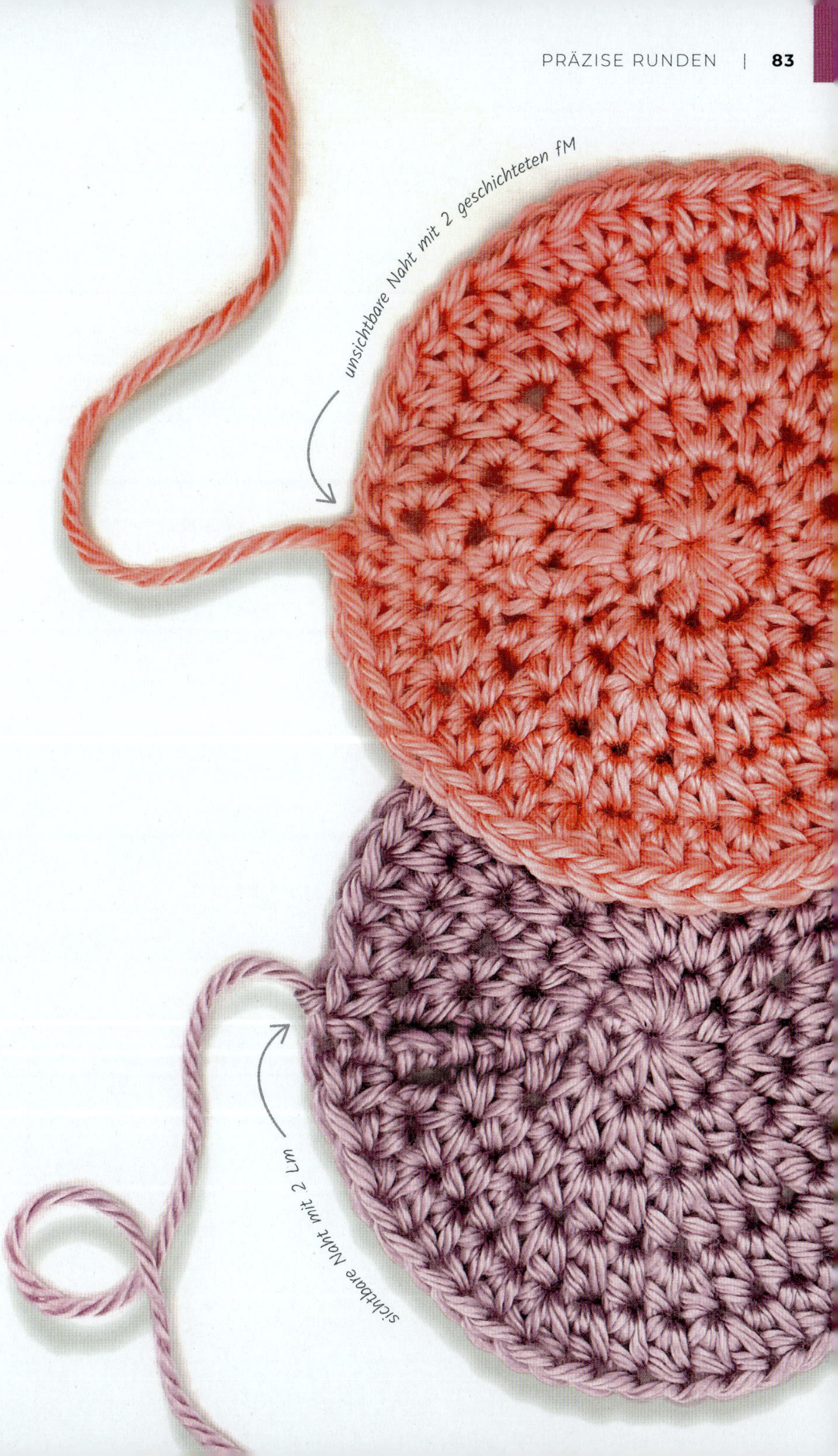
unsichtbare Naht mit 2 geschichteten fM
sichtbare Naht mit 2 Lm

UNSICHTBARE NAHT BEI STÄBCHEN

Die Naht wird so gut wie unsichtbar, wenn man die 2 Wende-Lm durch ein Standstäbchen ersetzt. Die Standmasche (s. S. 64) imitiert das Aussehen der anderen Stäbchen und lässt die Naht optisch in der Arbeit verschwinden.

Anleitung

1. Die Arbeitsmasche zur ungefähren Höhe eines Stäbchens hochziehen (A).
2. Die Schlinge mit dem Finger auf der Häkelnadel festhalten und diese gegen den Uhrzeigersinn um die Schlinge wickeln (B).
3. In die erste M einstechen, U und Faden durchziehen. Es sieht nun so aus, als liegen 3 Schlingen auf der Häkelnadel (C). Den Finger nicht von der Schlinge lösen!
4. U (D) und den Faden durch 2 Schlingen ziehen (E). Erst jetzt die erste Schlinge loslassen.
5. U und die restlichen beiden Schlingen abhäkeln, um die M fertigzustellen (F).

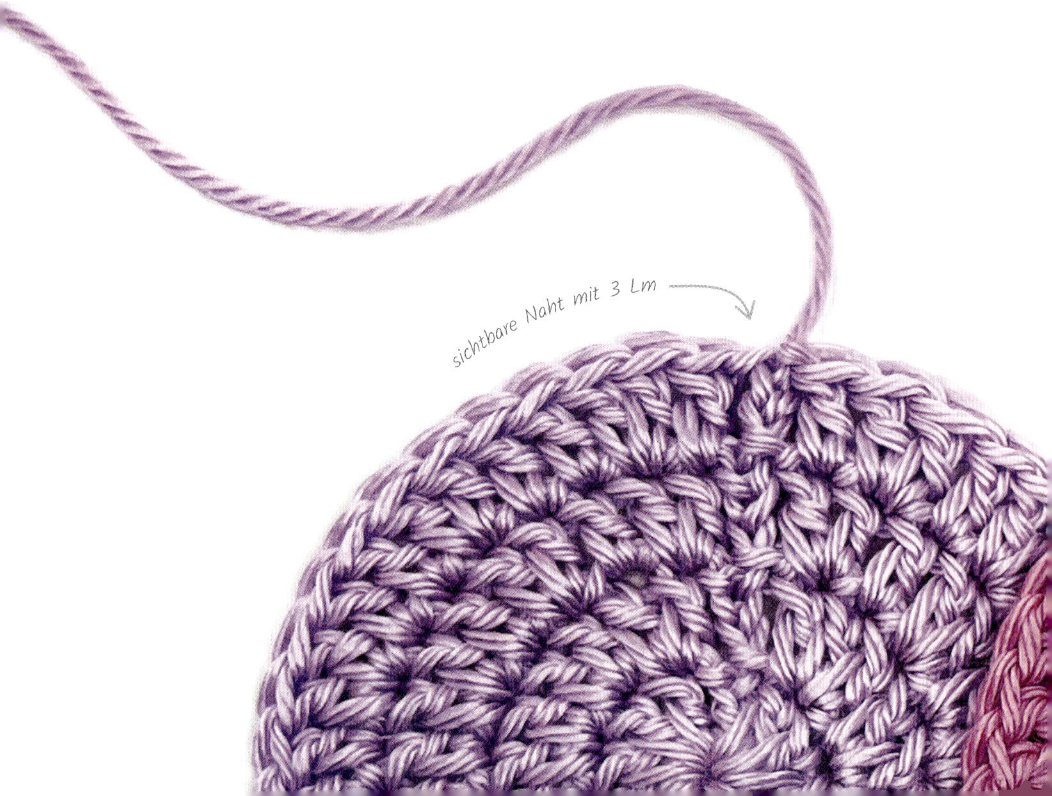

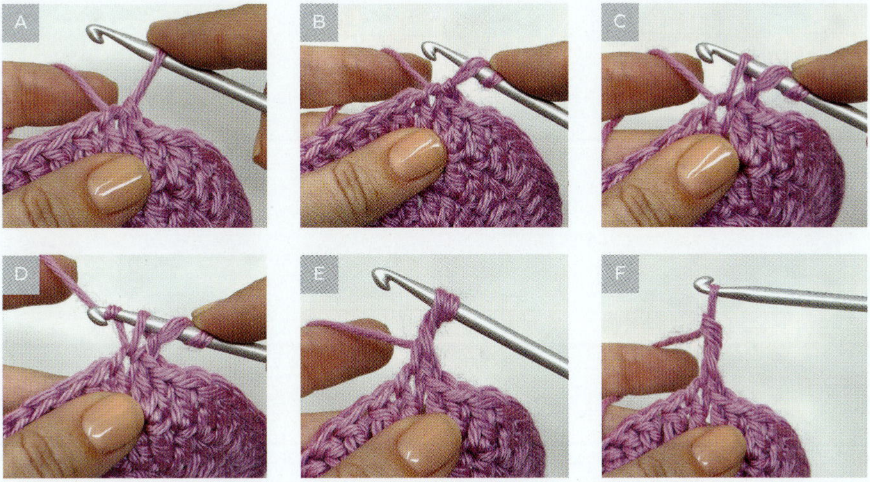
A
B
C
D
E
F

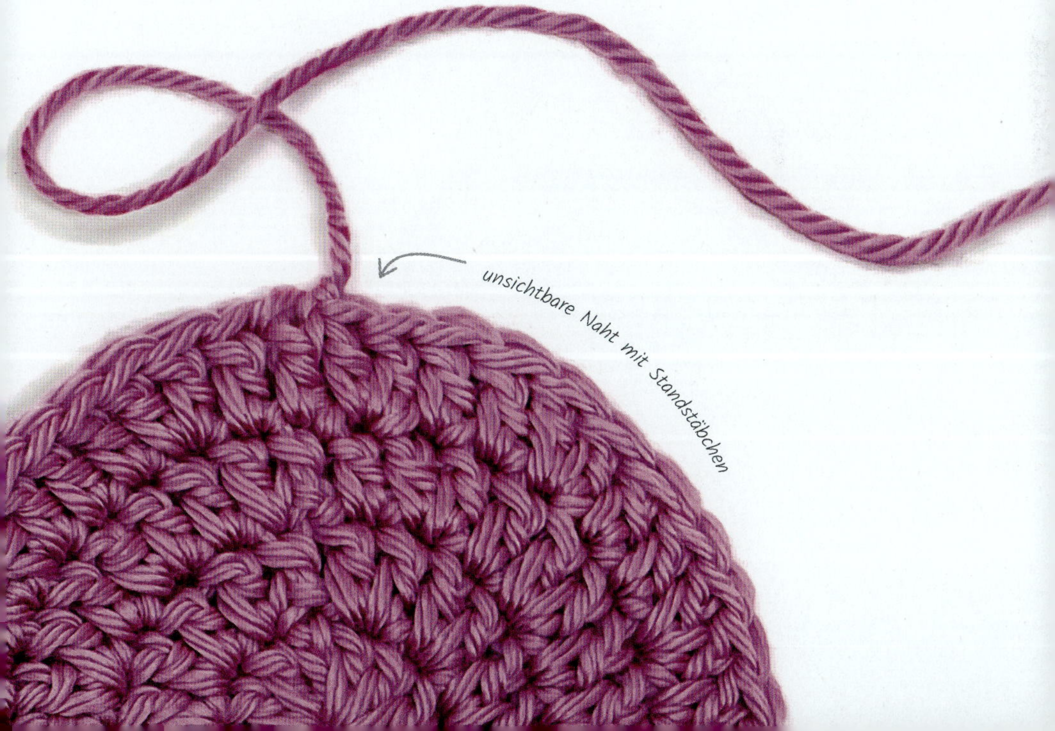
unsichtbare Naht mit Standstäbchen

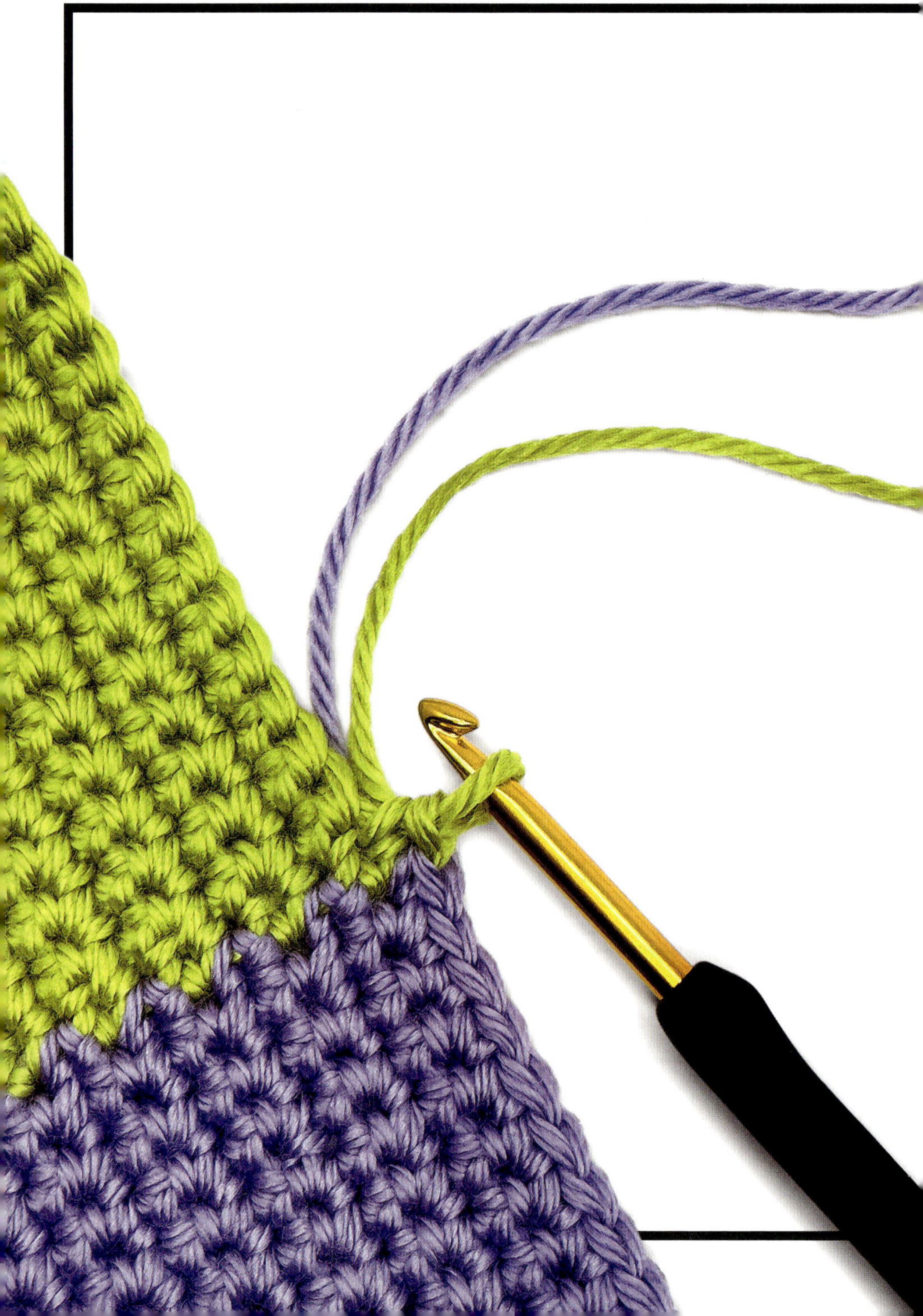

ARBEITEN **MIT FARBEN**

METHODEN UND TECHNIKEN FÜR PERFEKTE FARB-
WECHSEL UND NAHTLOSES AUFNEHMEN VON FARBEN

NAHTLOSE FARBWECHSEL

Farbwechsel sind zwar beim Häkeln nicht weiter kompliziert, doch den Übergang so glatt wie möglich zu gestalten, ist nicht ganz einfach. Ob am Anfang oder in der Mitte der Reihe oder Runde: Mit diesen Tipps gelingen Farbwechsel am besten.

NEUE FARBE ANHÄKELN

Beim Anhäkeln einer neuen Farbe am Anfang einer Reihe oder Runde ohne aktiven Arbeitsfaden in der ursprünglichen Farbe werden meist eine Km und eine Lm gesetzt. Nahtloser wird der Farbwechsel, wenn Km und Lm durch eine Standmasche ersetzt werden, sodass die Verbindungsmasche exakt so aussieht wie die anderen Maschen.

fM als Standmasche

Anleitung

1. Eine Anfangsschlinge in die neue Farbe arbeiten (A).
2. In die erste M einstechen, U und den Arbeitsfaden durchziehen (B).
3. U und beide Schlingen abhäkeln (C).

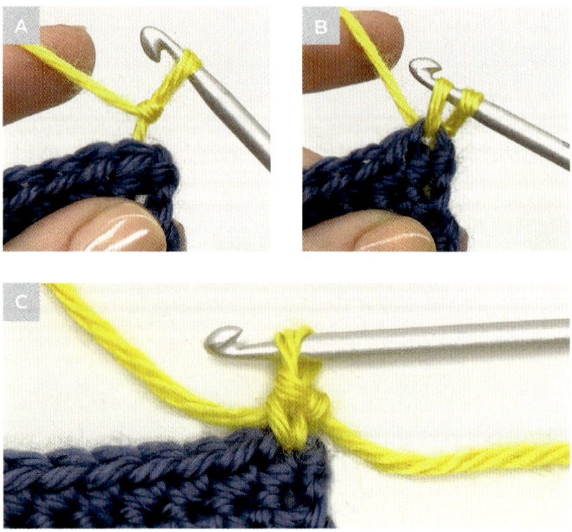

STANDMASCHEN FÜR ANDERE MASCHENARTEN

Bei hStb, Stb oder DStb als Standmasche: U, in die erste M einstechen, dann die Masche fertighäkeln wie gewohnt. Dabei die Anfangsschlinge mit dem Zeigefinger auf der Häkelnadel fixieren.

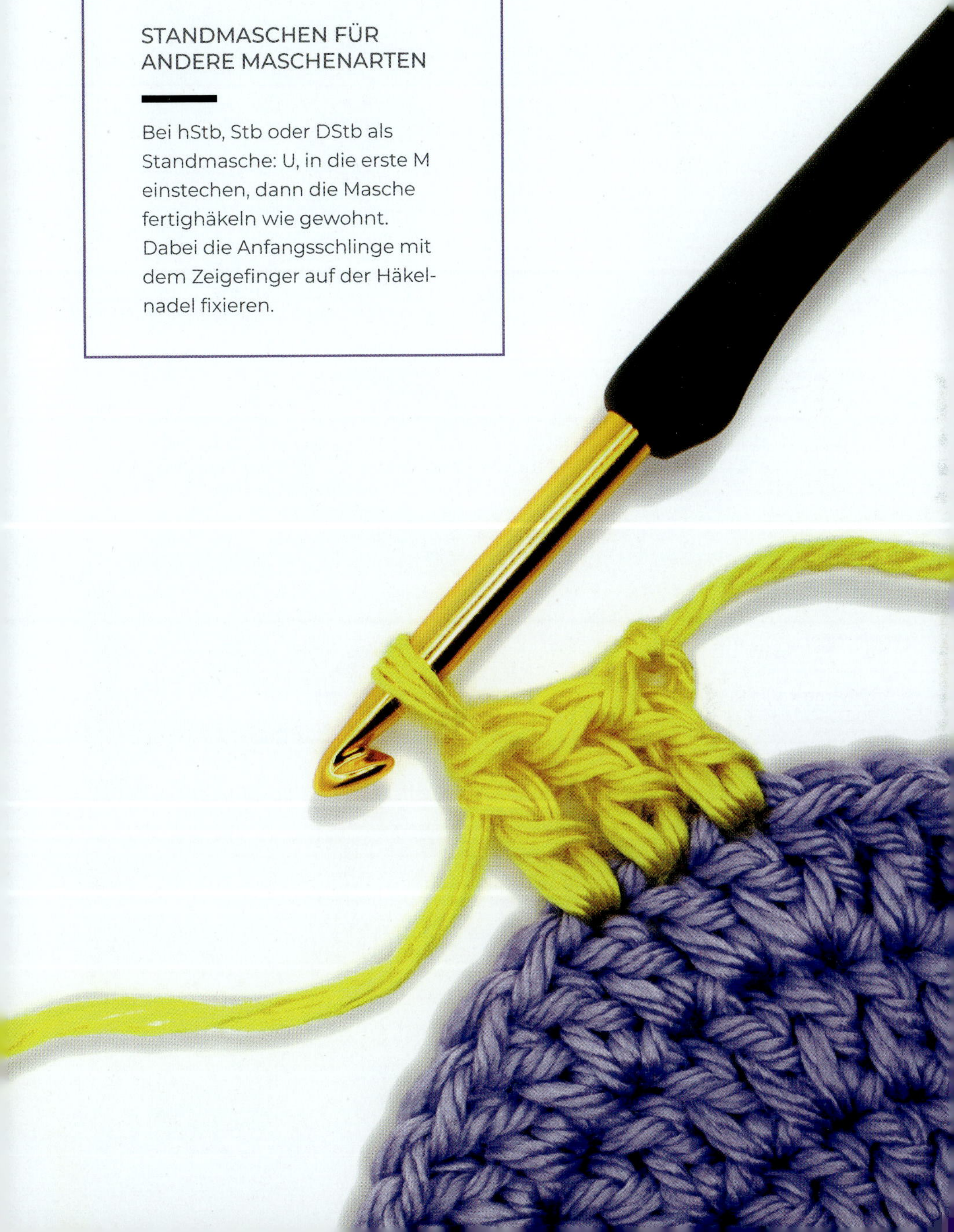

FARBWECHSEL MITTEN IN DER REIHE

Normalerweise würde man beim Farbwechsel mitten in der Reihe oder Runde einfach eine Masche in der alten und die nächste in der neuen häkeln. Dabei erscheint das obere V der Masche aber noch in der alten Farbe – ein nicht ganz perfekter Farbwechsel. Es gibt zwei Methoden, dies zu vermeiden, die beide zum gleichen Ergebnis führen, aber leicht unterschiedlich funktionieren. Probieren Sie beide aus und verwenden Sie diejenige, die Ihnen mehr liegt. Sie werden vielleicht überrascht sein!

Farbwechselmethode #1

Die neue Farbe schon beim letzten U der Masche davor aufnehmen.

Eine recht unkomplizierte Methode. Nichts wird verbunden, keine Km oder Lm notwendig. Nachteile: Es kann schwierig sein, die richtige Fadenspannung zu erzielen. Und man muss stets daran denken, bei der Masche zuvor zu wechseln.

Anleitung

1. In die letzte M der alten Farbe einstechen (A).
2. U in der neuen Farbe und alle Schlingen abhäkeln (B).
3. Mit der neuen Farbe weiterarbeiten (C).

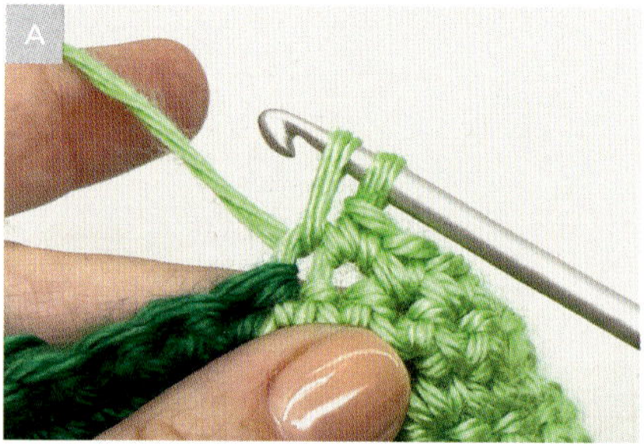

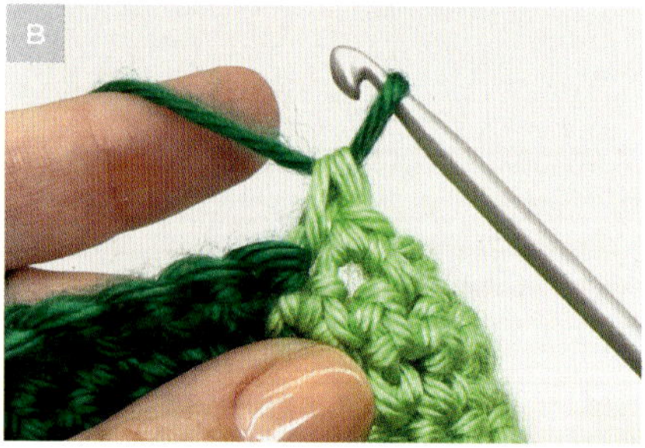

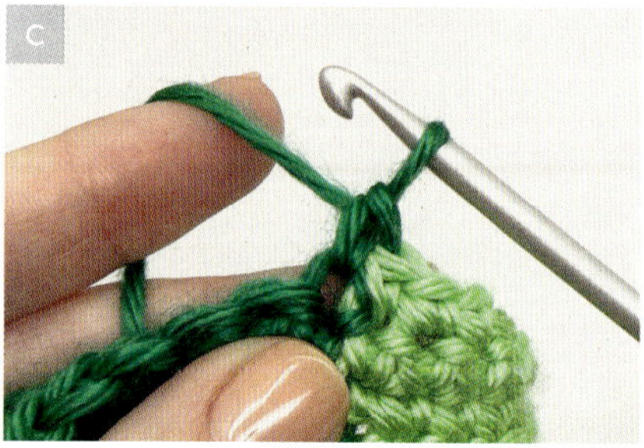

Farbwechselmethode #2

Für diese Methode ist ein extra Schritt notwendig, aber er ist es wert, versprochen. Wenn Sie beim Farbwechsel Probleme mit der Fadenspannung haben, sollten Sie diesen Weg gehen. Sie häkeln die ganze M in der alten Fabe ab, dann beginnt die neue M in der neuen Farbe. So ist sichergestellt, dass die Maschen oben und unten zusammenpassen.

Anleitung

1. Ist die letzte M in der alten Farbe beendet, die Häkelnadel aus der Arbeitsmasche ziehen und sie oben durch das V und den senkrechten Maschenhals der letzten M einstechen (A, B, C).
2. U in der neuen Farbe und den Faden durchziehen (D).
3. Am Arbeitsfaden in der alten Farbe ziehen, um die Schlinge zu lösen. Keine Angst, dabei wird nur die Schlinge selbst gelöst und nicht das ganze Stück aufgeribbelt, versprochen (E)!
4. Mit der neuen Farbe weiterarbeiten (F).

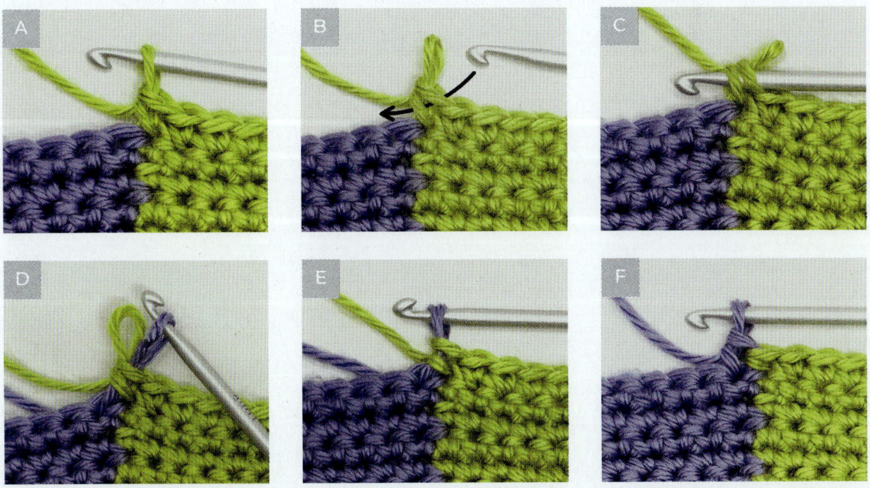

PERFEKTE STREIFEN

Perfekte Streifen mit sauberen Kanten und unsichtbarem Farbwechsel veredeln Ihre Streifenmuster.

SAUBERE STREIFEN

Traditionelle Farbwechsel sehen ganz gut aus, aber manchmal möchte man doch Streifen ohne Wellenrand haben. Eine Reihe aus Km ins hintere oder vordere Maschenglied macht saubere Streifen möglich, je nachdem, ob in der Runde oder in Reihen gearbeitet wird. Diese Km zählen normalerweise nicht als Reihe, da sie den Streifen kaum höher machen. Man darf aber nicht außer Acht lassen, dass zu viele Streifen sich auf die Gesamtgröße des Projektes auswirken können.

Häkeln in Runden

Anleitung

1. Die neue Farbe aufnehmen und Km ins hintere Mg aller Maschen (A) häkeln. Die Km nicht zu fest häkeln.
2. In der 2. Runde fM ins hintere Mg aller Maschen der Km (B) häkeln.

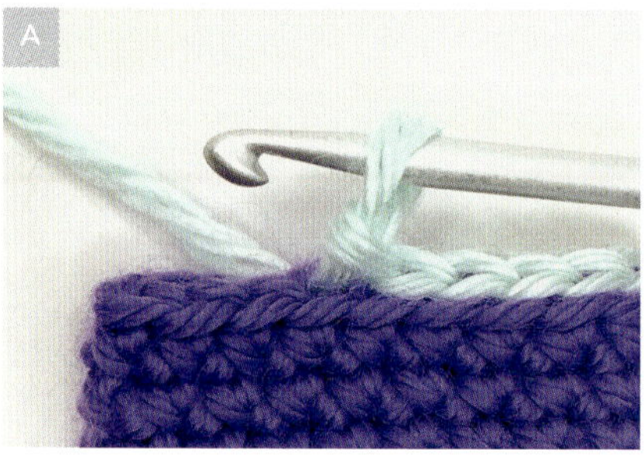

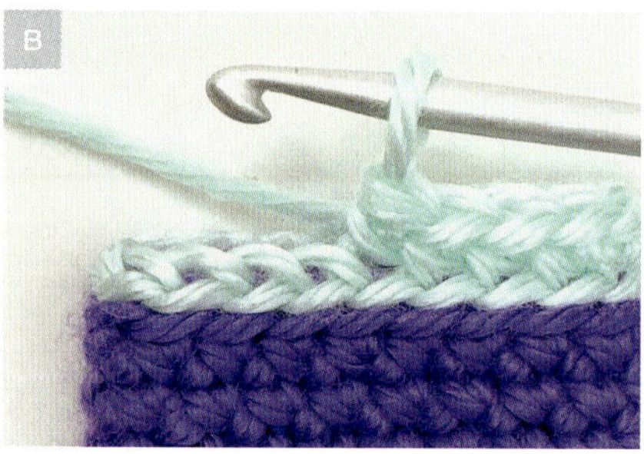

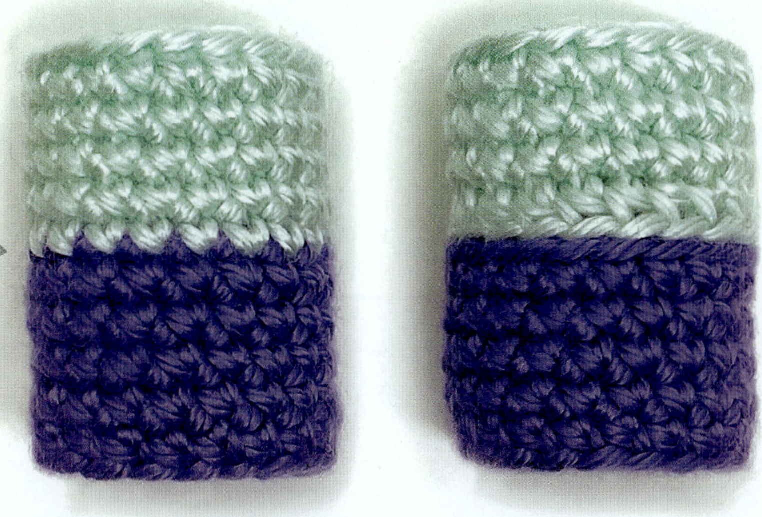

traditioneller Farbstreifen in Runden

sauberer Farbstreifen in Runden

Häkeln in Hin- und Rückreihen

Anleitung

1. Die neue Farbe aufnehmen und Km ins vordere Mg aller Maschen (A) häkeln. Wenden.
2. Unter den Querstreifen in der alten Farbe und in das vordere Mg der Km einstechen. Dort eine normale fM häkeln (B, C).

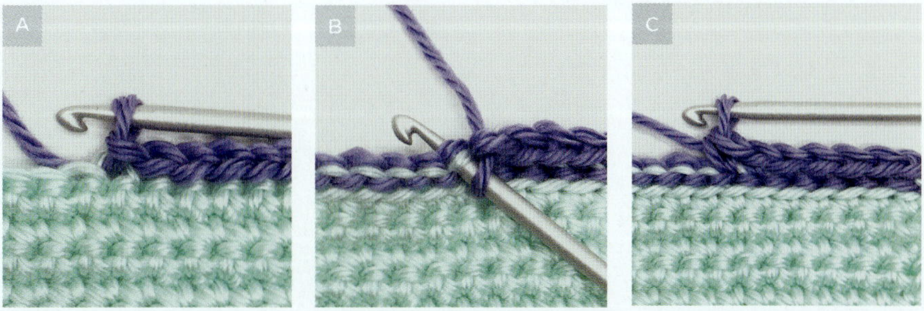

GLATTE ÜBERGÄNGE

Das Schwierigste beim Häkeln von Streifen ist der Farbwechsel an der Nahtstelle. In den meisten Fällen entsteht eine sichtbare Stufe und eine Seite des Häkelstücks sieht dadurch nicht so toll aus. Das kann vermieden werden.

Ich muss leider sagen, dass es unmöglich ist, beim Arbeiten in fortlaufenden Runden einen perfekten nahtlosen Übergang zu erzielen. Es wird auf jeden Fall eine sichtbare Stufe entstehen, da er beim spiralförmigen Arbeiten in der Natur der Sache liegt. Es gibt aber einen Trick, mit dem man die abrupte Stufe durch einen sanfteren Übergang ersetzen kann.

Anleitung

1. Neue Farbe aufnehmen (s. S. 90) (A).
2. Km in die erste M der neuen Runde (so fest wie möglich), dann 1 Lm. Diese Kombination ersetzt die erste M der Runde (B).
3. Den Rest der Runde fertighäkeln.
4. Km aus Schritt 2 überspringen und die erste M der nächsten Runde in die Lm platzieren (C).
5. Den Rest der Runde fertighäkeln.

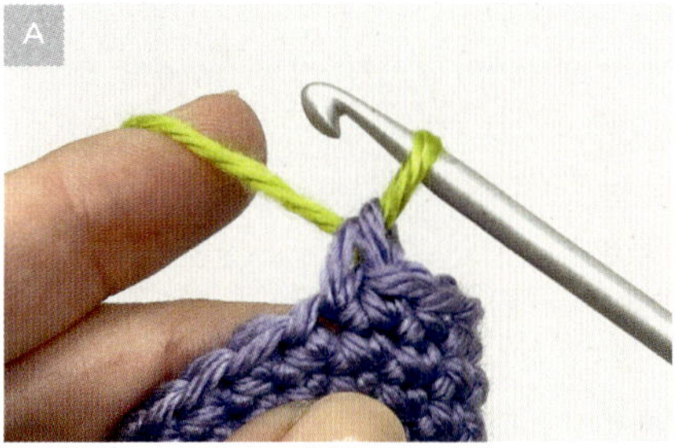

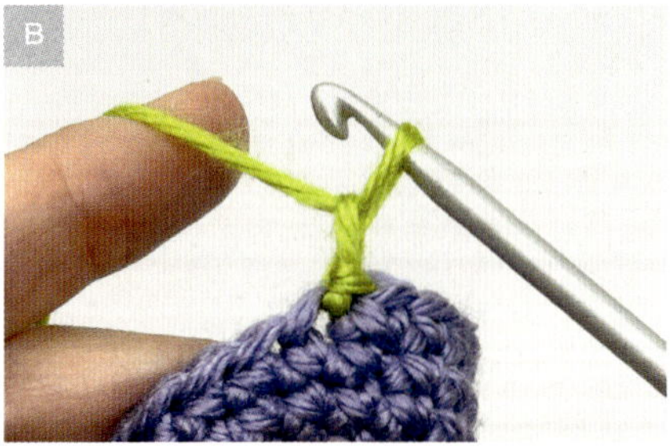

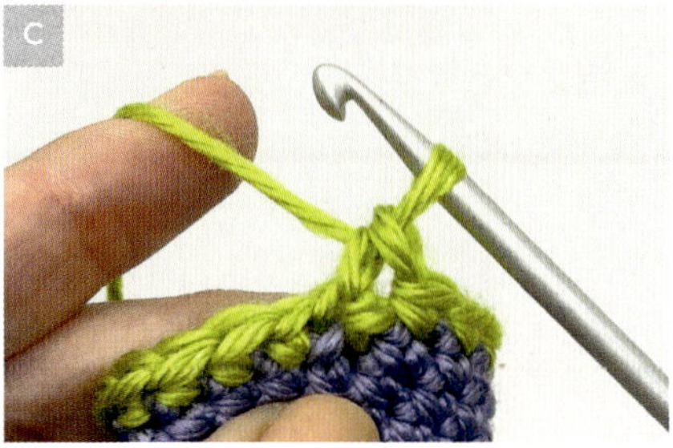

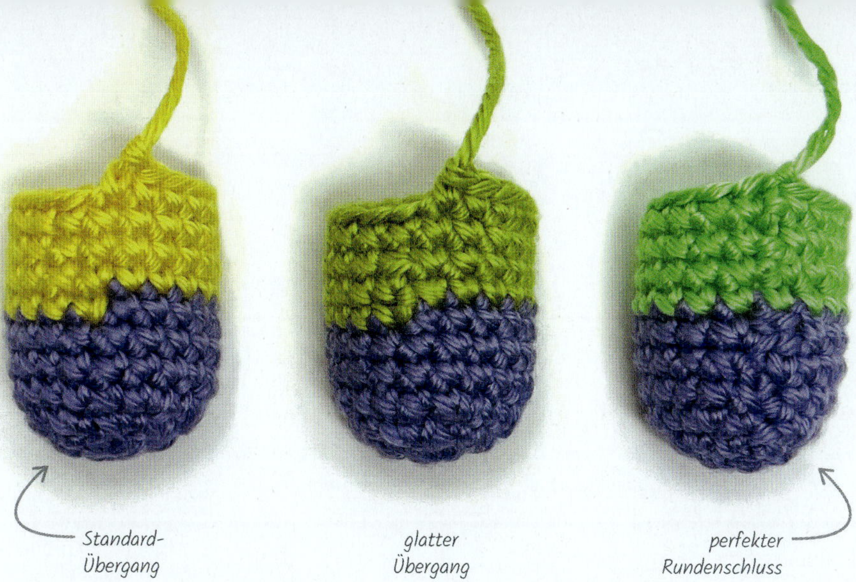

PERFEKTER RUNDENSCHLUSS

In fortlaufenden Runden kann man zwar keinen perfekten Übergang erzielen, aber auf eine andere Weise ist er dennoch machbar. Für den perfekten Farbwechsel am Ende der Runde muss man nur die letzte Runde schließen und die neue Farbe mit einer Standmasche aufnehmen.

Diese Methode ist definitiv zeitaufwendiger als die gerade beschriebene Version ohne Stufen. Aber wenn Streifen absolut perfekt sein müssen, ist sie gut geeignet.

Anleitung

1. Nach Beenden der Runde in der ersten Farbe den Faden abtrennen (s. S. 148).
2. Die neue Farbe mit einer Standmasche aufnehmen (s. S. 88).
3. Den Rest der Runde wie gewohnt fertigstellen oder ohne Km in fortlaufenden Runden weiterhäkeln.

PROFI-TIPP

Runden nicht im gesamten Stück mit Km schließen, nur bei denen mit Farbwechsel.

JACQUARD VERSÄUBERN

Häkelmaschen sind von Natur aus asymmetrisch, was besonders bei Jacquard recht deutlich wird. Oft sehen die Seiten zur Frustration von Perfektionisten ungleich aus. Mit den Tipps in diesem Kapitel steht die Arbeit schon recht gut da, es gibt aber noch eine weitere Möglichkeit.

LÜCKEN KASCHIEREN

Die kleinen Unebenheiten in Jacquard-Motiven mit einer Sticknadel und Garn versäubern (A).

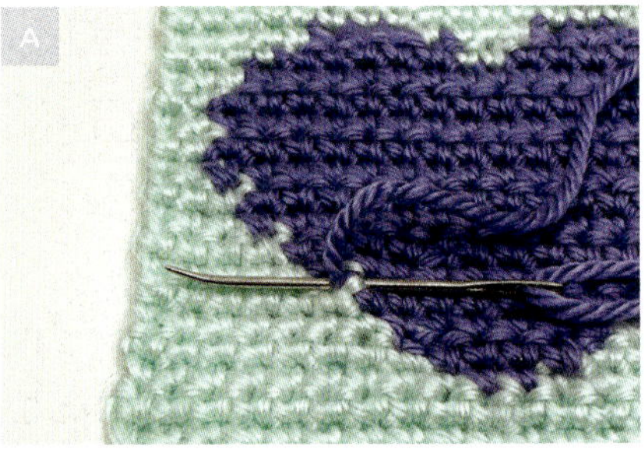

vor dem Versäubern

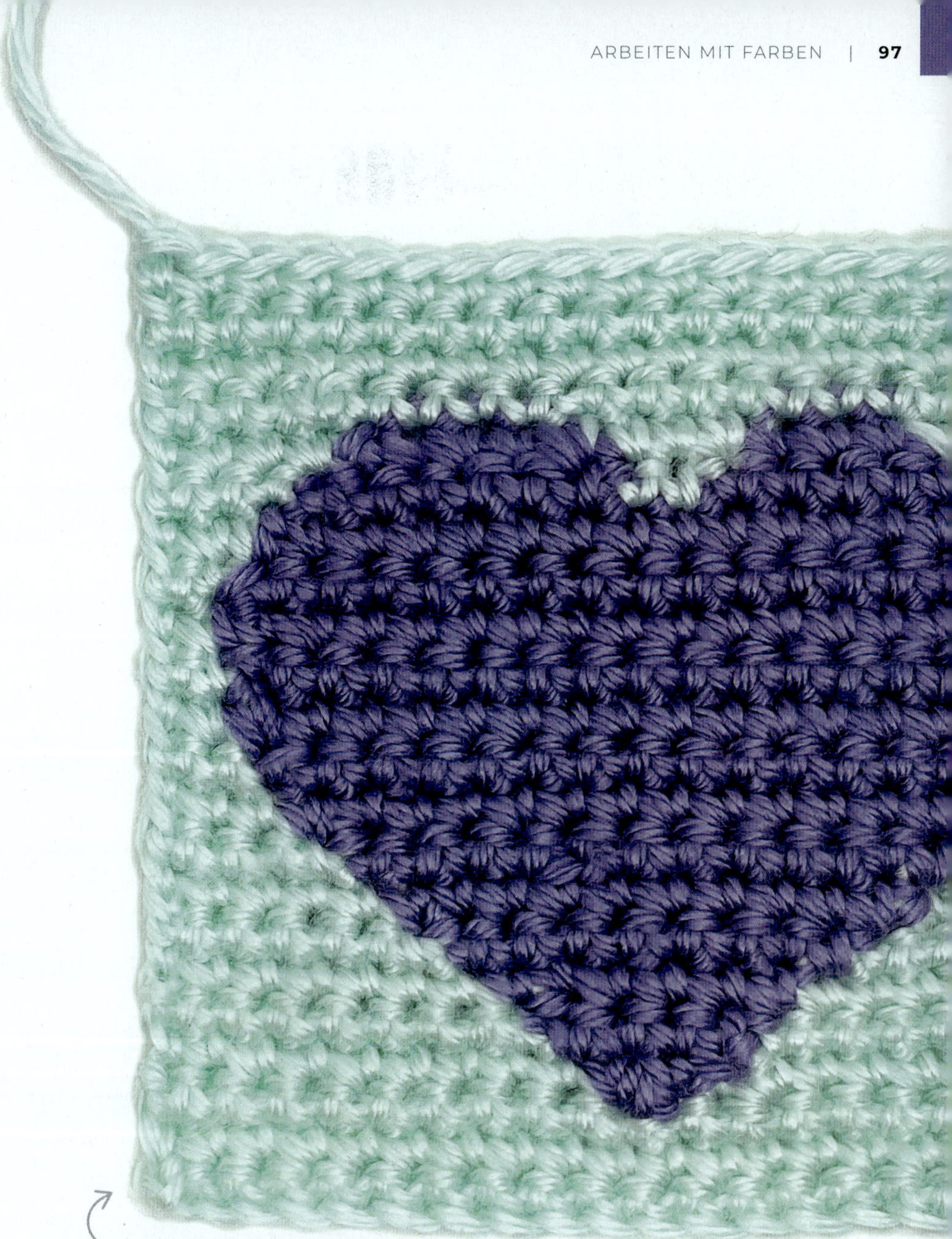

nach dem Versäubern

STRESSFREIE FARBMUSTER

Probieren Sie einmal aus, mit Km Farben auf ein bestehendes Stück aufzuhäkeln. Dabei häkelt man in die Maschen des Häkelstücks hinein und kann somit ein Muster einfach ändern oder auch entfernen, ohne alles auftrennen zu müssen. Diverse Maschenarten sind geeignet, aber Kettmaschen sind aus verschiedenen Gründen eine besonders gute Alternative beim Häkeln mit Farben.

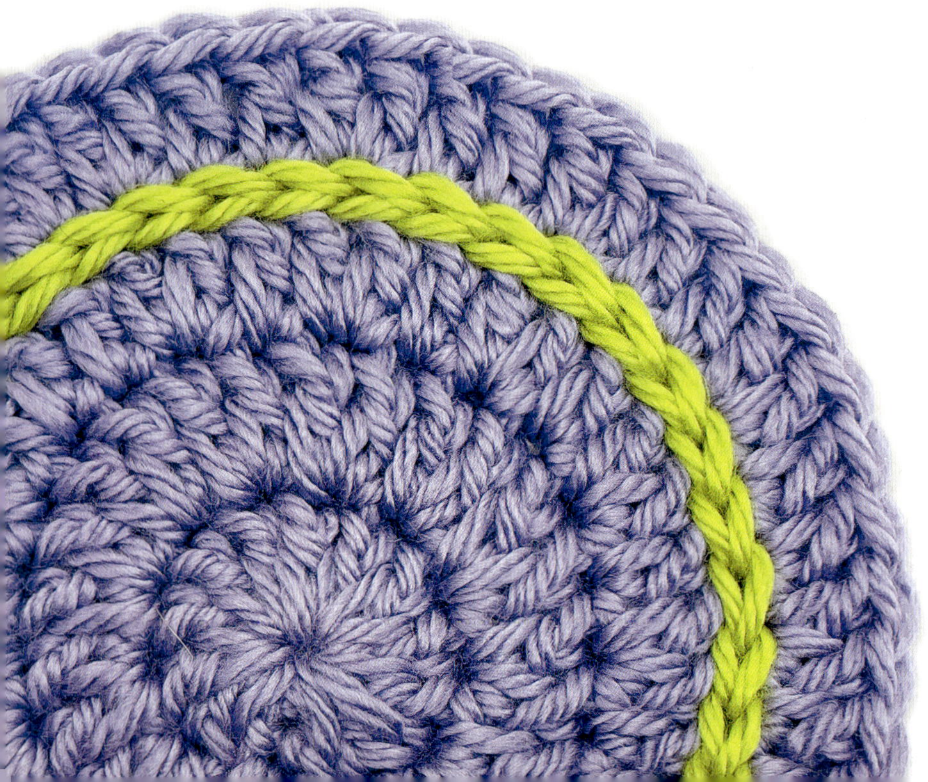

KETTMASCHEN AUFHÄKELN

Bei dieser Technik werden wie gestickt aussehende Maschen in die Oberfläche gehäkelt. Sie liegen flach an der Oberfläche, was einen perfekten Look ergibt: gut geeignet für Kontraststreifen, detaillierte Muster oder sogar Buchstaben.

Anleitung

1. Aus der neuen Farbe eine Anfangsschlinge auf der Häkelnadel formen.
2. Zwischen zwei M von vorne nach hinten einstechen (A).
3. U und den Faden durch das Häkelstück ziehen. Anfangsschlinge und Arbeitsfaden bleiben hinter der Arbeit (B).
4. In die nächste Lücke einstechen, U mit dem Arbeitsfaden (C).
5. Den Faden durch das Häkelstück ziehen (D) und gleich noch durch die Schlinge auf der Häkelnadel. So wurde sie als Km abgehäkelt (E).
6. Schritte 4 und 5 stets wiederholen (F).

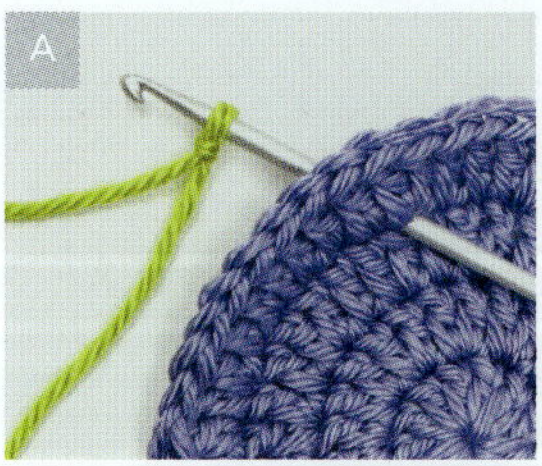
A

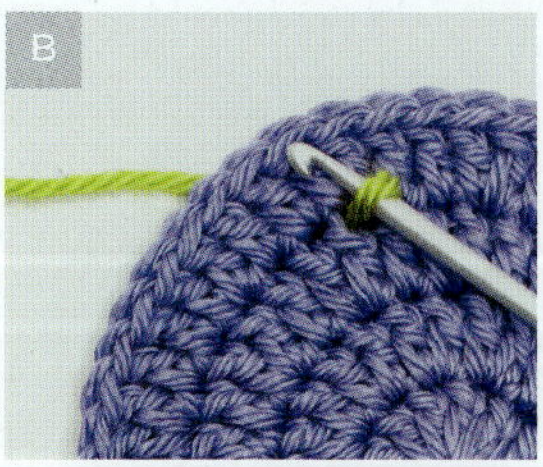
B

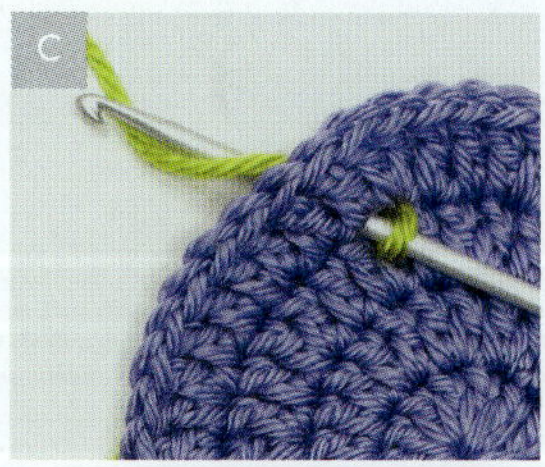
C

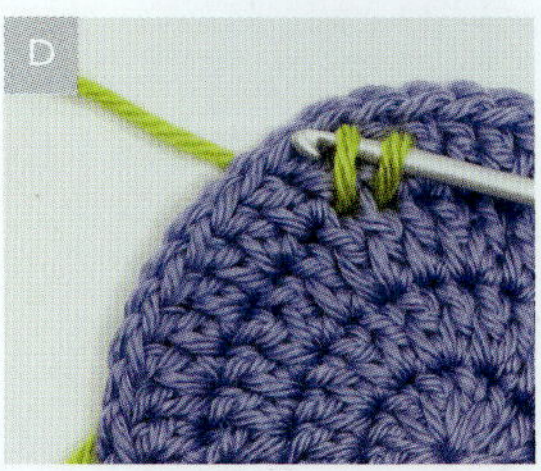
D

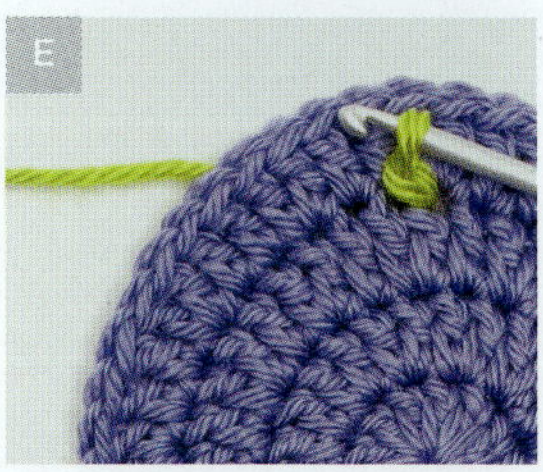
E

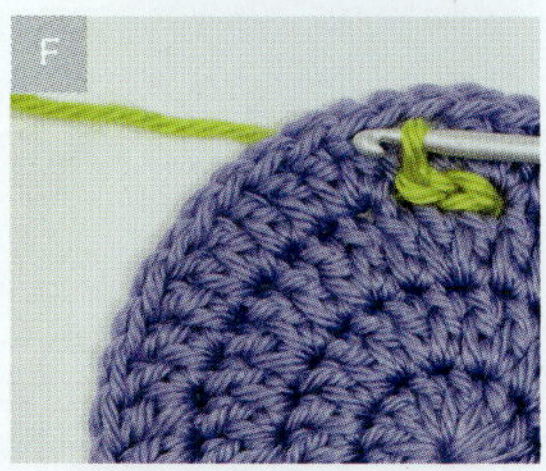
F

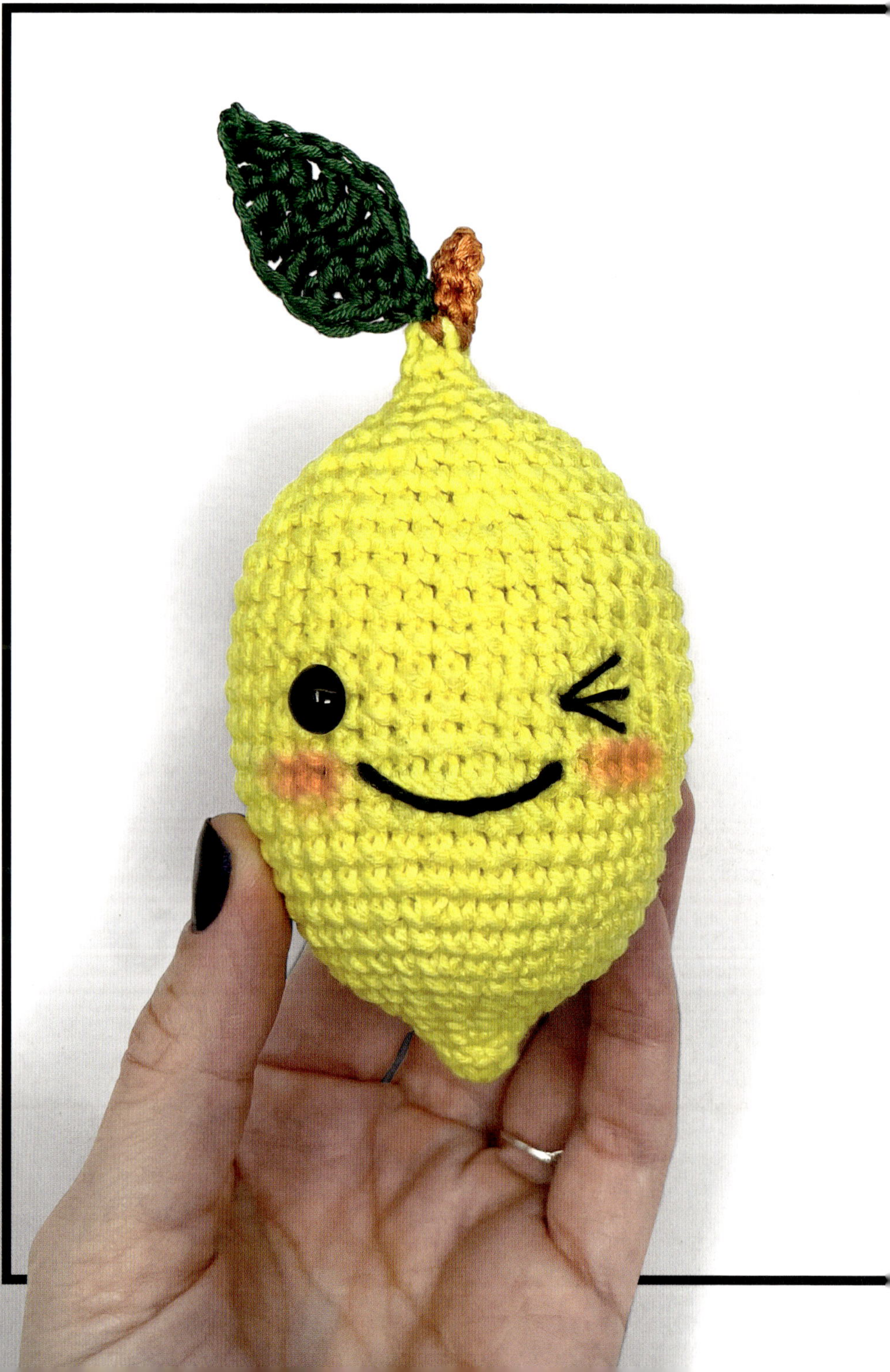

MEISTERHAFTE **AMIGURUMI**

TIPPS, TRICKS UND TECHNIKEN, UM DIE NIEDLICHEN HÄKELFIGUREN ZU PERFEKTIONIEREN

WICHTIGES ZU AMIGURUMI

Amigurumi ist die japanische Kunst, Puppen oder andere Kreaturen zu häkeln oder zu stricken. Statt in Reihen werden Amigurumi meist in Runden gehäkelt. Dabei entstehen dreidimensionale Formen, die sich ausstopfen und zusammennähen lassen. Obwohl es immer noch Häkeln ist, gibt es für Amigurumi so manch spezielle Regeln und Techniken.

Garn

Amigurumi können aus jedem beliebigen Garn in jeder Stärke gehäkelt werden, üblich sind aber Baumwoll- oder Acrylgarne in mittlerer Stärke (DK/Light Worsted, 8-fädig oder Worsted, 10-fädig).

100 % Baumwolle ergibt das beste Maschenbild, kann aber anstrengend zu verarbeiten sein. Baumwollmischgarne sind eine gute Alternative.

Acryl ist eine weitere tolle Option, da es überall erhältlich, günstig und in vielen Farben verfügbar ist.

Stickgarn eignet sich gut zum Aufsticken von Verzierungen und Details.

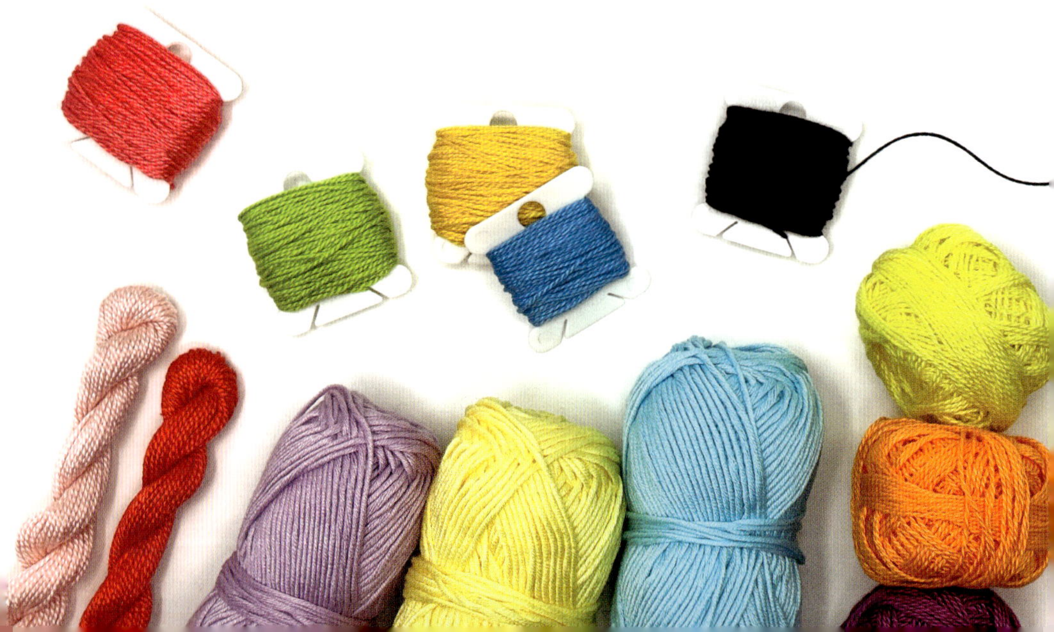

Häkelnadeln

Da Amigurumi meist mit hoher Fadenspannung gehäkelt wird, sind Metallnadeln zu empfehlen.

Nähnadeln

Mehr als gewöhnliche Nähnadeln sind eigentlich nicht notwendig, aber Nadeln mit gebogener Spitze erleichtern die Arbeit sehr.

Sicherheitsaugen

Es gibt meist aus Plastik oder Glas hergestellte vorgefertigte Augen in diversen Größen, Stilen und Farben zu kaufen. Gewöhnlich haben sie Kunststoff-Stecker, die das Auge an der Innenseite der Arbeit sichern.

Maschenmarkierer

Da Amigurumi meist in Spiralen gehäkelt wird, ist die Verwendung von MM ein Muss, um die Rundenanzahl im Auge zu behalten.

Füllung

Faserfüllmaterial, Watte, Wolle, Plastik-Pellets, Wollreste oder alles andere, das man zum Ausstopfen verwenden kann.

Weitere Utensilien & Zubehör

Zur Hand haben sollte man außerdem:

- Schere
- Bastel- oder Blumendraht und Schmuckzange
- Bastelkleber
- Filzbogen

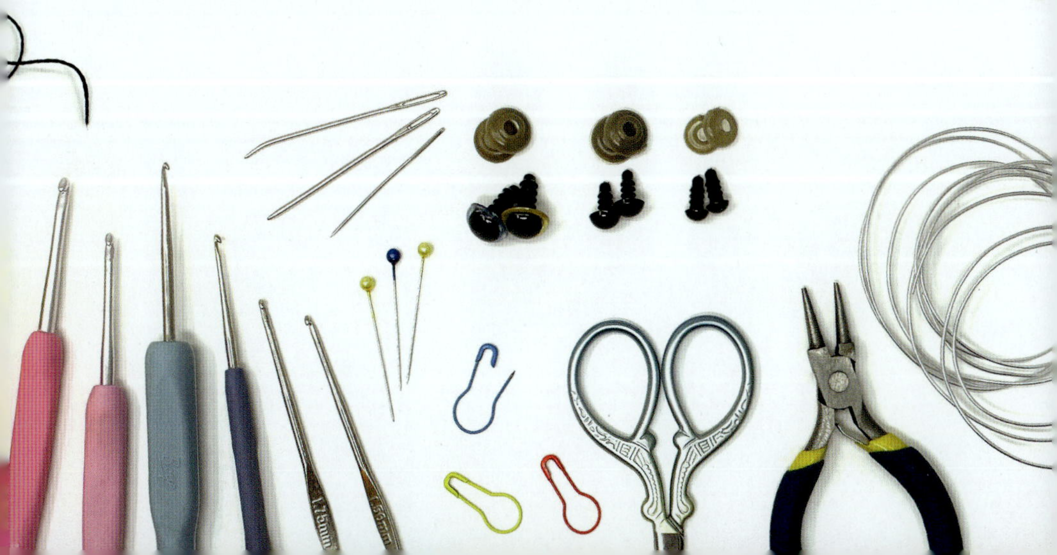

LÜCKEN SCHLIESSEN

Niemand mag Lücken in Amigurumi. Zu lockere Fadenspannung verursacht Löcher, durch die man die Füllung sieht und die das gesamte Stück schlampig aussehen lassen. Um solche Löcher zu verhindern, häkeln Sie so fest wie möglich. Aber neben der Fadenspannung gibt es noch einige andere Tricks für ein wirklich festes Maschenbild.

NADELSTÄRKE ZÄHLT

Eine der einfachsten Methoden, Lücken und Löcher im Amigurumi zu vermeiden, ist eine kleinere Nadelstärke. Lassen Sie die Empfehlung auf der Banderole außer Acht und benutzen Sie eine zwei oder mehr Größen kleinere Häkelnadel. Sind 5 mm empfohlen, nehmen Sie also 4 mm, 3,5 mm oder sogar nur 3 mm. Die Maschen werden entsprechend fester und das Häkelstück proportional kleiner, auch mit der gleichen Garnstärke.

Hier sehen Sie den Größenunterschied zwischen 5 mm und 3 mm:

GLEICHES GARN, ANDERE HÄKELNADEL

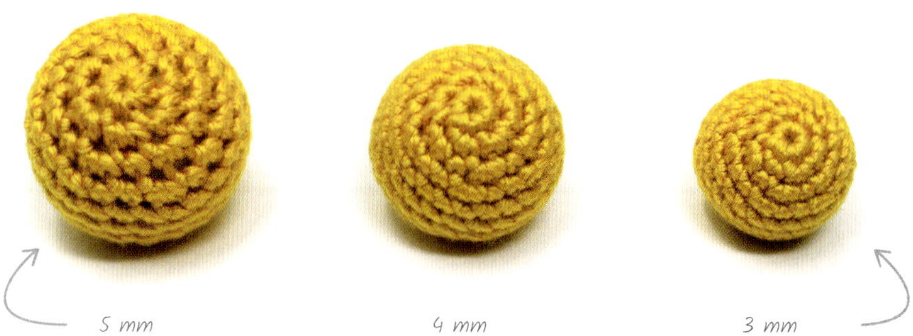

UMSCHLAG VON UNTEN

Kennen Sie den Unterschied, den bei festen Maschen die Art des Fadenholens für Amigurumi ausmachen kann? Üblicherweise legt man den Umschlag über die Häkelnadel, bevor die Masche abgehäkelt wird.

Bei Amigurumi nimmt man am besten die Technik von unten: Der Faden wird von unter der Häkelnadel geholt und dann die Masche abgehäkelt (A).

Der Umschlag von unten verbraucht etwas weniger Garn und resultiert automatisch in einem festeren Maschenbild als beim regulären Umschlag. Wie die geringere Nadelstärke ergibt auch dies ein kleineres fertiges Stück.

Diese Technik bringt deutlicher definierte Maschen hervor, die dem Buchstaben X gleichen. Darum werden diese festen Maschen auch feste Kreuzstichmaschen genannt. Das gitterförmige Muster ist eine ideale Basis für dekorative Details wie Stickereien.

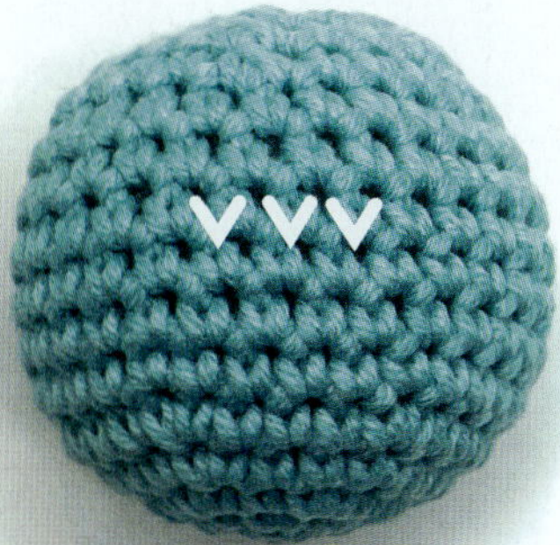
normaler Umschlag

Umschlag von unten
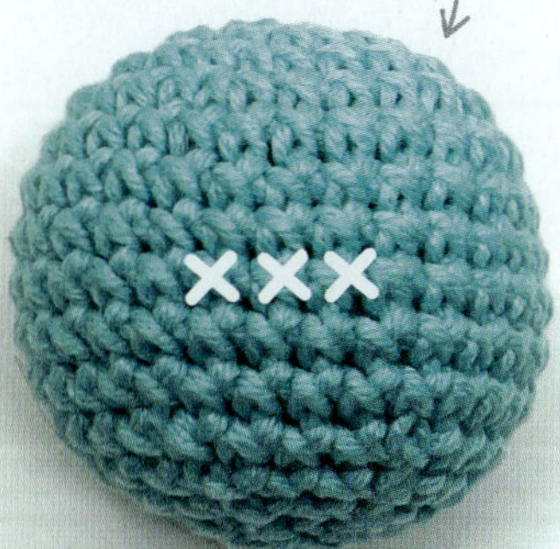

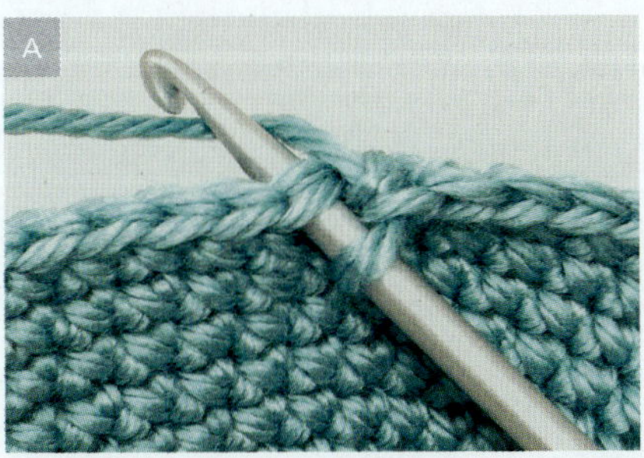
A

UNSICHTBARE ABNAHMEN

Normalerweise werden bei Abnahmen 2 fM zusammengehäkelt, was oft deutlich sichtbare Lücken oder Löcher verursacht. Die unsichtbare Abnahmemethode bringt festere Maschen hervor, eliminiert die lästigen Lücken und lässt das Amigurumi insgesamt ordentlicher aussehen.

Anleitung

1. Ins vordere Mg der ersten Abnahmemasche einstechen (A).
2. Ins vordere Mg der nächsten Masche einstechen (B).
3. U und den Arbeitsfaden durch die beiden Schlingen ziehen (C).
4. U und die Masche mit den letzten 2 Schlingen fertighäkeln (D).

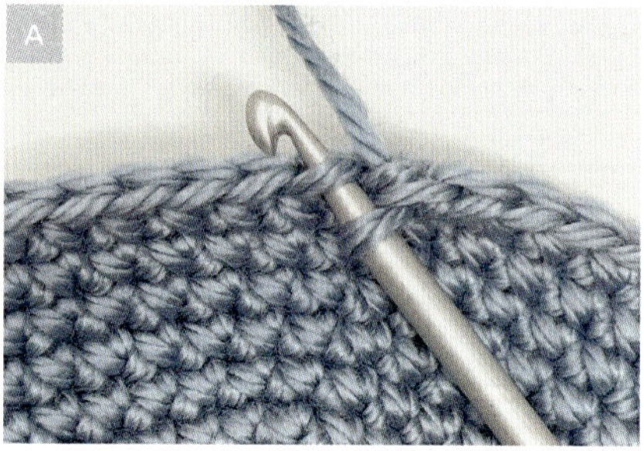

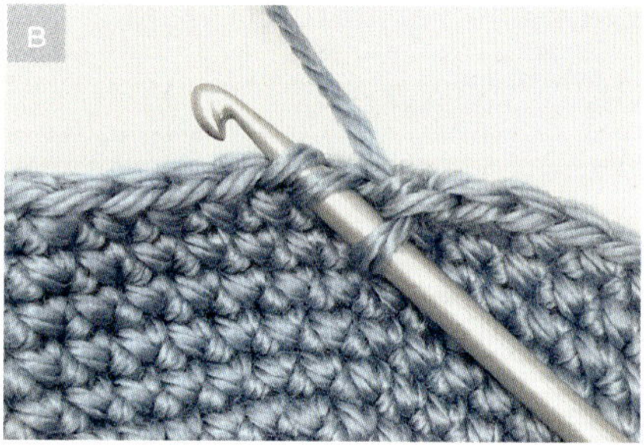

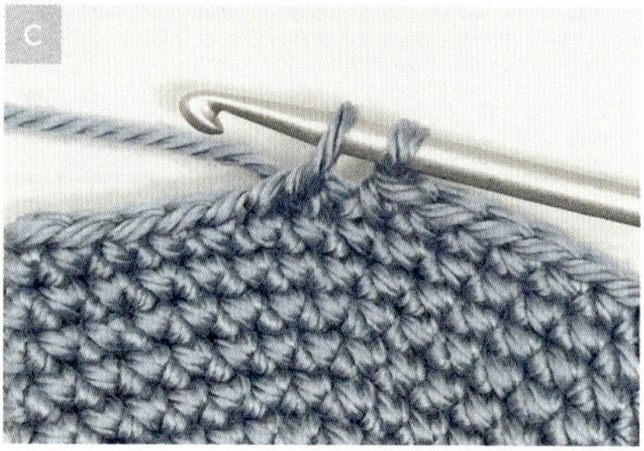

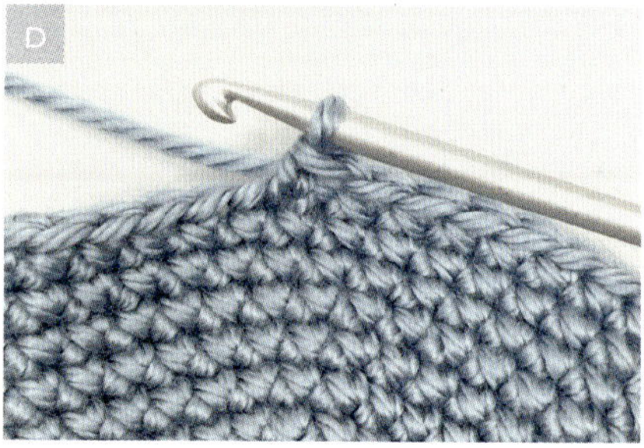

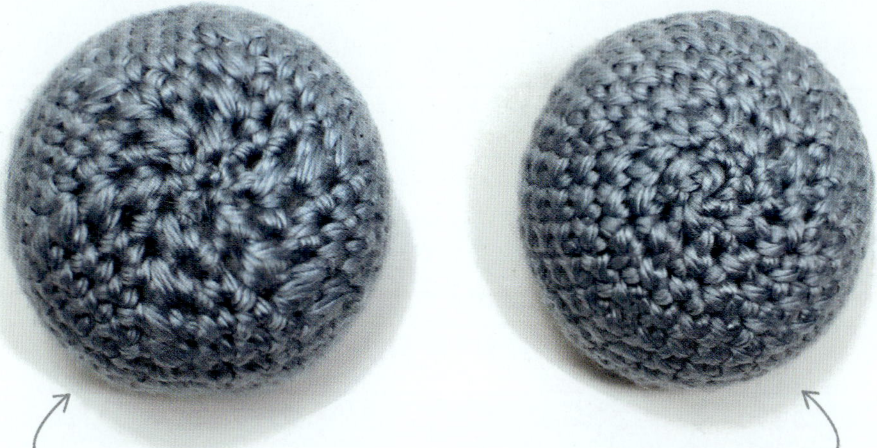

Standardabnahmen *unsichtbare Abnahmen*

UNSICHTBARE ZUNAHMEN

Wenn durch Zunahmen ebenfalls sichtbare Lücken entstehen, probieren Sie stattdessen unsichtbare Zunahmen aus.

Anleitung

1. Erste M nur ins hintere Mg der Zunahmemasche häkeln (A).
2. Die nächste Masche in beide Mg der gleichen Masche häkeln (B).

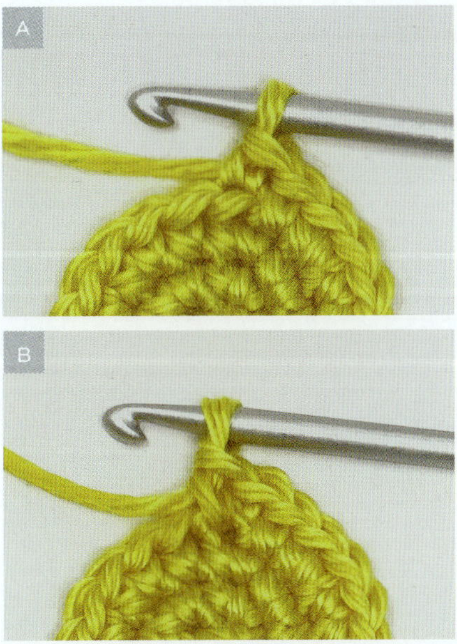

DIE KUNST DES FÜLLENS

Amigurumi richtig zu füllen, ist eine Kunst für sich. Sich mit Ausstopfen und Füllmasse auszukennen, kann den entscheidenden Unterschied zwischen misslungenem und perfektem Amigurumi ausmachen.

WELCHE FÜLLUNG?

Die gebräuchlichste Füllmasse für Amigurumi ist Polyesterfaser. Es gibt zwar auch andere Optionen: Wolle, Baumwolle oder Plastikpellets, aber Polyesterwatte ist günstig und relativ einfach aufzutreiben.

Garnreste eignen sich ebenfalls gut zum Füllen, vorausgesetzt, man hat genug. Wer besonders genau sein will, trennt sie in hell und dunkel, den Farben der Häkelstücke entsprechend.

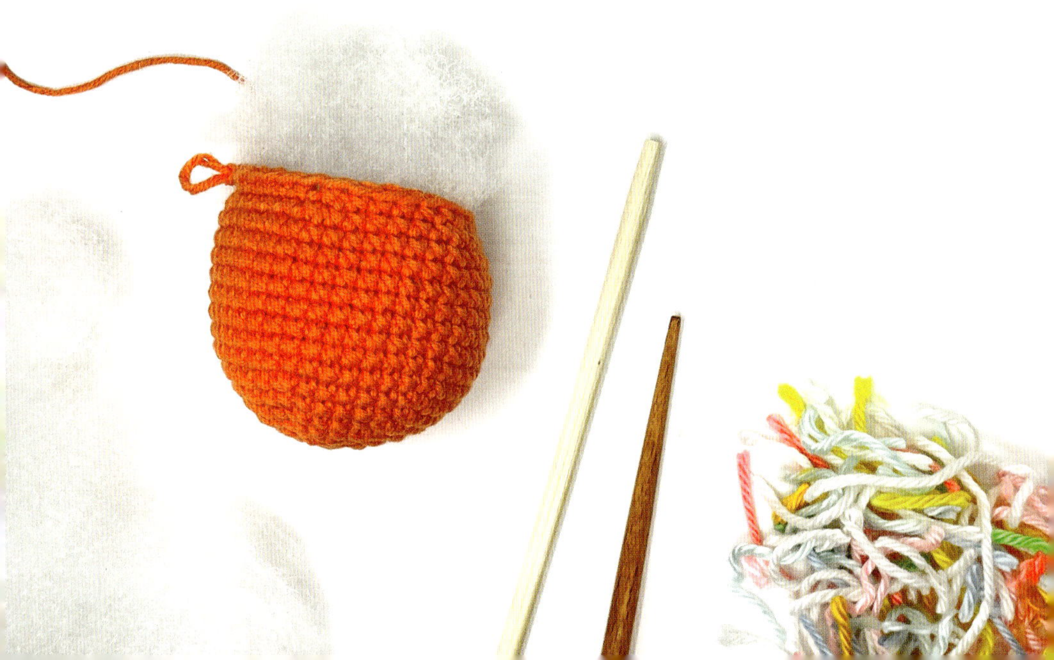

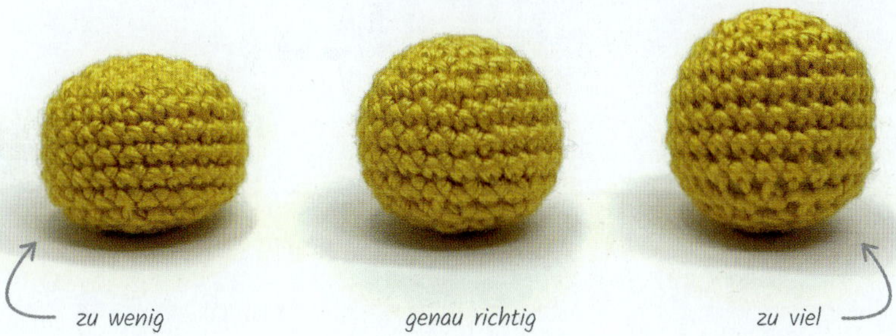

WIE MAN RICHTIG STOPFT

Amigurumi auszustopfen, mag nicht allzu schwer scheinen, aber es gibt ein paar Dinge, die man tun kann, um jedes Mal perfekte Resultate sicherzustellen.

Anleitung

- Das Füllmateriall in kleinere Stücke zupfen, um große Klumpen zu vermeiden. Je kleiner die Stücke, desto ebenmäßiger wird das Amigurumi aussehen (A).
- Mit einem Holzstäbchen ohne Spitze (z. B. Essstäbchen) die Füllung in alle Ecken stopfen. Das Stäbchen hilft auch beim Stopfen mit kleinen Öffnungen (B).
- Keine Angst vor dem Ausstopfen! Zu schwach ausgestopfte Stücke können eingefallen und unförmig aussehen. Stopfen Sie, bis Ihr Stück sich fest anfühlt, aber hören Sie auf, bevor die Füllung durch die Ritzen zu schimmern beginnt.

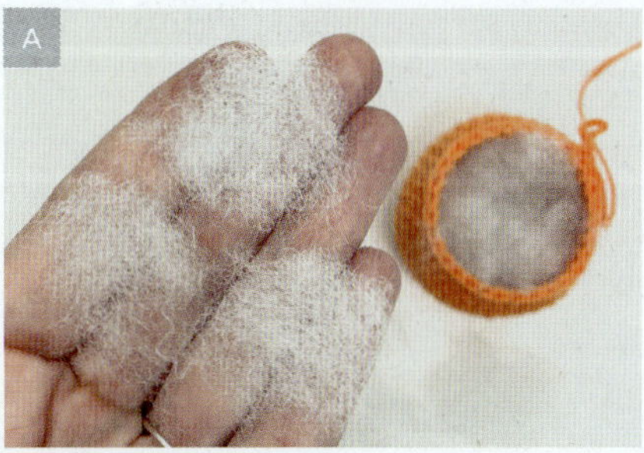

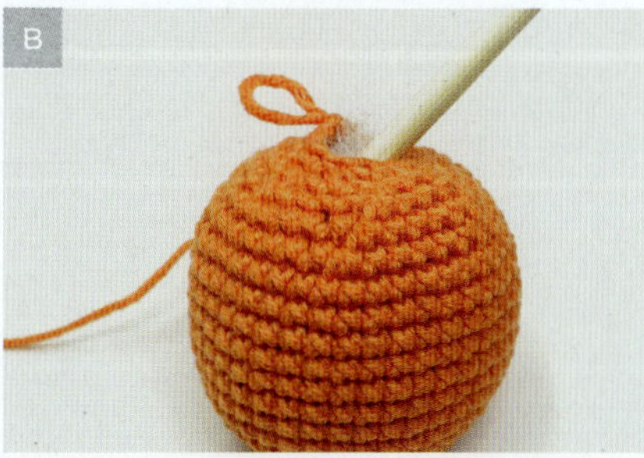

SAUBER VERARBEITET

In vielen Amigurumi-Anleitungen steht einfach »das Loch mit dem Restfaden schließen« und »die Teile zusammennähen«; die wenigsten erklären, wie man das genau macht und wie das Fertigstellen funktioniert. Hier kommen einige Tipps, um Ihrem Amigurumi den letzten Schliff zu geben.

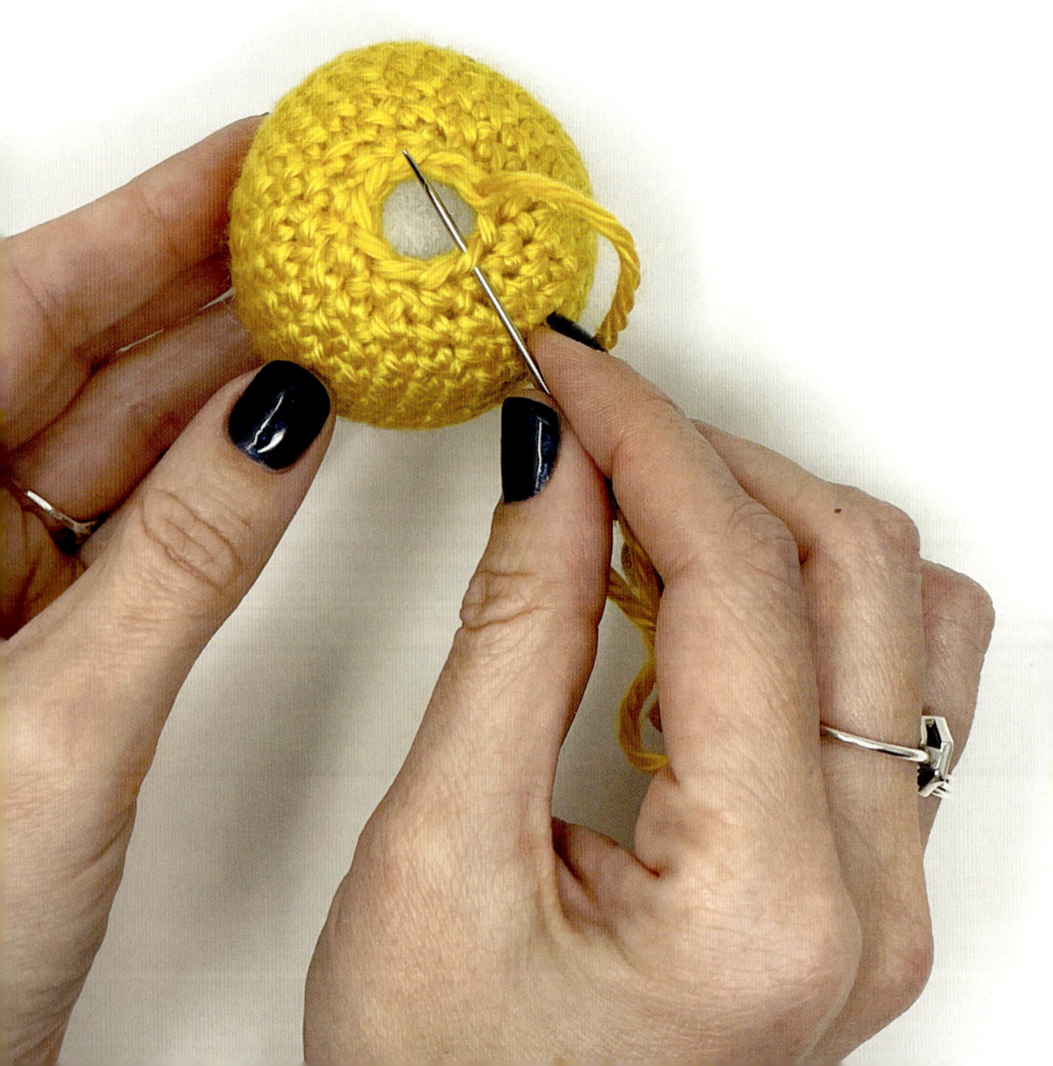

DIE ÖFFNUNG SCHLIESSEN

Sicher kann man einfach immer weiter Maschen abnehmen, bis nur noch eine übrig ist, es gibt aber eine bessere Methode, bei der die geschlossene Öffnung ähnlich aussieht wie der Fadenring, mit dem man beginnt.

Anleitung

1. Nach der letzten Runde den Faden mit 15–20 cm Restfaden abschneiden.
2. Den Restfaden mit einer Nähnadel von innen nach außen durch die vorderen Mg aller Maschen fädeln. Stets in die gleiche Richtung nähen (A, B).
3. Am Fadenende ziehen, um die Öffnung zu schließen (C).

ANMERKUNG:

Man kann auch von außen nach innen nähen. Die Richtung muss aber bei allen Maschen gleich sein.

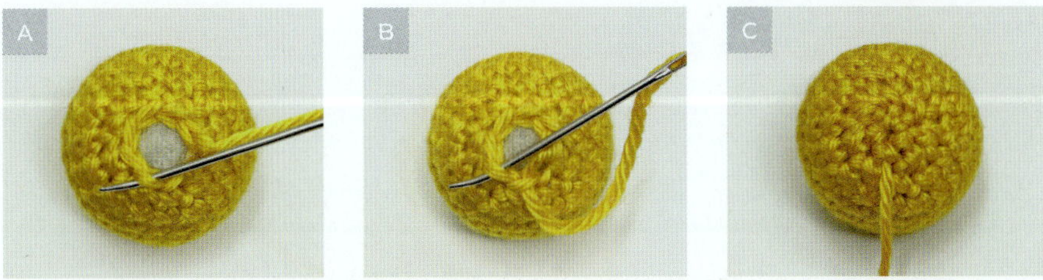

LÜCKEN ÜBERDECKEN

Trotz aller Bemühungen, fest zu häkeln, können sichtbare Lücken entstehen. Wenn Sie nicht von vorne anfangen möchten, verdecken Sie mithilfe von Nähnadel und dem benutzten Garn die Löcher, damit die Füllung nicht durchschimmert (A, B, C).

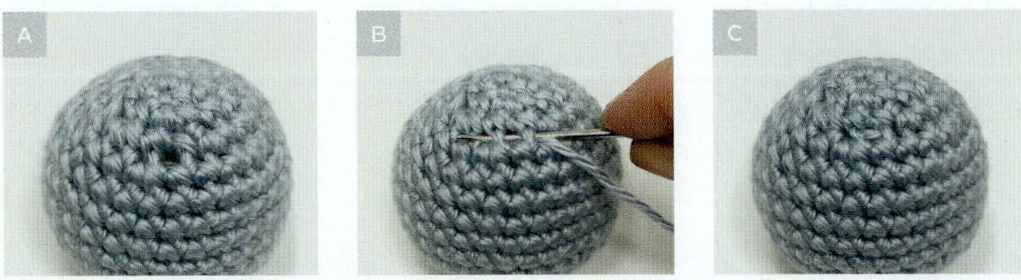

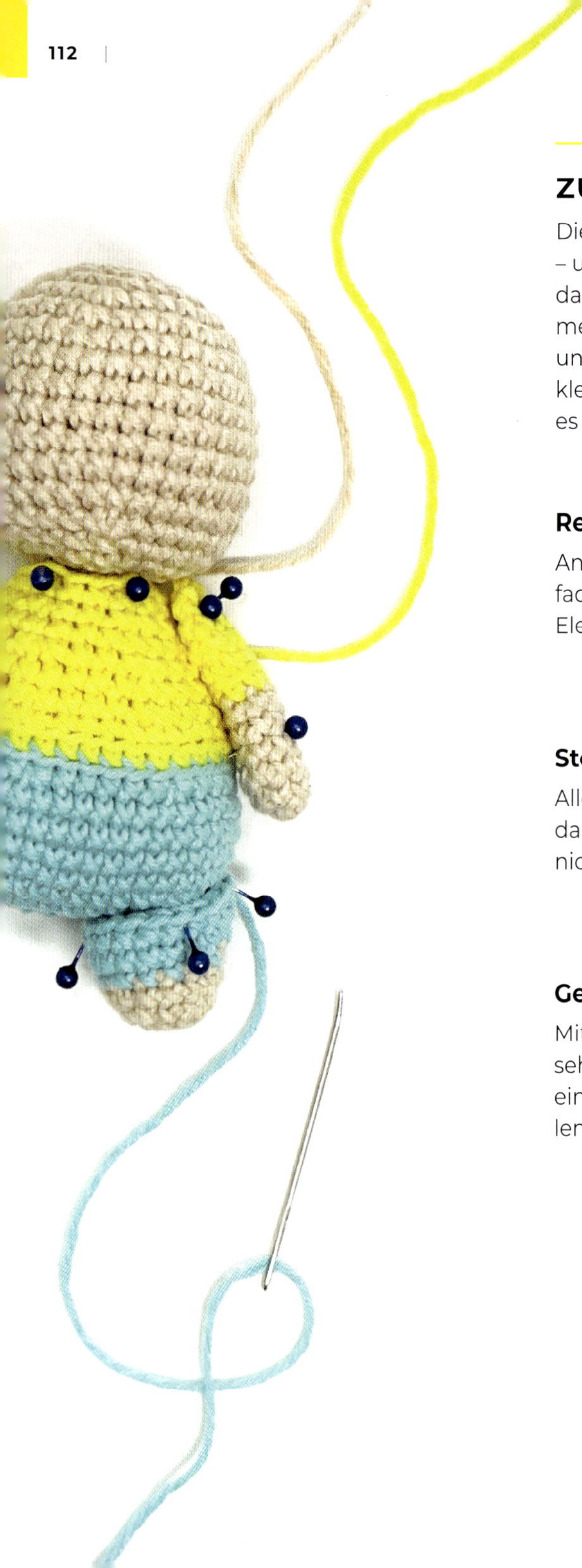

ZUSAMMENFÜGEN

Diesen Schritt mag ich am wenigsten – und so geht es vielen. Und doch ist das Zusammennähen bei den meisten Amigurumi-Anleitungen unvermeidlich. Ob Körperteile oder kleine Details – mit diesen Tipps wird es ein bisschen einfacher.

Restfäden

An allen Bestandteilen einen Restfaden stehen lassen, mit dem Sie die Elemente zusammennähen können.

Stecknadeln

Alle Teile mit Stecknadeln fixieren, damit sie beim Zusammennähen nicht verrutschen.

Gebogene Nadeln

Mit solchen Nähnadeln kann man sehr viel einfacher in kleine Maschen einstechen und an dreidimensionalen Objekten arbeiten.

Matratzenstich

Wenn man einen Nähstich beherrschen sollte, um Amigurumi zusammenzufügen, ist es der Matratzenstich – ein Stich, der starke und so gut wie unsichtbare Nähte ergibt. Man kann damit zwei offene Teile zusammensetzen, aber auch offene an geschlossene Teile nähen.

Anleitung

1. Nadel und Fadenende an der Vorderseite der Arbeit durch eine Masche eines der Teile fädeln.
2. Die beiden Teile zusammenhalten und die Nadel um den Maschenhals einer entsprechenden Masche am anderen Teil führen und annähen (A, B).
3. Die Nadel wieder in die Masche am anderen Teil einstechen, durch die das letzte Mal genäht wurde, dann nach oben und um die nächste Masche herum (C, D).
4. Schritt 3 noch ein paarmal bei den nächsten Maschen wiederholen, dann am Arbeitsfaden ziehen, um die Maschen festzuziehen, und beobachten, wie sie verschwinden (E, F).

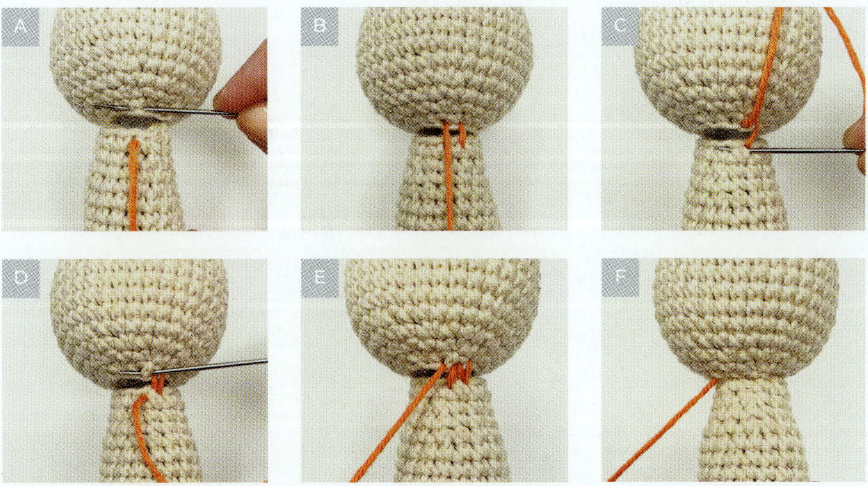

NIEDLICHE APPLIKATIONEN

Eines der typischen Merkmale von Amigurumi sind die niedlichen Gesichter im Kawaii-Stil, die jedem Stück eine eigene Persönlichkeit verleihen. Sicherheitsaugen und andere vorgefertigte Details sind zwar beliebt, aber keineswegs die einzige Methode. Hier finden Sie ein paar hilfreiche, vielseitige Techniken, die Sie nutzen können.

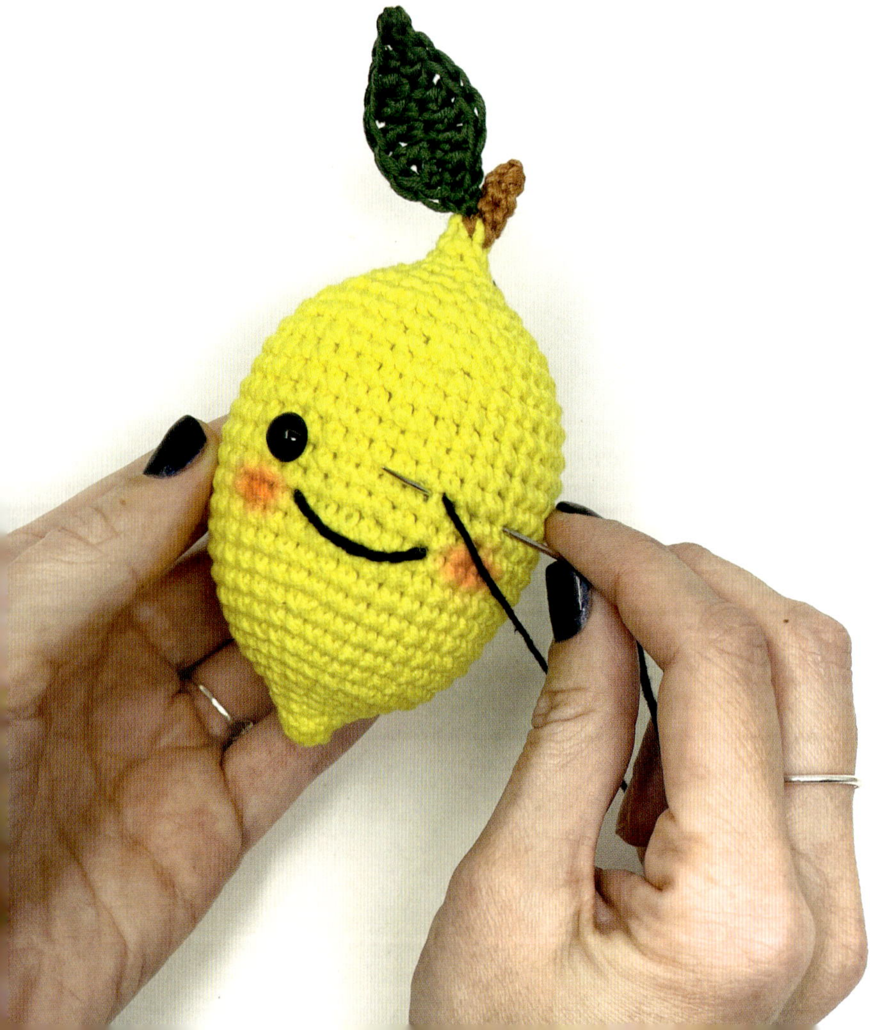

STICKEREI

Stickerei ist einer meiner liebsten Methoden beim Verzieren von Amigurumi. Sie erlaubt es, Platzierung, Form und Größe des Details genau zu bestimmen, und ist somit eine der vielseitigsten Techniken. Anders als bei vorgefertigten Augen können diese Details nach dem Fertigstellen hinzugefügt werden.

Der gerade Vorstich ist toll zum Aufsticken einfacher Gesichter. Die folgenden Techniken veredeln die Arbeit jedoch.

Wickelstich

Wie wohl diese perfekt glatten, gebogenen Linien gestickt werden, die nicht so aussehen wie eine Reihe aus Bindestrichen? Ob Spannstiche, Vor- oder Rückstiche – der entscheidende Trick ist das Umwickeln zum Schluss.

Anleitung

1. Mit Stecknadeln die Form und Platzierung der gewünschten Applikation markieren (je mehr Stecknadeln, desto detaillierter wird die Linie) (A).
2. Eine Reihe Stiche sticken, die diese Stecknadeln miteinander verbinden (B).
3. Nun das Fadenende durch alle Stiche fädeln: dabei von oben nach unten unter jeden Stich stechen (aber nicht in die Häkelei!), stets in die gleiche Arbeitsrichtung (C, D).

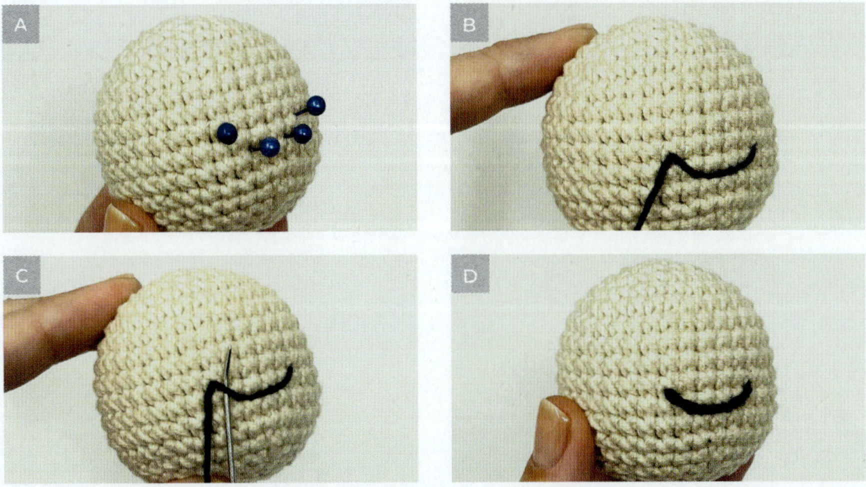

Knötchenstich

Der perfekte Stich für dreidimensionale Augen oder sogar Nasen an kleinen Amigurumi.

Anleitung

1. Nähnadel und Faden durch die Masche, auf welcher das Knötchen sitzen soll, vor die Arbeit bringen (A).
2. Den Faden mindestens 2- bis 3-mal um die Nähnadel wickeln (je mehr Schlingen, desto größer der Knoten) (B).
3. Den gewickelten Faden so fest halten wie möglich, dann so nah wie möglich an den Austrittspunkt des Fadens in die Arbeit einstechen (C).
4. Die Nähnadel an der Rückseite herausziehen. Ziehen, um den Knoten an der Vorderseite zu fixieren. (D).

! WICHTIG

Nicht in die Austrittsstelle des Fadens einstechen, da der Knoten sich sonst auftrennt.

A

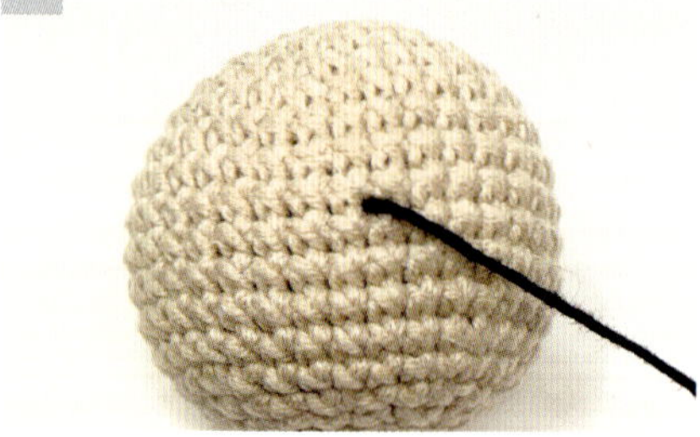

B

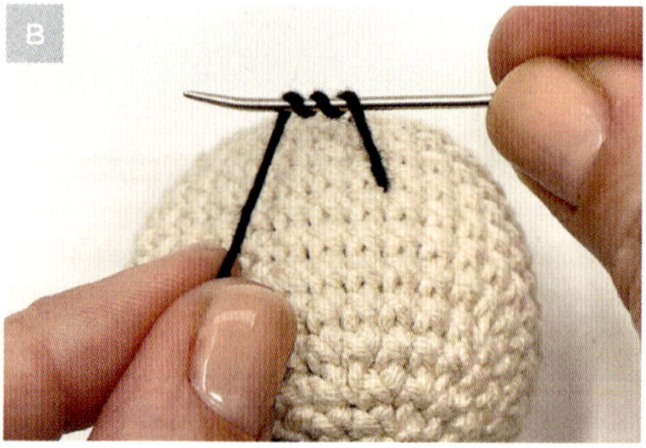

C

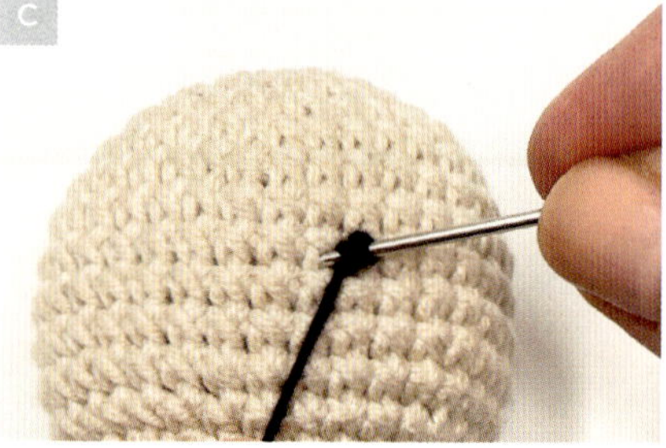

D

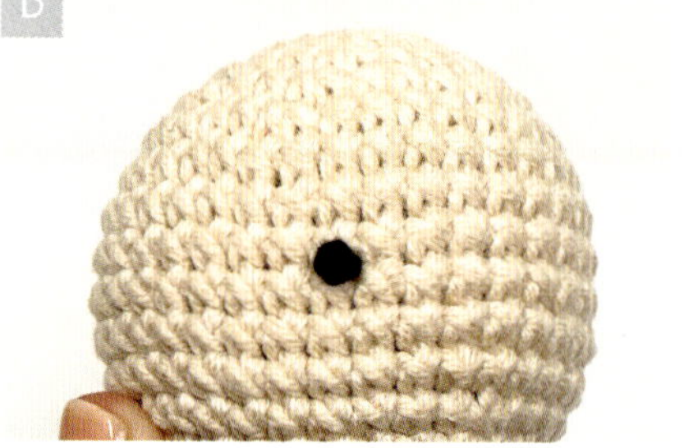

Kombination mit Stickerei

Stickerei kann man auch mit vorgefertigten Elementen, z. B. Sicherheitsaugen, kombinieren. So wird die Arbeit detailreicher.

Mit einfachen Spannstichen können Sie beispielsweise Wimpern um die Sicherheitsaugen herum sticken. Direkt über oder unter einen Teil der Augen wirkt ein Stich in der Farbe des Gesichts wie ein Augenlid und Ihr Amigurumi bekommt gleich eine ganz eigene Persönlichkeit.

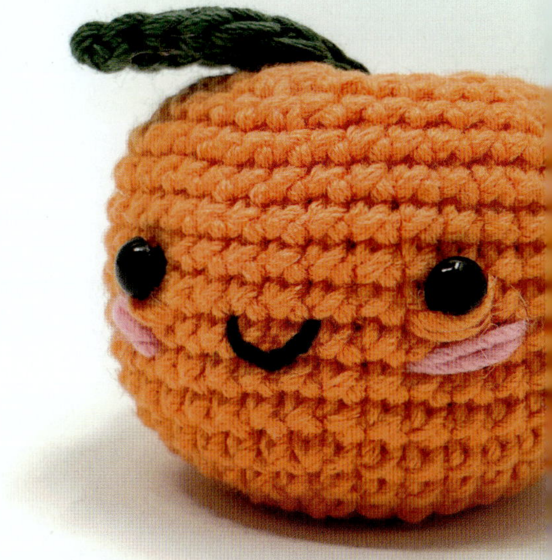

MAKE-UP AUFLEGEN

Richtig gelesen, Make-up! Amigurumi mit Rouge oder rosa Lidschatten rote Bäckchen zu verleihen, ist einfach, unkompliziert und äußerst dekorativ. Wenn Sie mit der Platzierung nicht glücklich sind, benutzen Sie Abschminkpads, lassen die Bäckchen trocknen und fangen von vorne an.

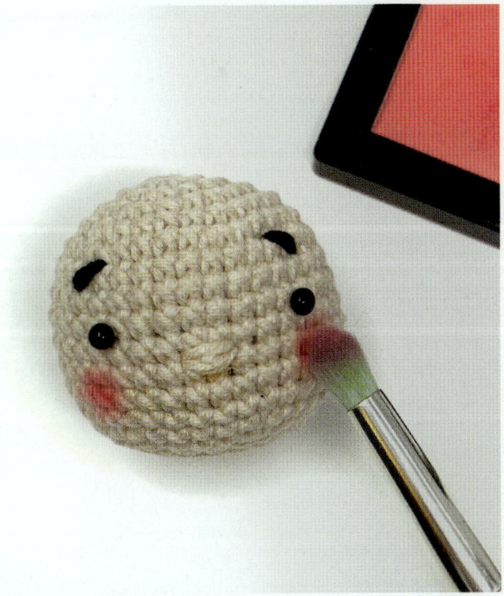

FILZBOGEN

Bastelfilz eignet sich gut, um weitere Elemente und Details hinzuzufügen. Filz passt gut zu Häkelarbeiten, lässt sich zu allen Formen und Größen zurechtschneiden und ist leicht mit einer dünnen Nähnadel und Faden oder Kleber befestigt.

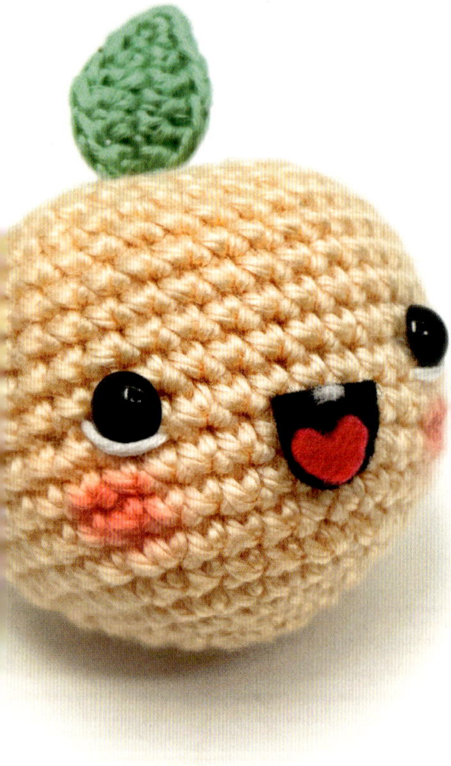

Methode #1 – überaus simpel

Einfache Formen für Augen, Mund oder andere Merkmale aus einem Filzbogen ausschneiden. Für Augen im Kawaii-Stil oder einen ausdrucksvollen Mund kann man auch mehrere Schichten aus unterschiedlich farbigen Bogen ausschneiden.

Methode #2 – Kombination

Filz und Sicherheitsaugen: den Dorn der Sicherheitsaugen durch den Filz stechen, dann mit der Schere den Filz zur gewünschten Form zurechtschneiden (A). Am Amigurumi befestigen (B).

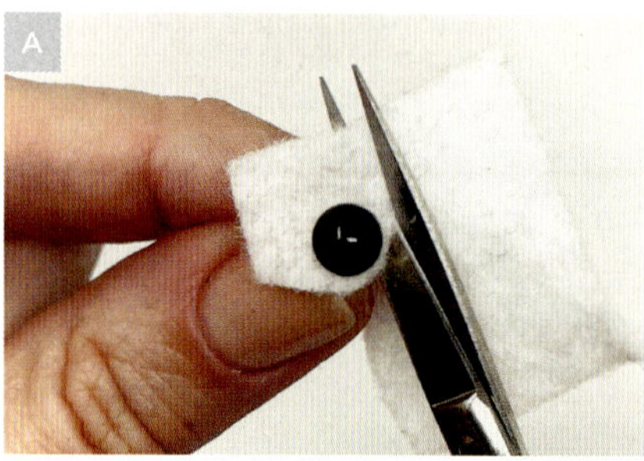

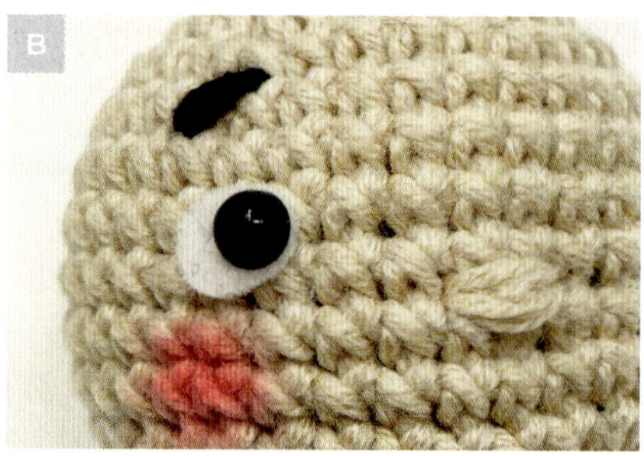

GEHÄKELT

Gehäkelte Elemente sind eine tolle Alternative zu Filz, die sich vorwiegend für größere Amigurumi eignet. Man braucht keine besonderen Utensilien oder Techniken dafür. Sie werden auf das fertige Stück genäht oder geklebt.

Häkelaugen

Anleitung

In Spiralrunden häkeln.

1. Aus schwarzem Garn einen Fadenring formen und 6 fM hineinhäkeln.
2. Mit der Augenfarbe je 2 fM in alle M – 12 Maschen (A).
3. Mit weißem Garn [2 fM in eine M, 1 fM in die nächste M] bis Rundenende wdh – 18 Maschen (B).
4. Mit weißem Garn ein Glanzlicht sticken, um die Augen etwas mehr strahlen zu lassen (C).

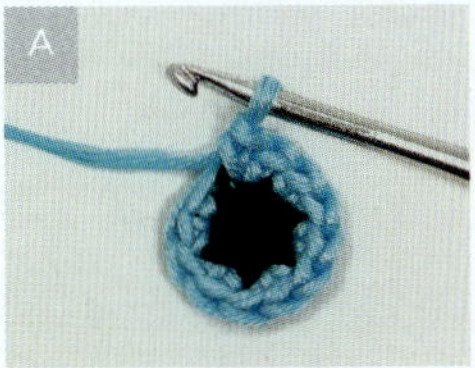

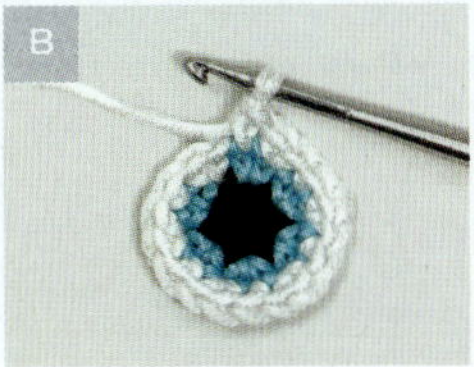

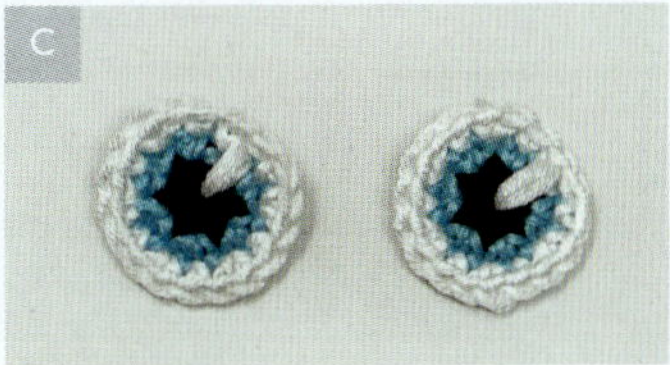

Häkelbäckchen

Anleitung

- Fadenring mit 6–8 fM häkeln und die Arbeit beenden.
- Für größere Bäckchen einen Fadenring mit 8–10 hStb oder 10–12 Stb häkeln.

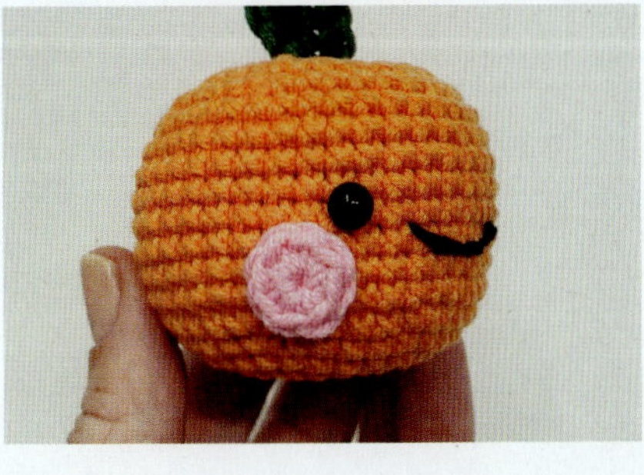

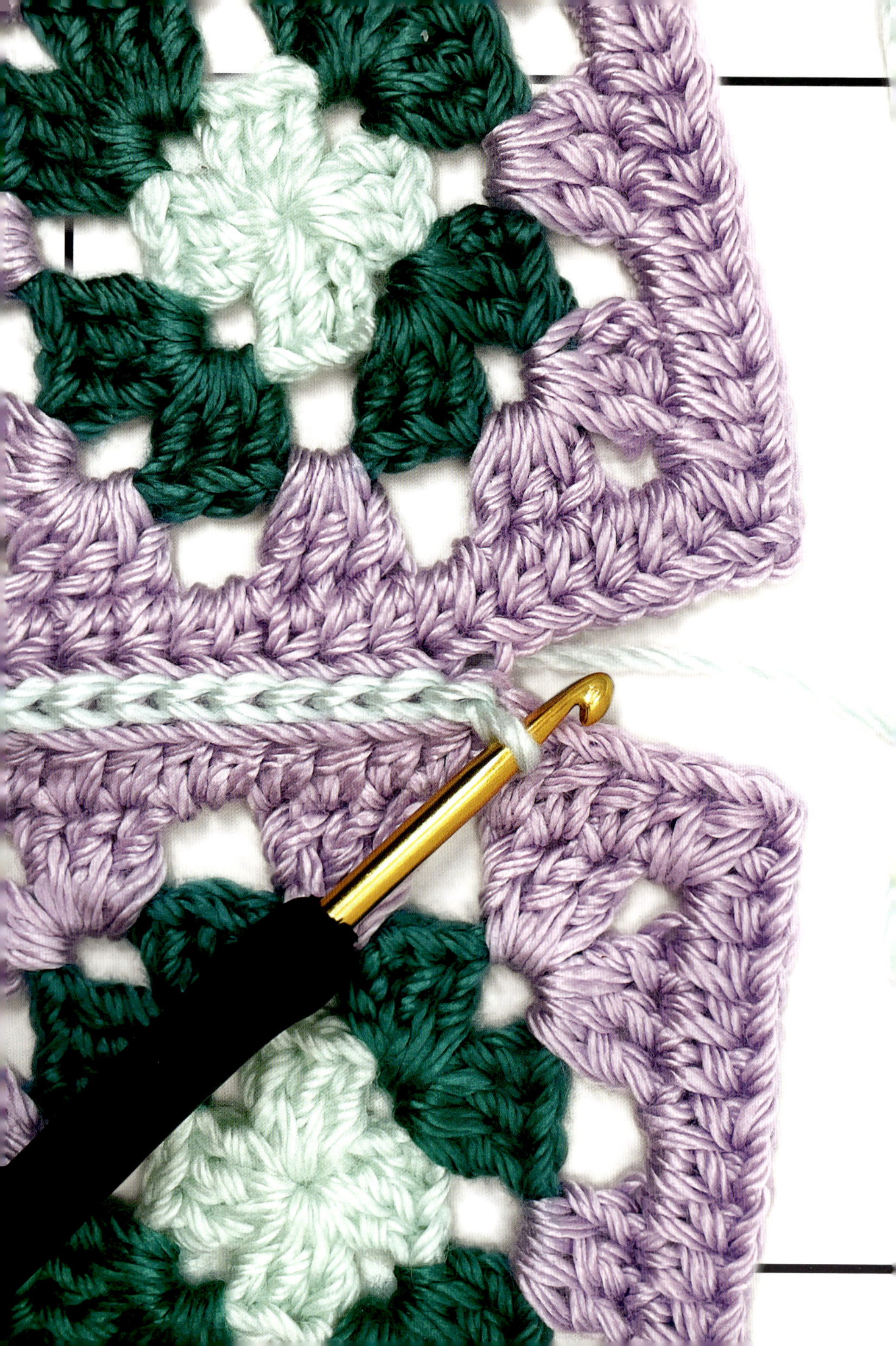

ENTSPANNT **VERBINDEN**

TIPPS UND TECHNIKEN ZUM STRESSFREIEN ZUSAMMENFÜGEN VON HÄKELARBEITEN

ZUSAMMENNÄHEN

Einfach mit einer Nadel zusammennähen: Das ist eine simple, aber effektive Methode, um Häkelstücke zusammenzufügen. Von komplett unsichtbar bis dekorativ – es gibt für jedes Projekt die richtige Naht. Hier folgen einige Techniken, die alle Häkler:innen kennen sollten.

UNORDENTLICHE NÄHTE VERMEIDEN

Vor dem Nähen sollte man die Teile spannen, um alle Kanten zu glätten (s. S. 150). Dann Masche an Masche aneinanderlegen und mit MM die Ecken fixieren, damit die Teile beim Nähen nicht verrutschen.

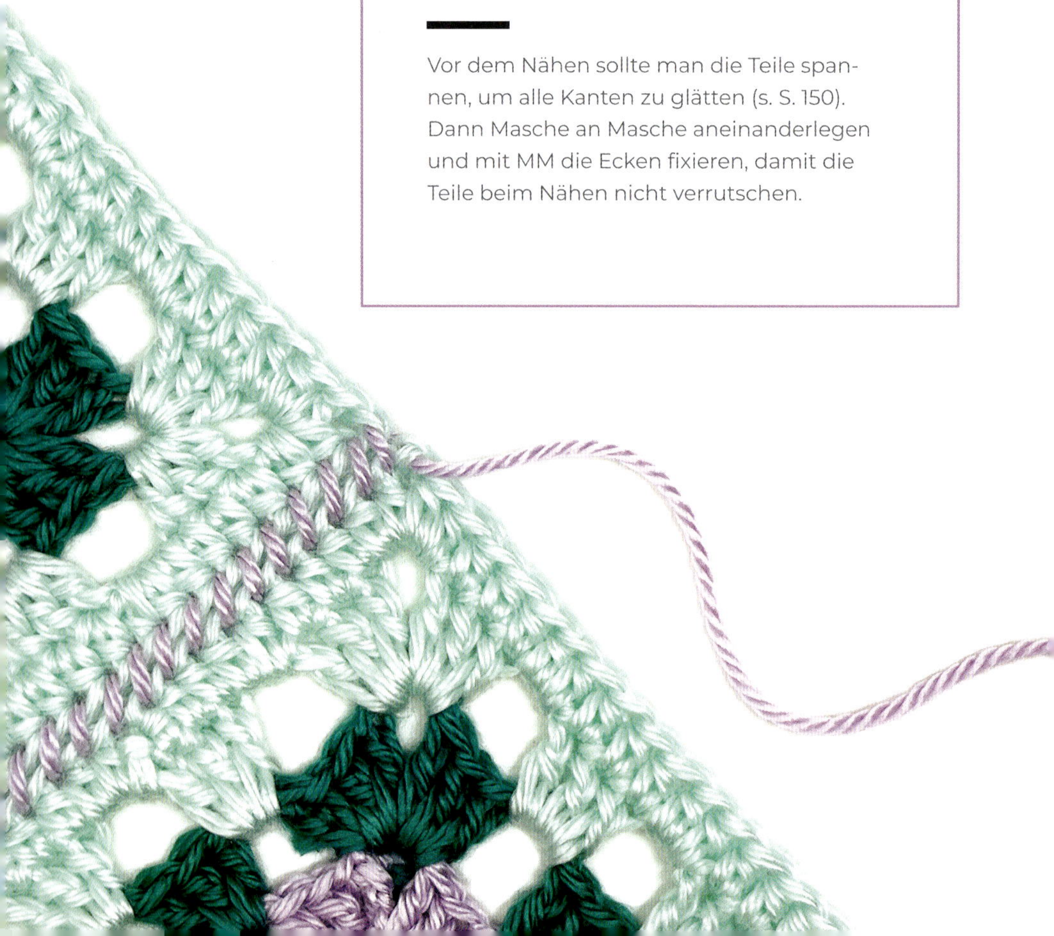

ÜBERWENDLINGSSTICH

Eine einfache, aber vielseitige Methode, flache Teile zusammenzusetzen. Diese Nähte sind robust und schnell gemacht. Sie können innen im Häkelstück verschwinden oder es außen als dekorative Naht zieren.

Anleitung

1. Die Teile so zusammensetzen, dass die einander entsprechenden Maschen genau aneinanderliegen. Für eine versteckte Naht liegen die Teile mit der rechten Seite nach außen, für dekorative Nähte müssen die linken Seiten nach außen zeigen.
2. Mit einer Stopfnadel und einem separaten Faden zusammennähen, dabei in die Häkelmaschen einstechen, stets in die gleiche Arbeitsrichtung von hinten nach vorne (A, B).

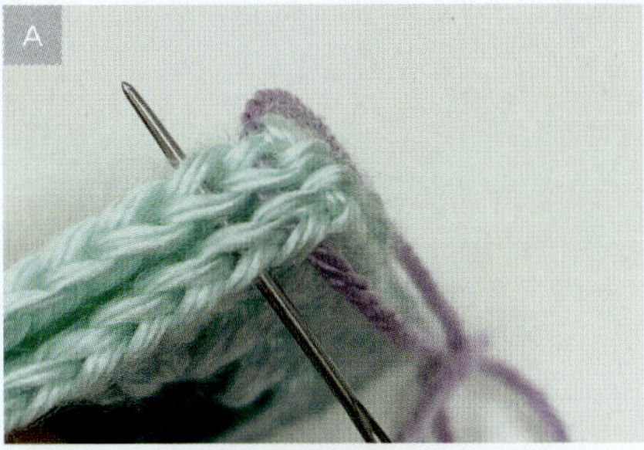

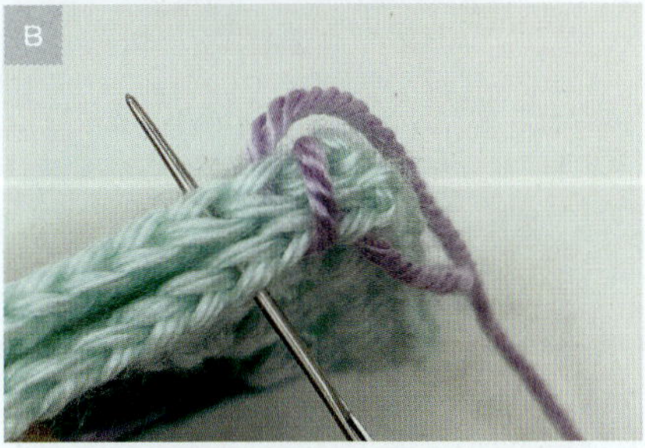

ALS BORDÜRE

Auch schön: eine dekorative Kante aus Überwendlingsstichen ohne Zusammennähen.

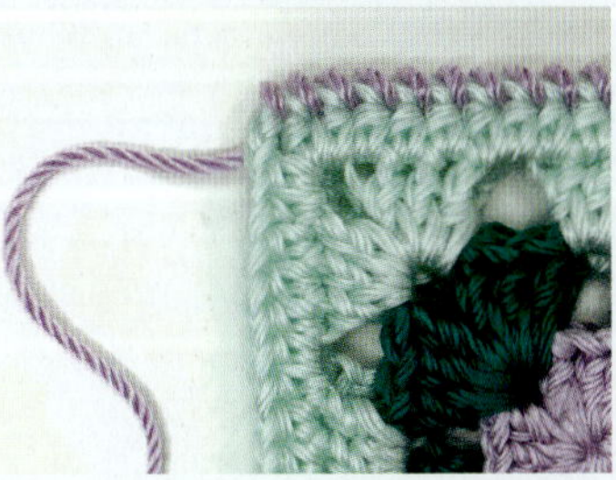

UNSICHTBARE NÄHTE

Manche nennen ihn Matratzenstich, andere Leiterstich. Unabhängig vom Namen ist dies ein toller Nähstich zum Zusammenfügen, der nicht aufträgt.

Anleitung

1. Teile mit der rechten Seite nach außen aneinanderlegen. Sichergehen, dass alle entsprechenden Maschen aneineinderliegen (A).
2. Eine Nähnadel von oben mittig in eine Masche an einer Seite einstechen (B).
3. Die Nähnadel von unten durch die Mitte der nächsten Masche auf derselben Seite ziehen (C).
4. Zur gegenüberliegenden Masche wechseln und die Schritte 2 und 3 dort wiederholen (D).
5. Alle 5–10 M die Teile flach hinlegen und an beiden Enden des Arbeitsfadens ziehen, um die Naht festzuziehen.

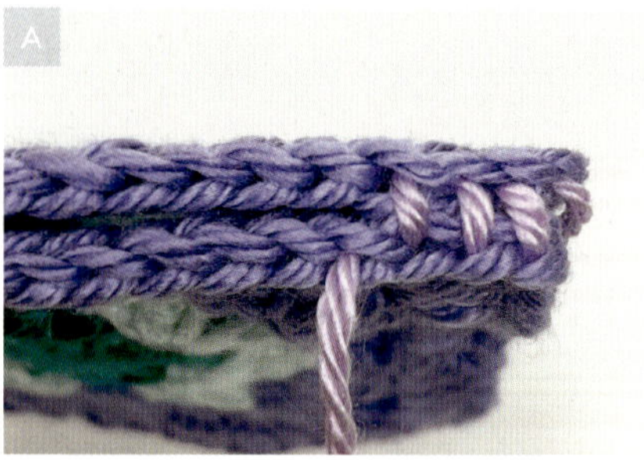

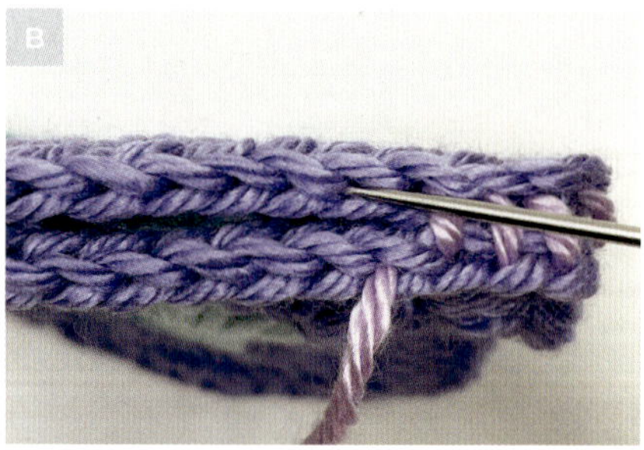

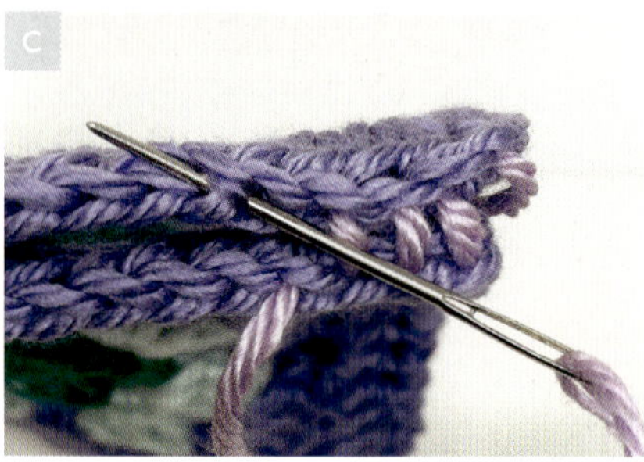

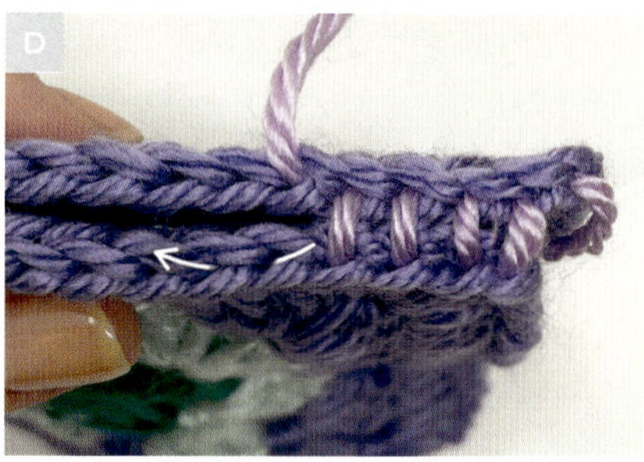

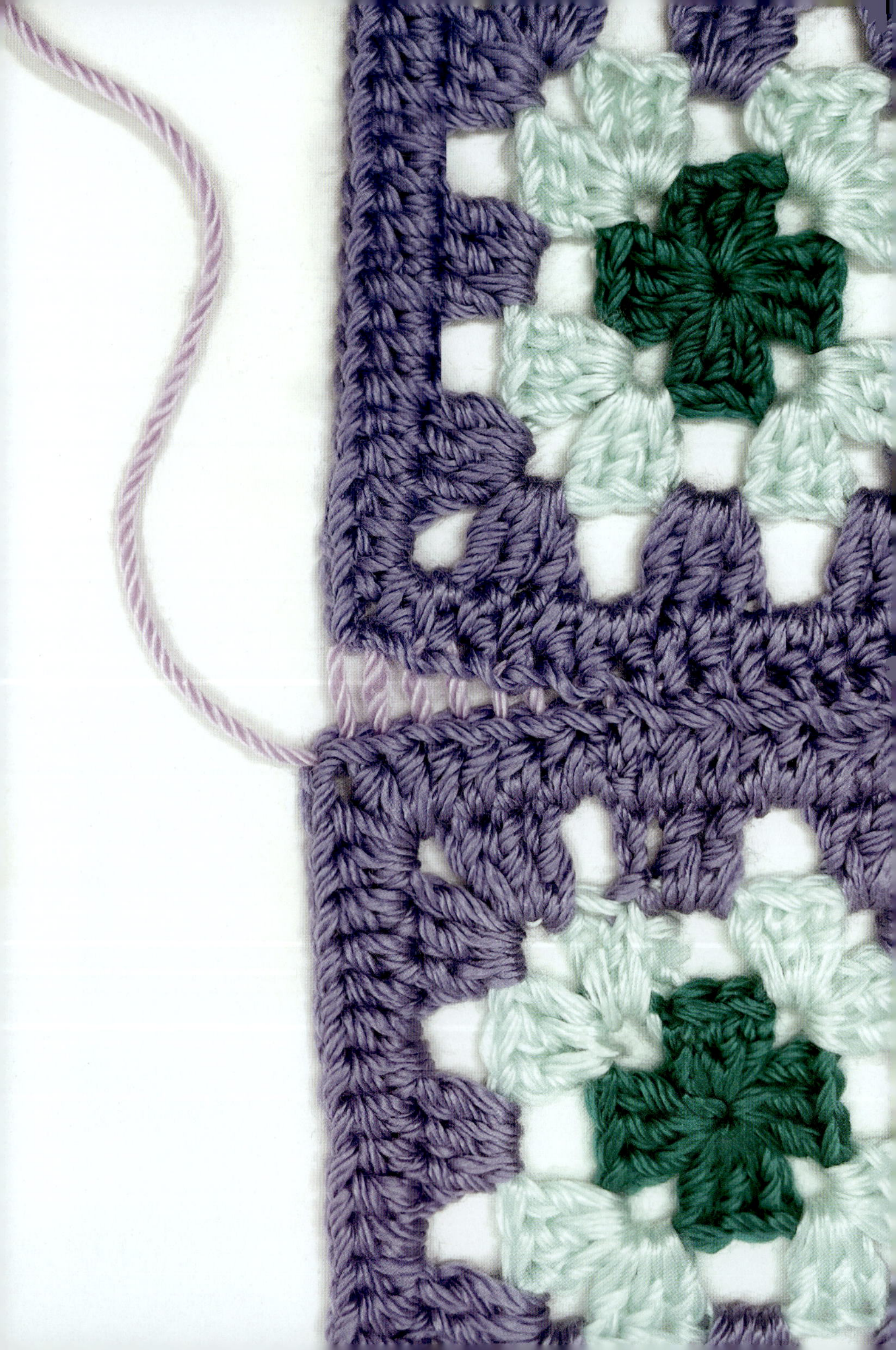

ZUSAMMENHÄKELN

Näh-Muffel können auch mit der Häkelnadel gehäkelte Teile zusammenfügen. Manche Häkelnähte sind sauber und fast unsichtbar, andere haben eher dekorative Funktion. Die passende Methode zu wählen, ist ein wichtiger Teil der Konstruktion Ihres Projektes in Bezug auf dessen Form und Aussehen.

FLACHE KETTMASCHENNAHT

Eine einfache, aber vielseitige Methode zum Zusammenfügen sind Kettmaschen. Hier wird nur ins innere Maschenglied gehäkelt und nicht in beide. Daraus entsteht eine flache Naht, die sich gut einfügt, wenn sie in der gleichen Farbe gehäkelt wird, aber in einer Kontrastfarbe genauso toll aussieht.

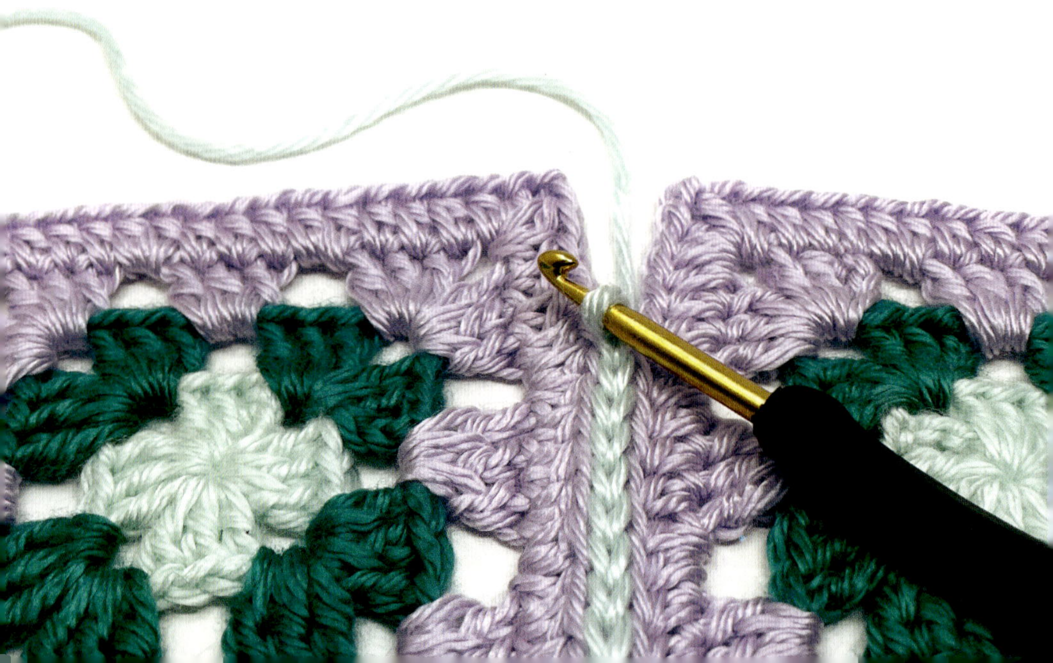

Anleitung

1. Die Stücke mit der rechten Seite nach oben auf eine flache Oberfläche nebeneinanderlegen.
2. Ins hintere Mg des vorderen Quadrates einstechen (A).
3. Von hinten nach vorne ins vordere Mg des hinteren Quadrates einstechen (B).
4. U und alle Schlingen abhäkeln (C).

Beim Überhäkeln einer anderen Naht jeweils 1 Lm, dann in die inneren Mg der Maschen an den nächsten beiden Quadraten einstechen und diese zusammenhäkeln wie zuvor (D).

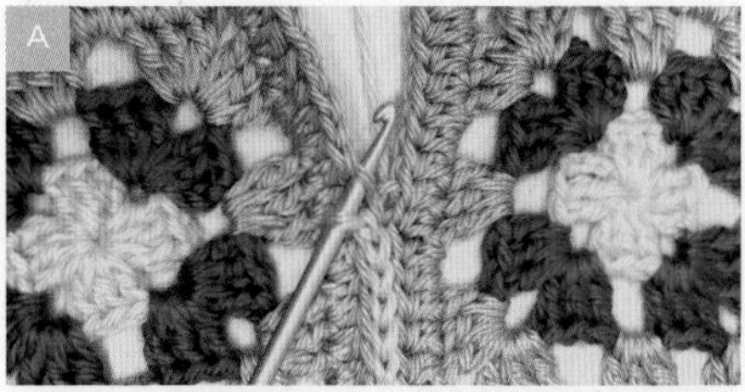
A

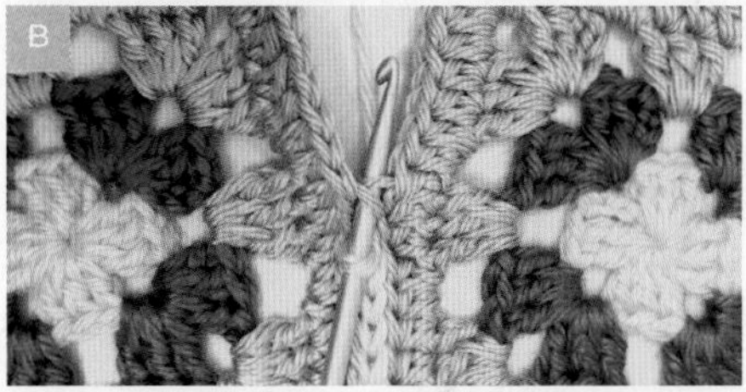
B

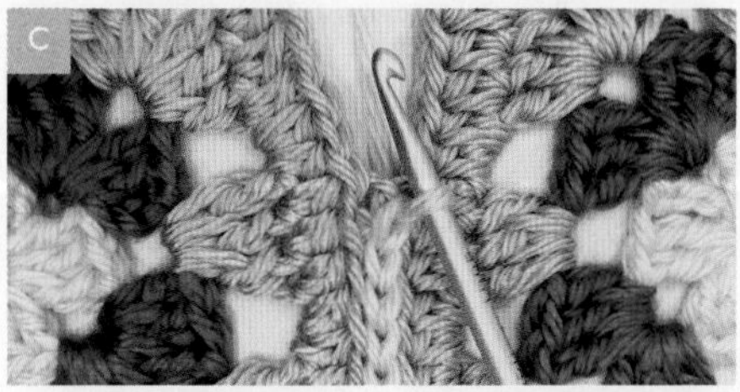
C

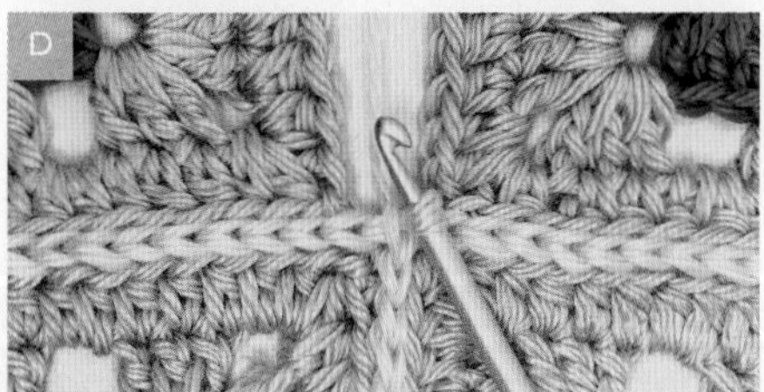
D

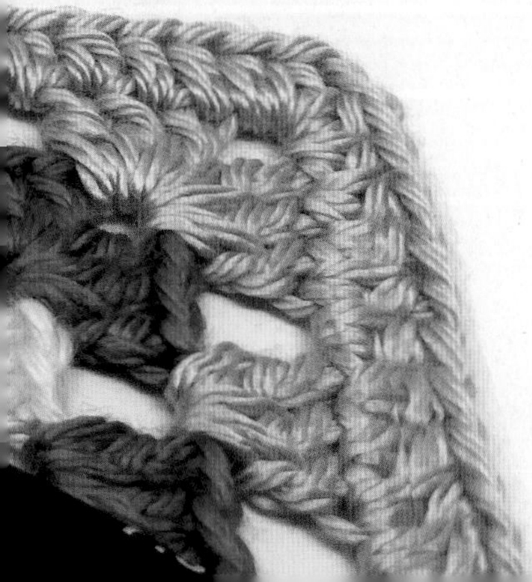

ZICKZACKNAHT

Diese Variation der flachen Kettmaschennaht ist sehr dekorativ, hat nicht zu viel Volumen und kann perfekt flach liegen.

Das Zickzackmuster entsteht durch eine Reihe von Km, bei denen die Arbeitsrichtung abgewechselt wird.

Anleitung

1. Die Quadrate mit der rechten Seite nach oben und den einander entsprechenden Maschen aneinanderlegen.
2. Von außen nach innen in die Randmasche an einer Kante eines der Quadrate einstechen und eine Km häkeln (A, B).
3. Von außen nach innen in die entsprechende Gegenmasche am anderen Quadrat einstechen und eine Km häkeln (C, D).

ANMERKUNG:

Den Arbeitsfaden immer unterhalb oder hinter der Arbeit führen.

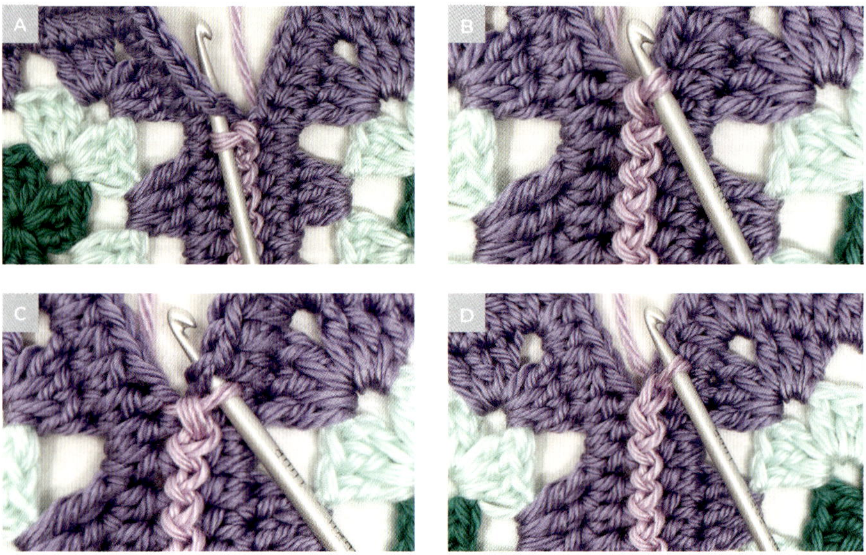

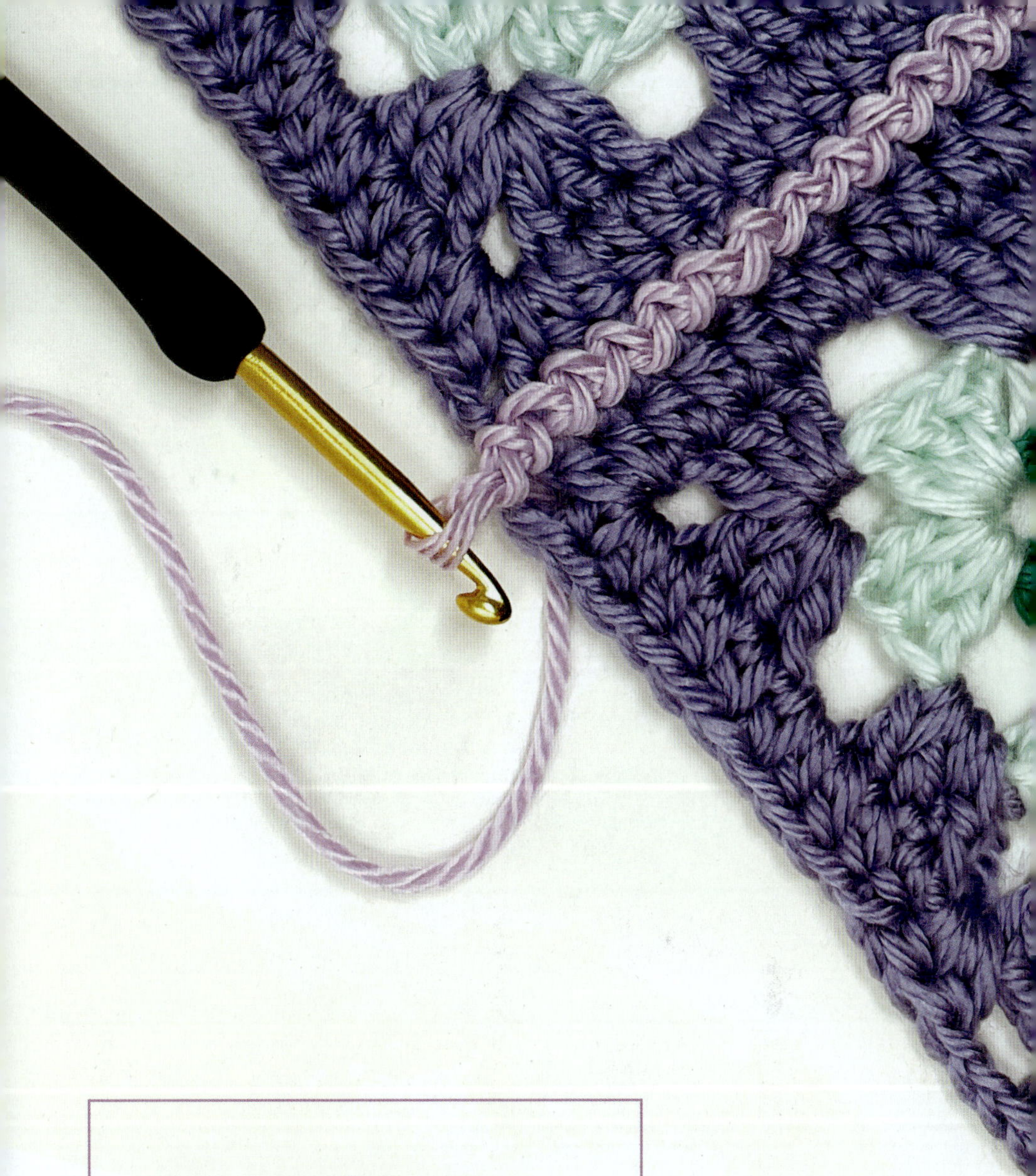

ZICKZACKBORDÜRE

Für eine Bordüre in alle M rundum je 1 Km und 1 Lm häkeln.

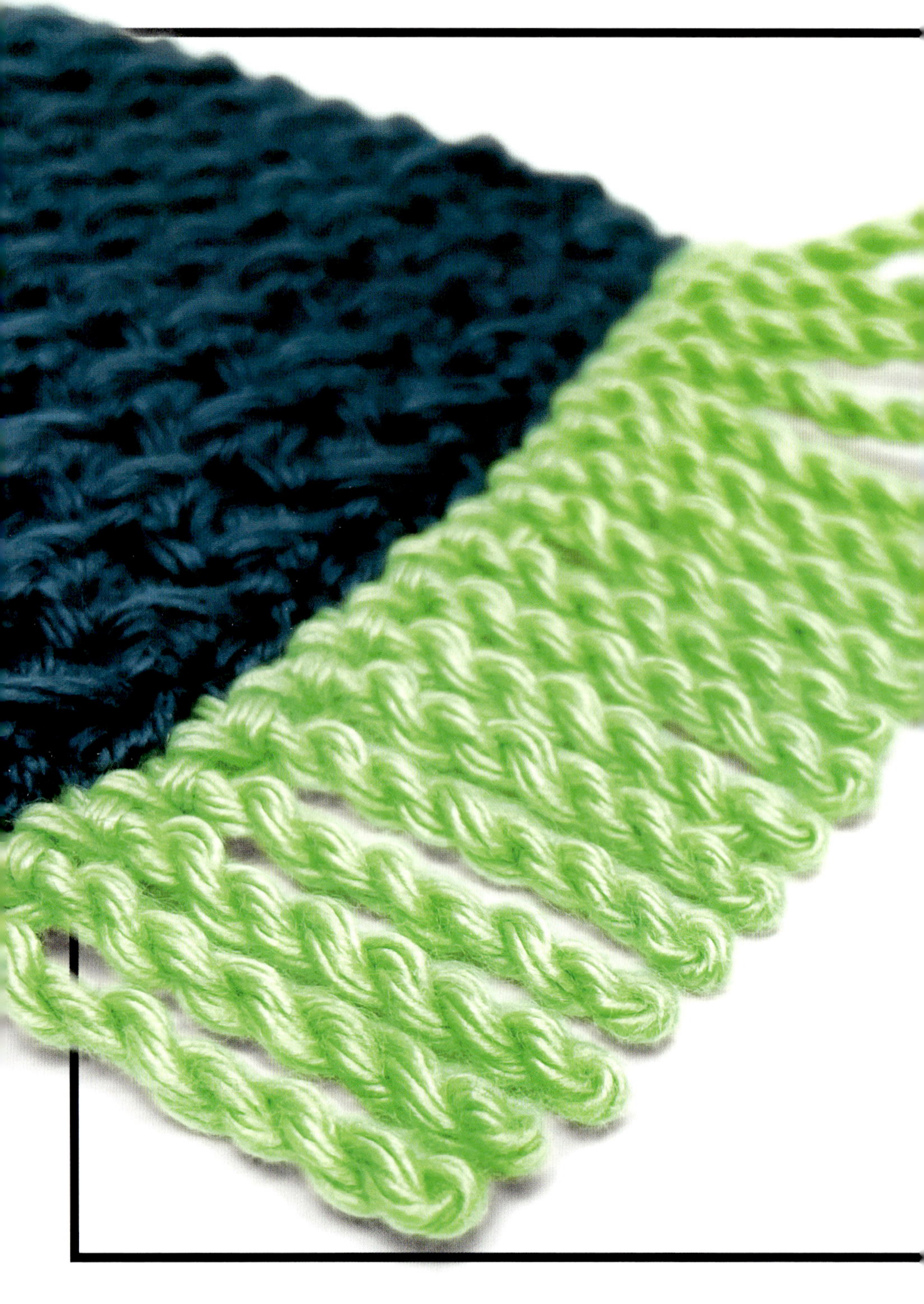

KANTEN **VERZIEREN**

BORDÜREN UND FRANSEN LEICHT GEMACHT:
EINFACHE TRICKS FÜR DEKORATIVE RÄNDER

DIE PERFEKTE BORDÜRE

Bordüren sind ideal zum Versäubern und Kaschieren fransiger und unebener Kanten. Außerdem sehen Häkelstücke damit edler aus. Die Techniken sind nicht weiter kompliziert, aber es gibt ein paar etwas heikle Stellen, besonders an Seitenkanten und Ecken. Diese Tipps und Techniken helfen Ihnen, Bordüren ganz einfach zu meistern.

ECKMASCHEN

Eine knifflige Sache beim Umhäkeln ist es, die richtige Anzahl Eckmaschen hinzuzufügen. Oft wird generell empfohlen, 2 zu nehmen, ich finde aber, dass 3 Eckmaschen die perfekt geformte Ecke ergeben.

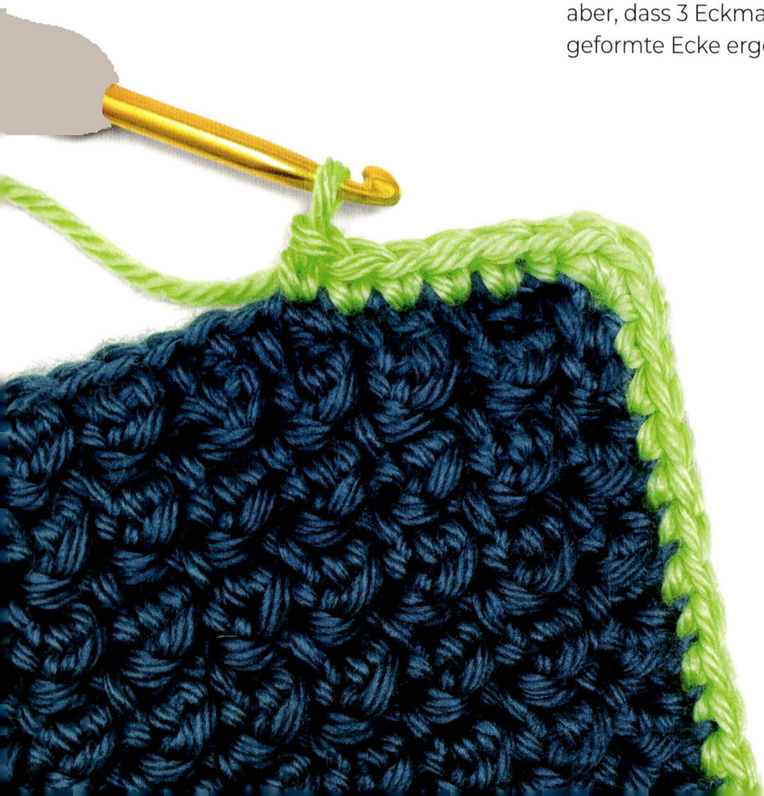

SEITENKANTEN HÄKELN

Bordüren sind normalerweise nicht schwer zu häkeln, bis man die Seiten mit den Randmaschen erreicht hat. In nicht deutlich definierbare Maschen zu häkeln, kann schwierig sein; zu wissen, wie viele Maschen man dazu addieren muss, vereinfacht die Sache.

Hier ist aufgeführt, wie viele M in einige wichtige Maschen am Seitenrand hinzukommen müssen.

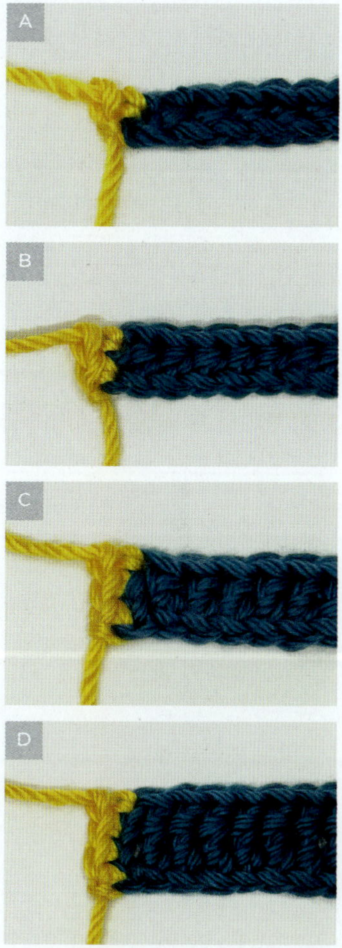

ANZAHL DER M AM SEITENRAND

Masche	M-Anzahl
feste Maschen	1 (A)
halbe Stäbchen	2 (B)
Stäbchen	3 (C)
Doppelstäbchen	4 (D)

EINFACHE BORDÜRE AUS HÄKELMASCHEN

Häkelstücke mit einer simplen Bordüre aus Km oder fM können gleich sehr viel professioneller aussehen, gleichzeitig wird die Form besser definiert, ohne zu viel hinzuzufügen. Außerdem entsteht eine glatte Kante zum Anbringen von Fransen und anderen Details zum Schluss.

KREBSMASCHEN-BORDÜRE

Wenn es um einfache Bordüren geht, sollte man keinesfalls diese besonders einzigartige Masche außer Acht lassen: die Krebsmasche.

Das Besondere an Krebsmachen ist das Arbeiten in die Gegenrichtung, also von links nach rechts statt von rechts nach links. Ansonsten häkelt man eigentlich nur feste Maschen.

Anleitung

1. In die Masche zur Rechten einstechen (A). U und den Faden holen (B).
2. Alle Schlingen abhäkeln (C).

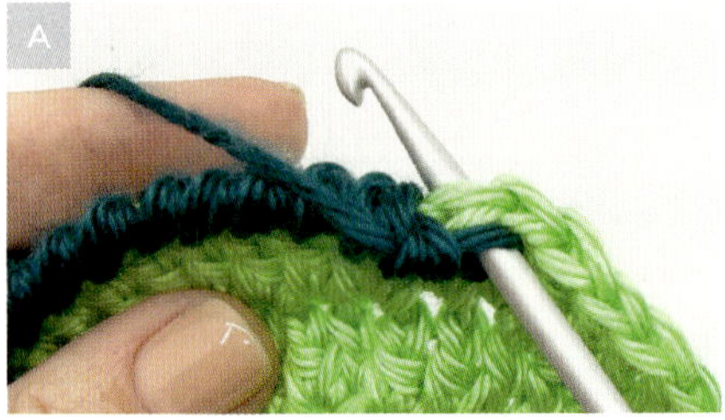

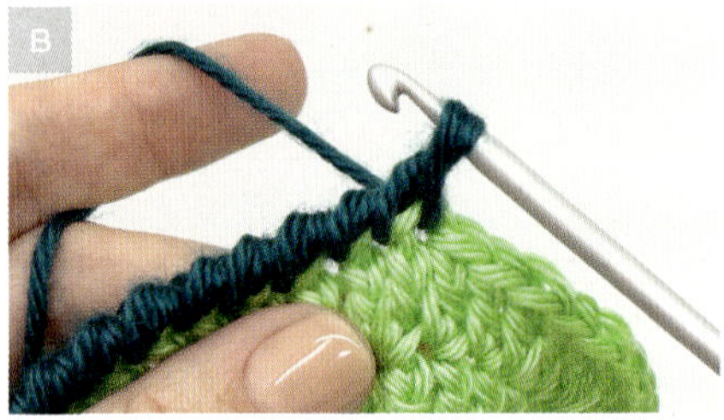

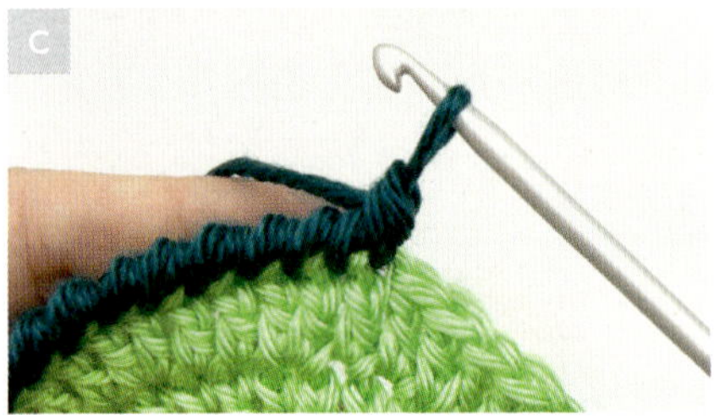

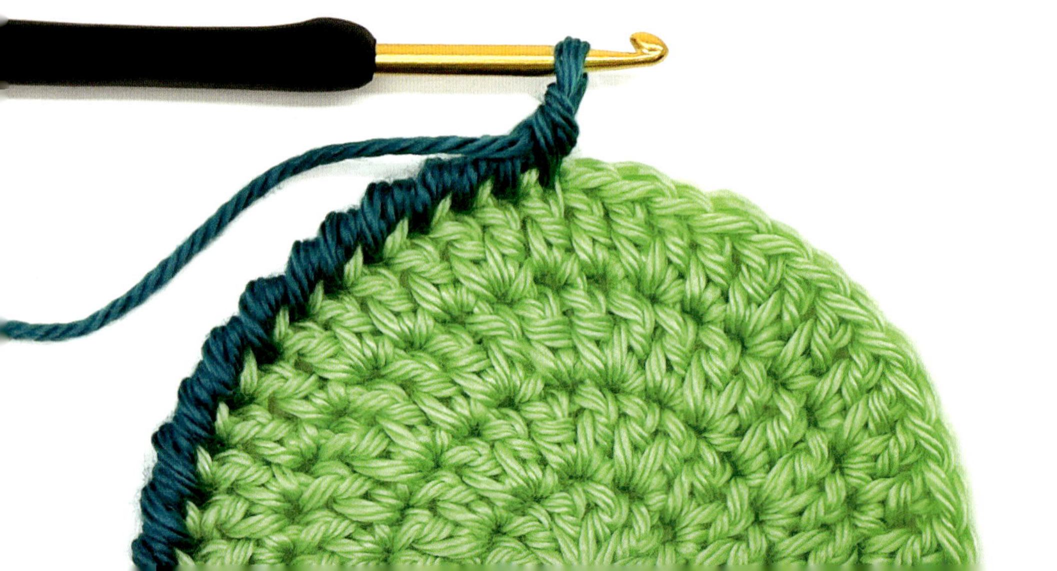

BORDÜRE AUS VERSCHRÄNKTEN FM

Wenn Ihnen Krebsmaschen gefallen, Sie aber das Arbeiten in die andere Richtung zu umständlich finden, könnte das Verschränkthäkeln etwas für Sie sein. Dabei entsteht der gleiche Look wie bei Krebsmaschen, aber die Arbeitsrichtung ist die gewohnte.

Anleitung

1. In die nächste Masche einstechen, U und den Faden durchziehen.
2. Die Häkelnadel um 360° gegen den Uhrzeigersinn drehen und dabei die Schlingen verzwirbeln (A, B).
3. U und alle Schlingen abhäkeln (C).

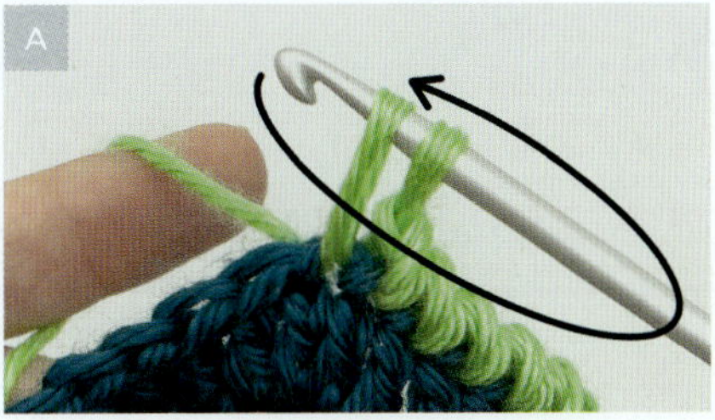

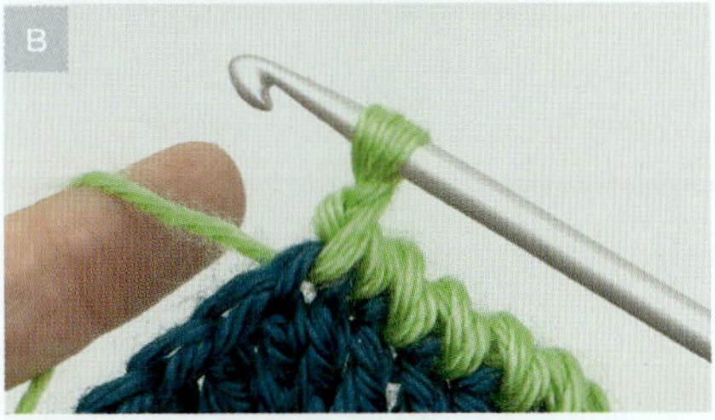

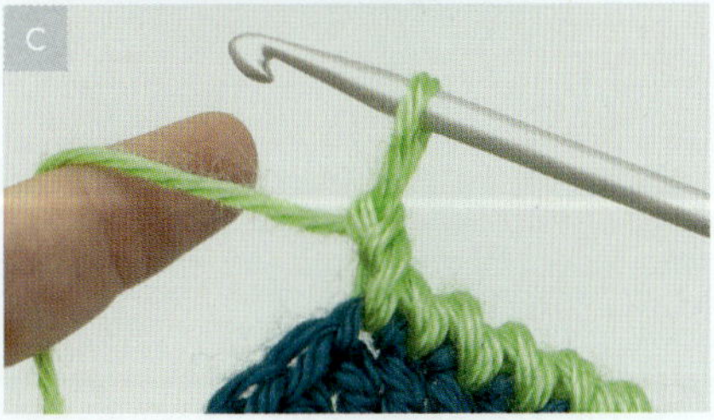

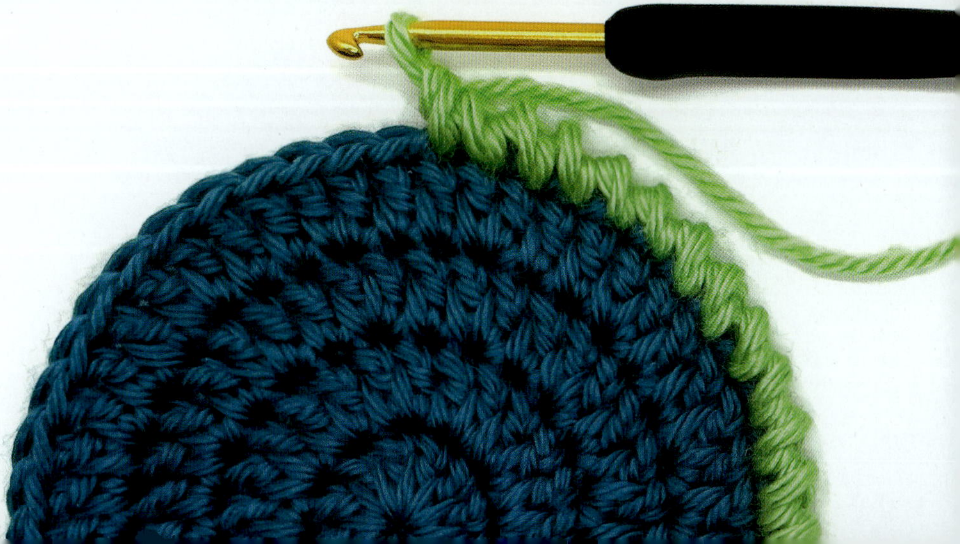

FRANSEN LEICHT GEMACHT

Ich liebe es, Häkelstücke mit Fransen zu versehen, aber es kann zeitaufwendig sein. Vorschneiden, befestigen, zuschneiden, versäubern ... Sie wissen schon! Glücklicherweise gibt es einfache, gut umsetzbare Techniken – und wenn Ihnen auch das zu viel ist, schauen Sie mal nach den zu häkelnde Optionen, bei denen man gar nicht schneiden muss (s. S. 140).

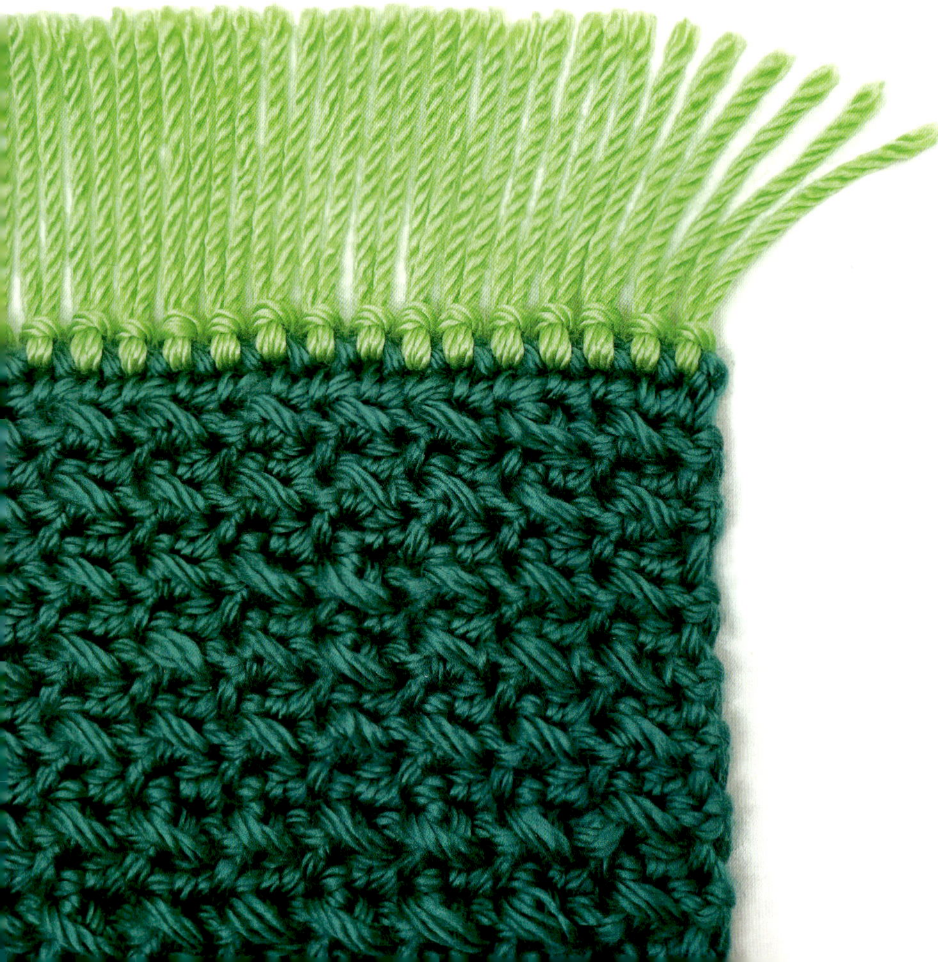

FRANSEN VORBEREITEN

Das Nervigste an den Fransen ist das Zuschneiden auf die richtige Länge. Mit dieser Methode geht es schneller.

Anleitung

1. Einen Streifen Karton etwa in der Breite der gewünschten Fransenlänge zurechtschneiden. Das Garn der Anzahl der benötigten Fransen entsprechend oft um den Karton wickeln. Nicht zu fest ziehen, um das Garn beim Aufwickeln nicht auszudehnen (A).
2. Wenn Sie genug gewickelt haben (1 Umschlag = 1 Franse) das Fadenende abschneiden und alle Fäden an einer Kante durchschneiden (B).
3. Die Fransen mit der Häkelnadel am Häkelstück befestigen (C, D, E, F).

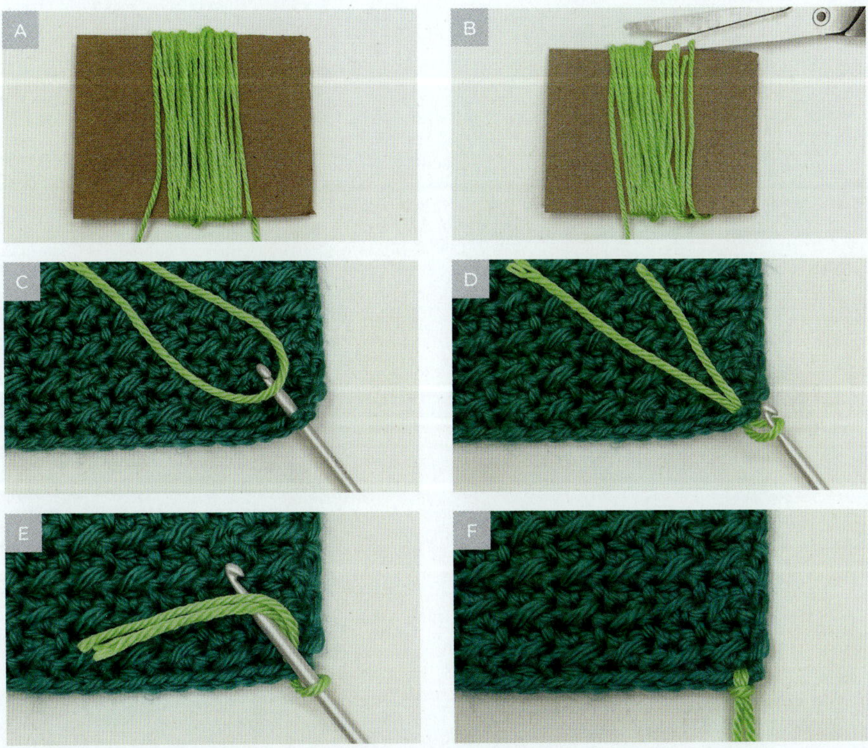

PERFEKTE SCHNITTKANTE

Fransen ganz gerade abzuschneiden, kann extrem zeitaufwendig und langweilig sein, von den dabei entstehenden Schnipseln ganz zu schweigen. Hier kommt ein Tipp zum absolut geraden Abschneiden gleich beim ersten Versuch, der auch das anschließende Aufräumen zum Kinderspiel macht.

Sie brauchen dafür Masking Tape oder Kreppband (2,5 cm breit), einen Rollschneider oder ein Bastelmesser/Skalpell, ein Metalllineal und eine Schneidematte.

Anleitung

1. Die Fransenreihe auf eine Schneidematte legen. Mit Dampf oder einer Spühflasche alle Fäden glätten (A).
2. Festlegen, wo die Schnittkante verlaufen soll, dann das Klebeband etwas unterhalb der Schnittkante aufkleben, sodass es die Fransen fixiert (B).
3. Das Lineal an die Schnittkante legen und mit dem Rollschneider oder Skalpell daran entlangschneiden (C).
4. Zum einfachen »Aufräumen« das Klebeband mitsamt der abgeschnittenen Enden ablösen und wegwerfen (D).

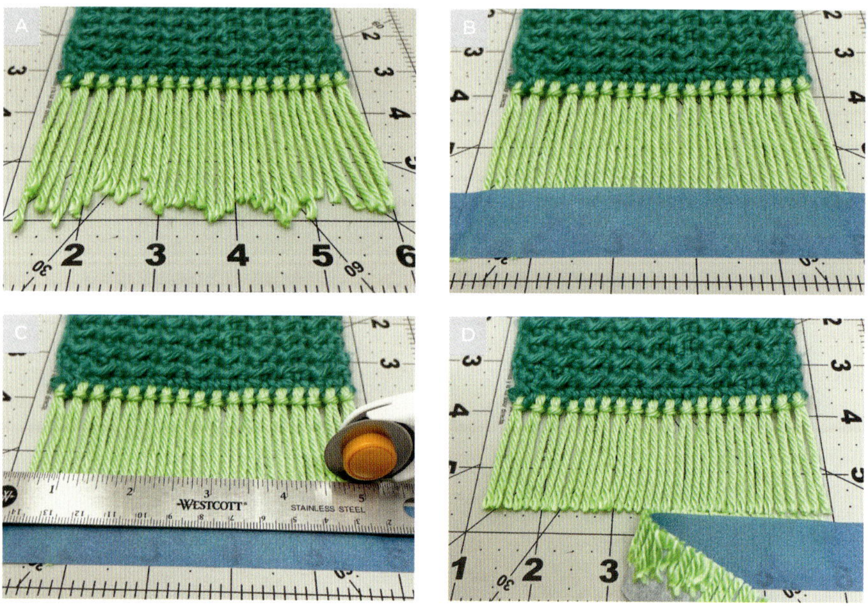

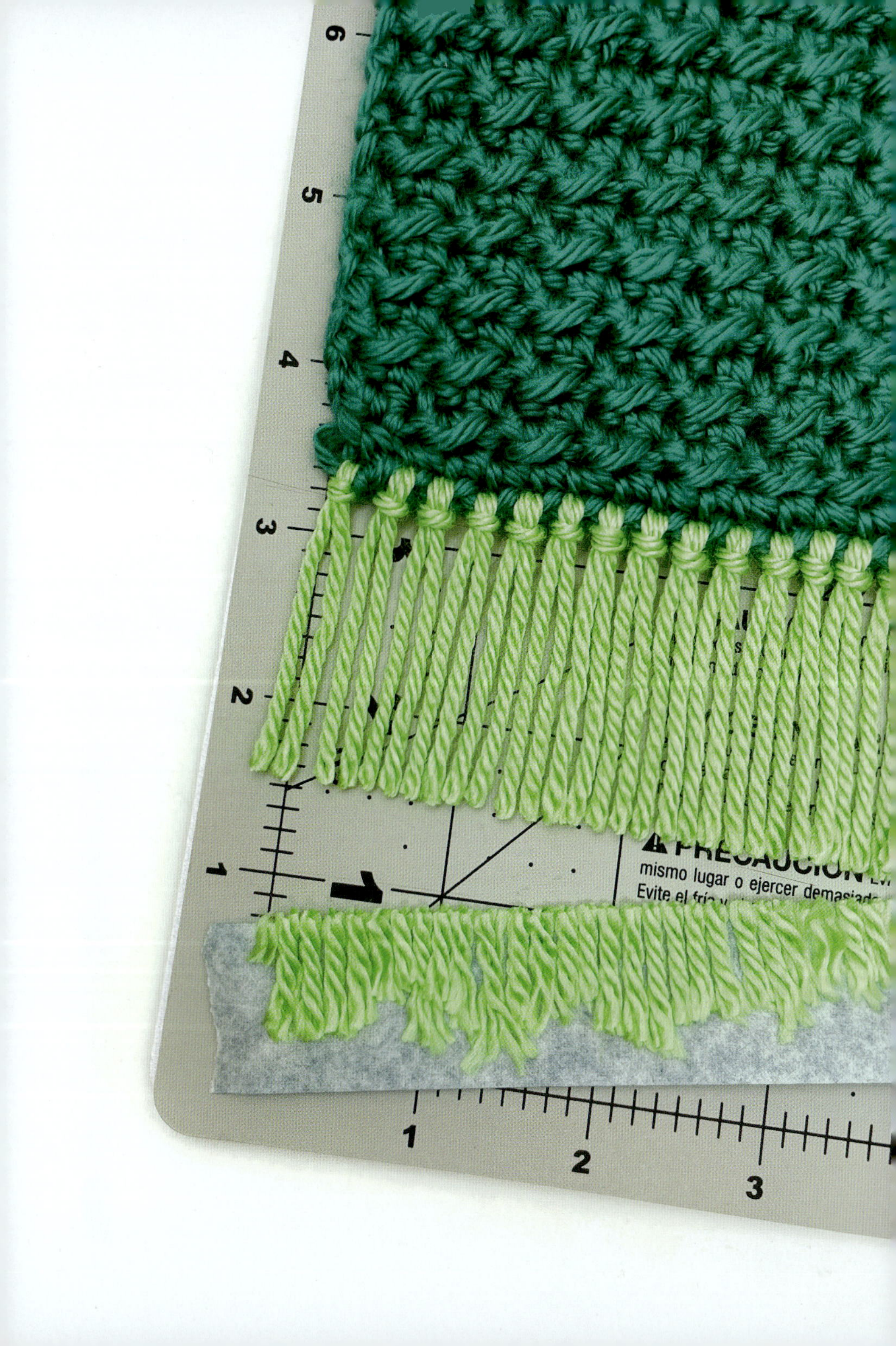
PRECAUCIÓN
mismo lugar o ejercer demasiado

FRANSEN OHNE SCHNEIDEN

Ihnen gefällt die Vorstellung von Fransen, Sie haben aber keine Lust, zu schneiden und zu befestigen? Hier kommen einige tolle Ideen zum Anhäkeln direkt an das Projekt. Dabei wird weder geschnitten noch extra befestigt und die Fransen sind haltbarer als die herkömmlich geschnittenen. Sie sind eine tolle Option für Projekte, die viel aushalten müssen, wie Kleidung oder Decken.

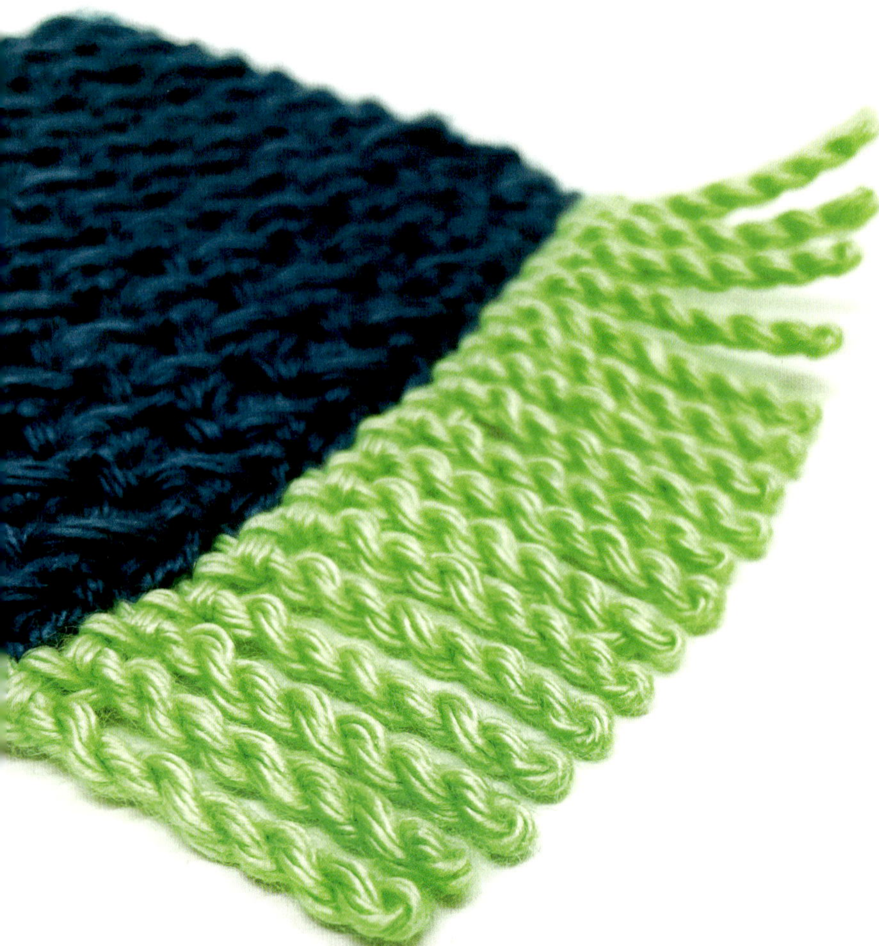

GEZWIRBELTE FRANSEN

Diese Fransen sind eine gute Alternative zur traditionellen Fransenreihe. Sie sehen hübsch aus, sind aber auch haltbarer, da sie nicht wie herkömmliche Fransen ausdünnen. Die Länge ist einfach anzupassen durch Verlängern der Schlingen oder durch öfter oder weniger oft Verzwirbeln.

Anleitung

1. Km in die nächste M. Die Schlinge doppelt so lang ziehen, wie die Franse werden soll. Hier sind es 7,5 cm (A).
2. Die Häkelnadel drehen, stets in die gleiche Richtung, bis es schwieriger wird, das Garn noch weiter einzudrehen (15- bis 20-mal) (B).
3. Die verzwirbelte Schlinge flach ablegen, mit dem Daumen in der Mitte festhalten, dann die Schlinge anheben und mit Km in die gleiche Stelle wie in Schritt 1 fixieren (C).
4. Den Daumen lösen und beobachten, wie die Franse in Form federt. Wenn sie nicht perfekt aussieht, wird sie durch sanftes Zupfen gleichmäßiger (D, E).

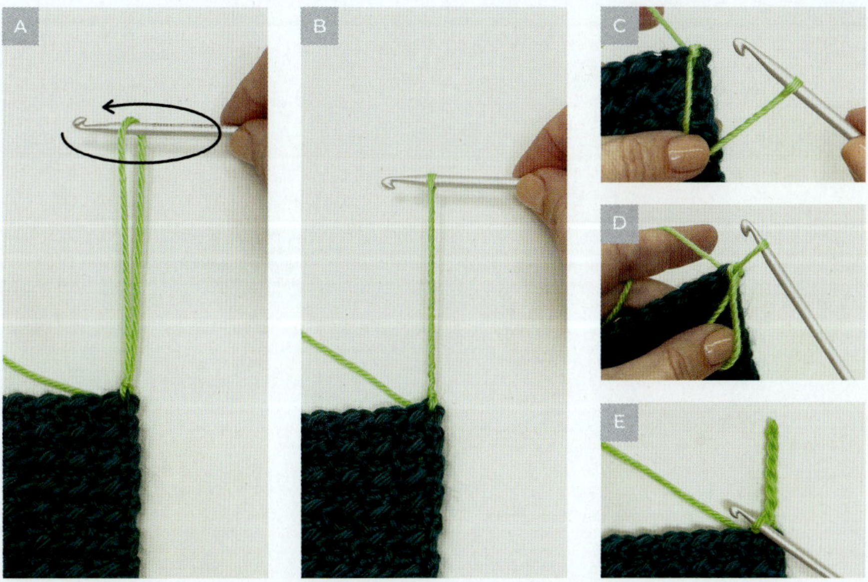

HÄKELFRANSEN

Häkelfransen sind eine auffällige, vielseitige Möglichkeit, ein Stück mit Fransen zu versehen – definitiv ein Statement. Anders als herkömmliche oder gezwirbelte Fransen werden diese Fransen gehäkelt und sind somit sehr lange haltbar. Häkelfransen können direkt in die Kante des Projektes gehäkelt oder separat angefertigt und anschließend angenäht werden.

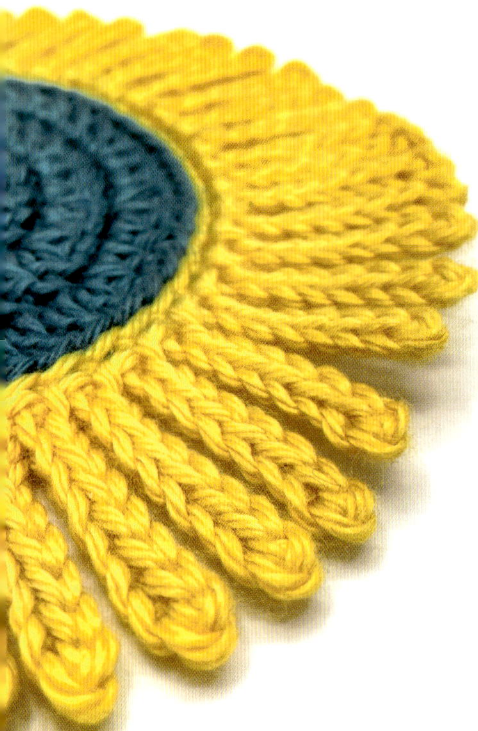

Gerade Fransen

Anleitung

1. Km in die nächste Masche, 8 Lm (A). Für längere Fransen weitere Lm.
2. Km in die zweite M nach der Häkelnadel und in alle verbleibenden M der Lm-Kette.
3. Km in die gleiche M wie in Schritt 1 (B).
4. Schritt 1–3 bis Reihenende wdh.

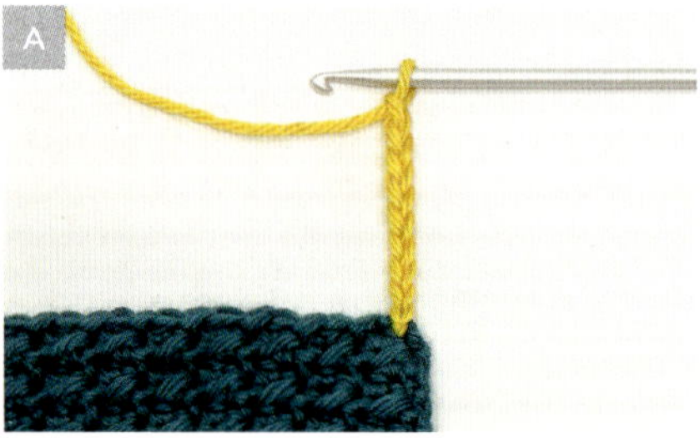

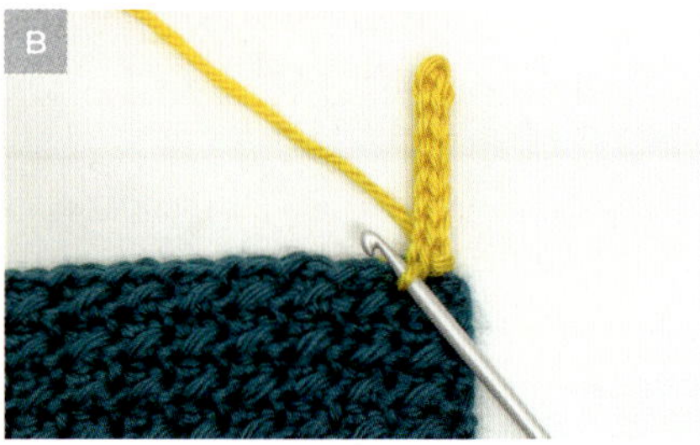

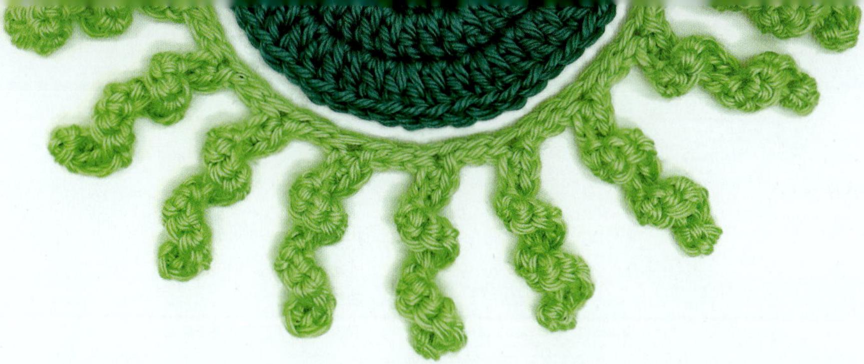

Korkenzieher-Fransen

Anleitung

1. Km in die nächste Masche, 10 Lm (A).
2. 2 fM in die zweite Lm nach der Häkelnadel und in alle verbleibenden Lm.
3. Km in die gleiche M wie in Schritt 1 (B).
4. Schritt 1–3 bis Reihenende wdh.

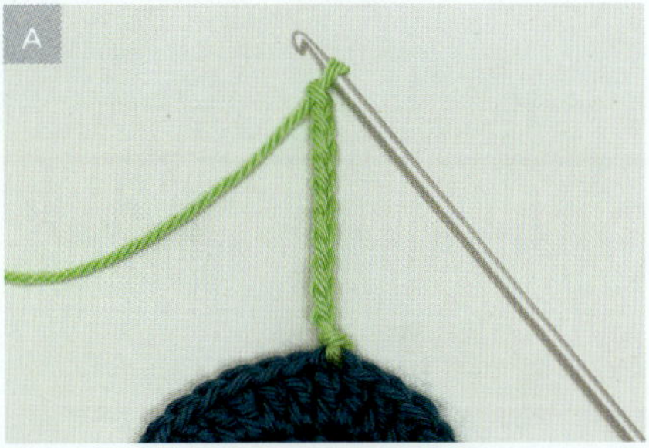

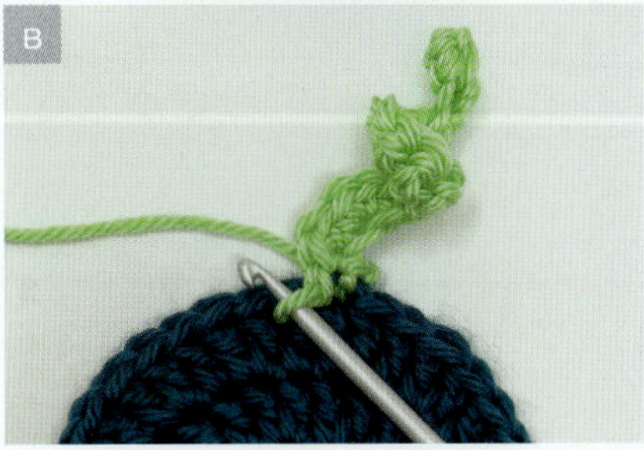

LOCKEN STYLEN

Sie können die Spiralen fester machen (3–4 weitere M in jede Lm häkeln) oder weniger fest (fM durch hStb oder eine andere höhere Häkelmasche ersetzen).

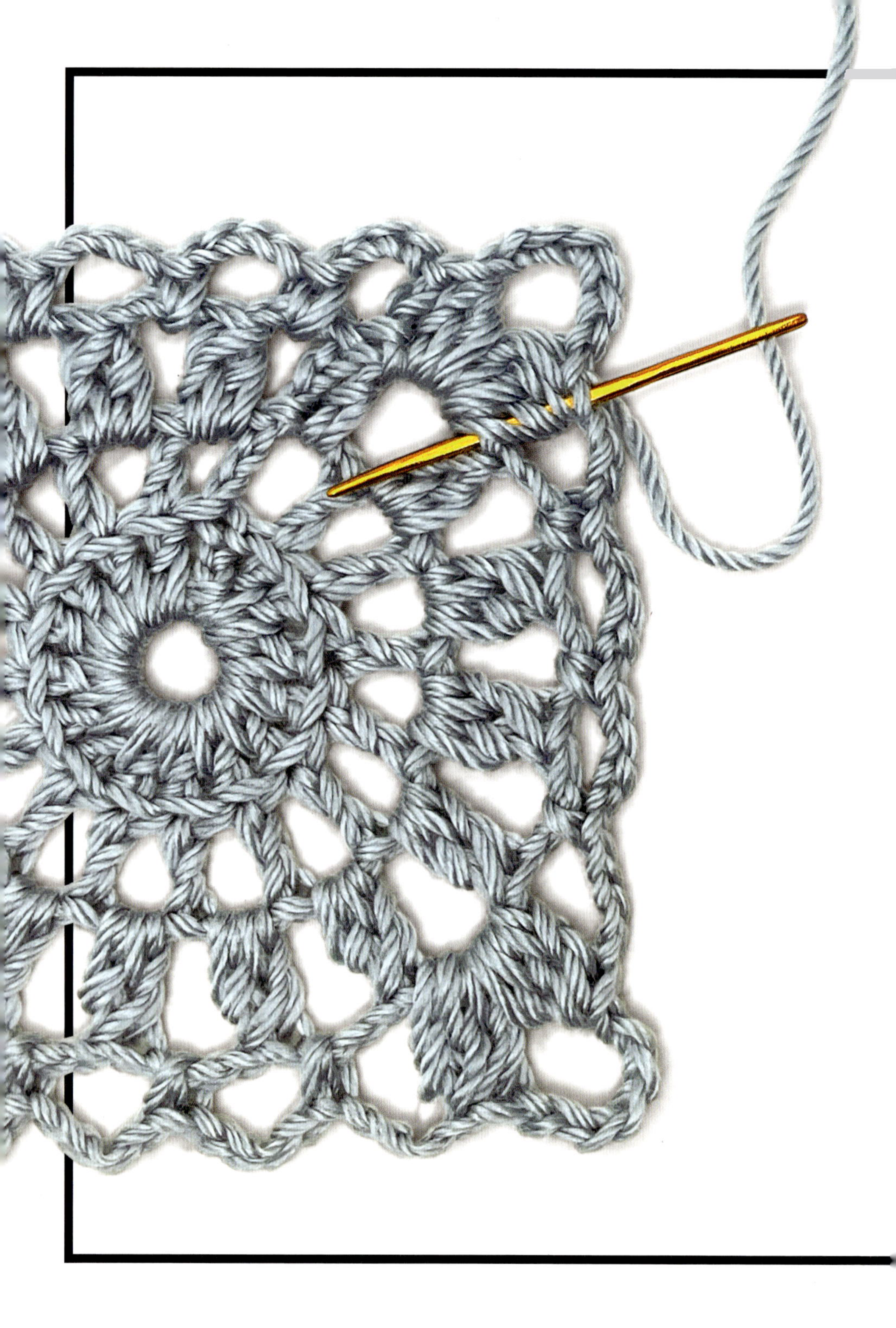

FEHLERLOSES **FERTIGSTELLEN**

VON FADEN ABTRENNEN BIS SPANNEN:
TIPPS FÜR DEN PERFEKTEN ABSCHLUSS

EIN HÄKELSTÜCK BEENDEN

Wenn alle Kanten und Seiten gerade und gleichmäßig sind und die Runden nahtlos und perfekt aussehen, sollte man auch beim Fertigstellen keine Kompromisse machen. Die letzten Schritte machen das Stück nicht nur schöner, sie sorgen auch dafür, dass alle Fäden sicher vernäht sind und sich die Arbeit nicht auftrennt.

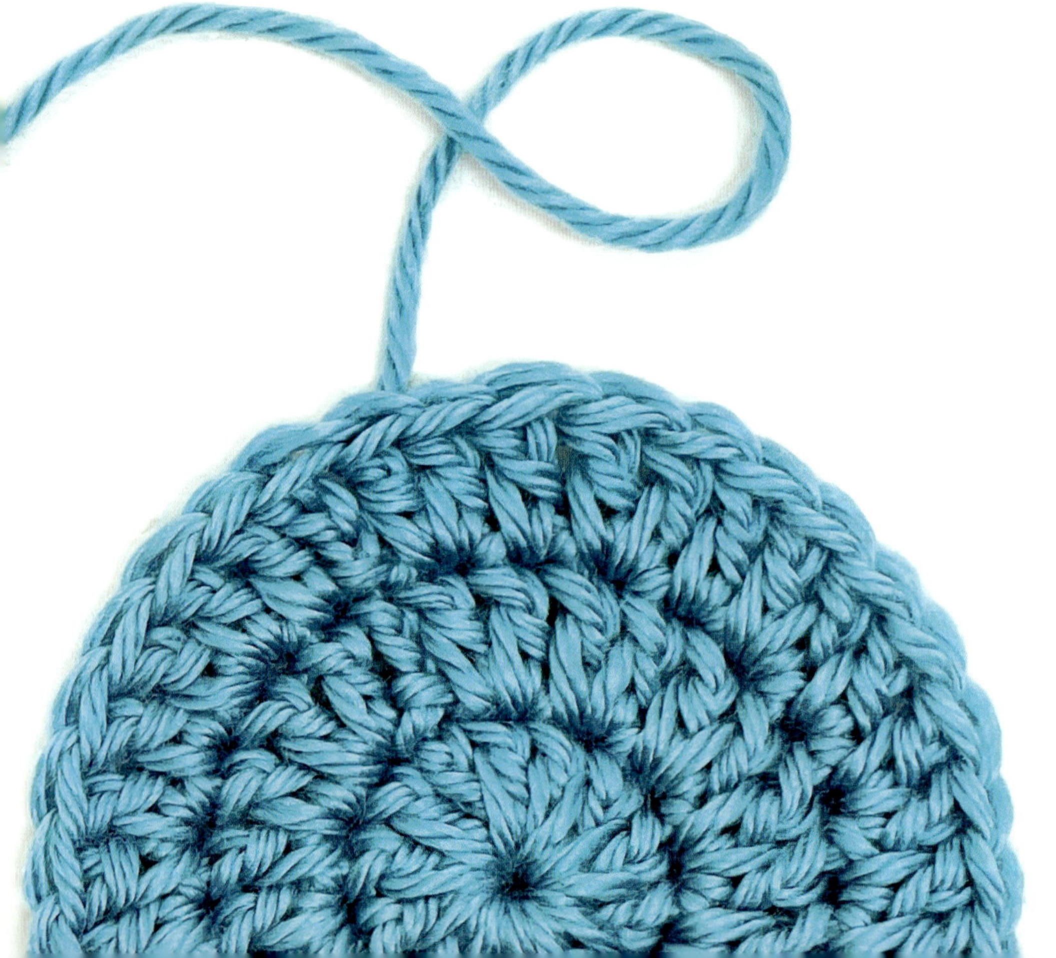

UNSICHTBARER ABSCHLUSS

Wenn Ihnen die letzte M oder das nahtlose Schließen der letzten Runde schwerfällt, gehen Sie wie folgt vor.

Anleitung

1. Keine Km, stattdessen den Arbeitsfaden mit 12,5–15 cm Restfaden abschneiden und durch die letzte M ziehen.
2. Den Faden in eine Stopfnadel einfädeln. 1 M auslassen, dann von vorne nach hinten unter beide Mg der nächsten M einstechen (A, B).
3. Von vorne nach hinten in das hintere Mg der vorherigen M einstechen (C).
4. Die neue M sanft am Fadenende festziehen (D).

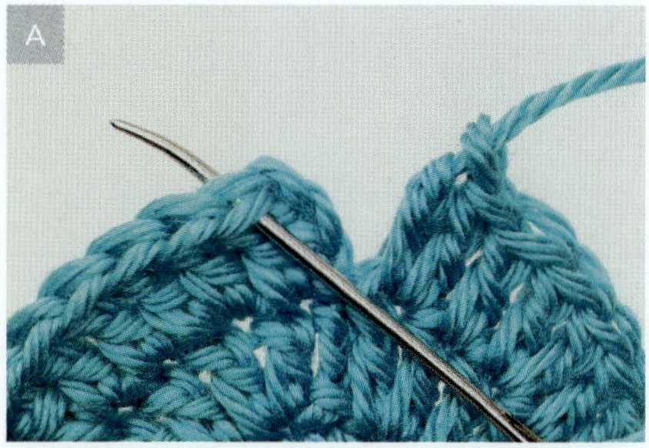

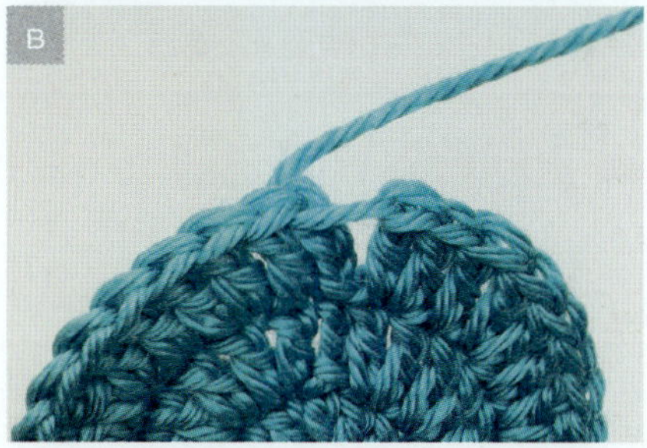

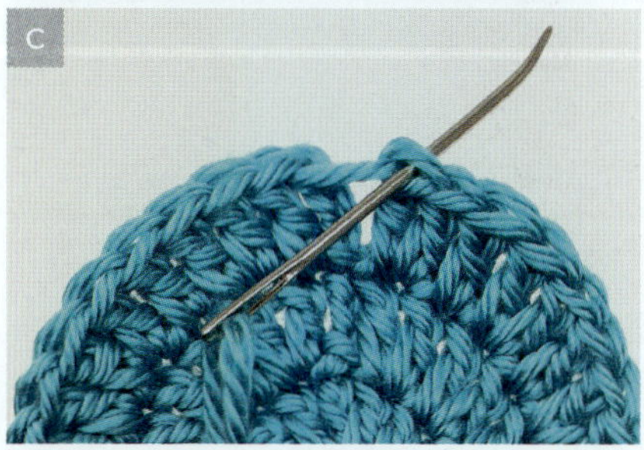

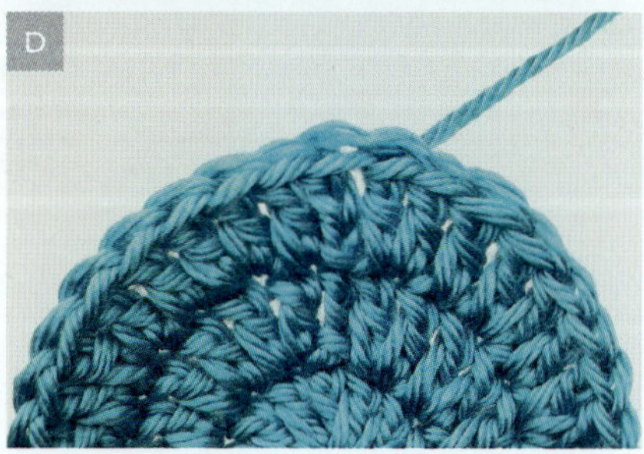

VERNÄHEN

Fäden nicht nur ordentlich, sondern auch sicher zu vernähen, ist wichtig, damit sie sich beim Gebrauch nicht lösen. Stets in mehrere Richtungen und nicht zu fest nähen!

Anleitung

1. Fadenende durch den Fuß der M und entlang der M-Hälse in mehrere Richtungen vernähen. Je gründlicher vernäht, desto sicherer fixiert (A, B).
2. Noch sicherer werden Fäden mit einem Tröpfchen Textilkleber an den Fadenenden fixiert.

! WICHTIG

Beim Vernähen die Fadenspannung dem gesamten Stück entsprechend halten. Nicht zu fest nähen, da es sich sonst zusammenzieht.

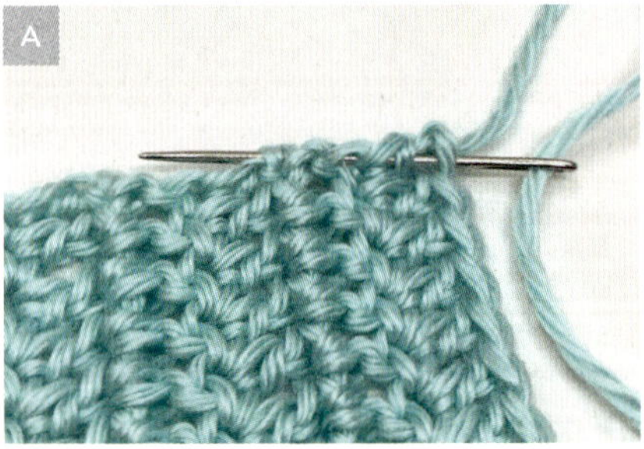

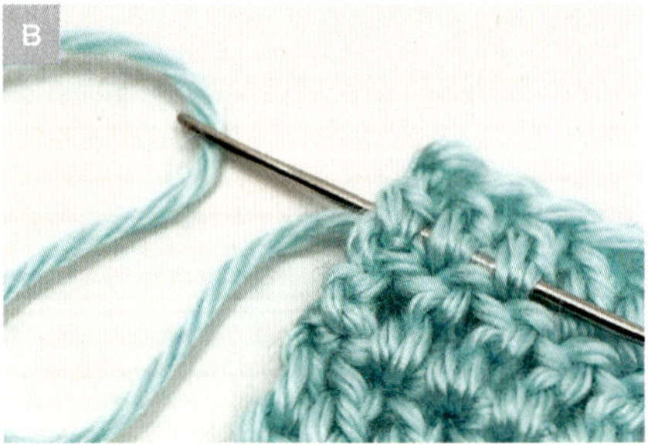

LACE-MUSTER

Die Fadenenden durch die Mitte der Maschen und entlang der gesamten Maschen bis zum Ende durchführen. So bleiben Fäden unsichtbar und stören das Maschenbild des fertigen Stückes nicht.

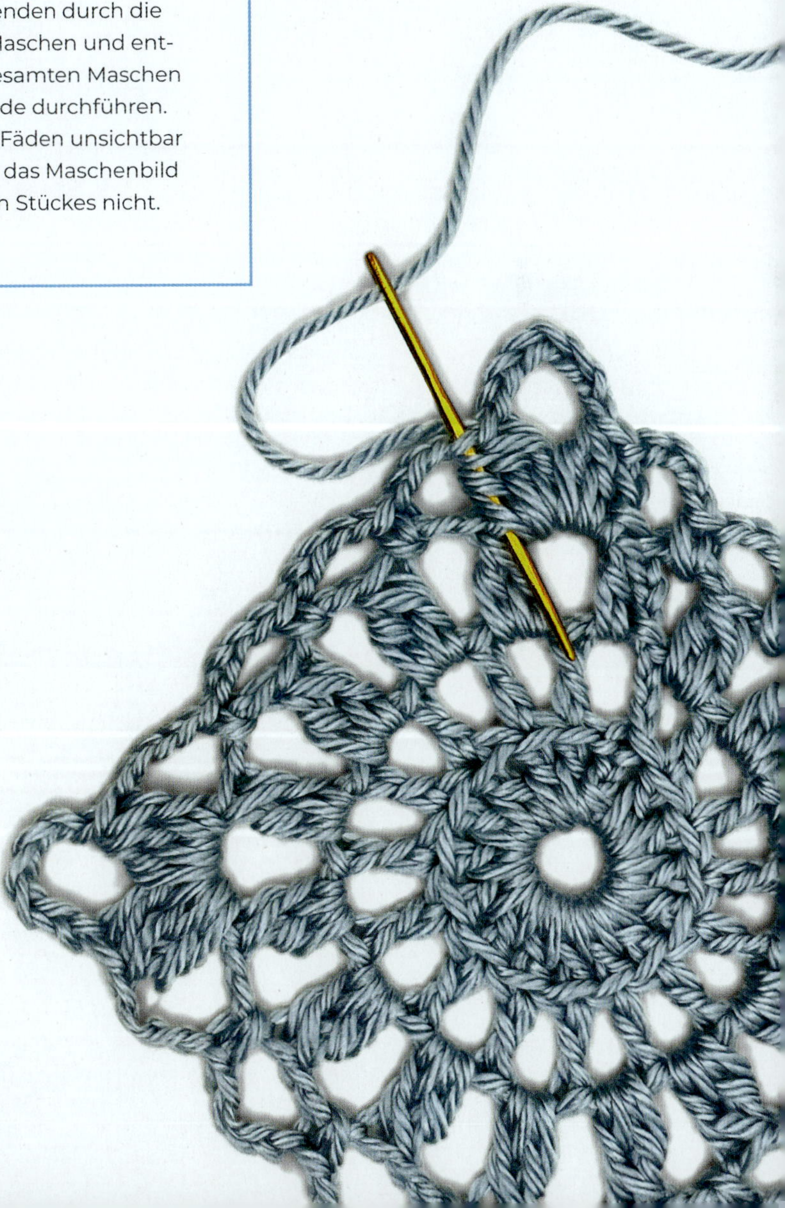

SPANNEN LEICHT GEMACHT

Beim Spannen wird das fertige Stück mithilfe von Feuchtigkeit sanft gedehnt und in die gewünschte Form und Größe gebracht. Viele lassen diesen Schritt weg, aber ich pesönlich finde es extrem wichtig, damit die fertige Häkelarbeit so perfekt wie möglich aussieht.

DÄMPFEN

Traditionelles Feuchtspannen war mir immer unheimlich, abgesehen vom hohen Zeitaufwand: Das gesamte Stück muss eingeweicht werden und anschließend trocknen. Dämpfen ist eine einfache und zeitsparende Alternative, die bei natürlichen Fasern wie Baumwolle, Wolle und Leinen, aber auch Acryl toll funktioniert. Der Dämpfer darf dabei aber nicht mit dem Garn in Berührung kommen.

Anleitung

1. Das Stück in der richtigen Form und Größe feststecken (A).
2. Den Dämpfer etwa 2,5–5 cm über das Stück halten und ständig hin- und herbewegen (B).
3. Während des Dämpfens können Sie das Stück nochmals bewegen und dehnen, um alle nicht symmetrischen M und Unebenheiten auszugleichen.
4. Sobald alles passt und das Stück feucht ist, auskühlen und komplett trocknen lassen, dann erst die Stecknadeln entfernen.

! WICHTIG

Der Dämpfer darf das Garn keinesfalls berühren.

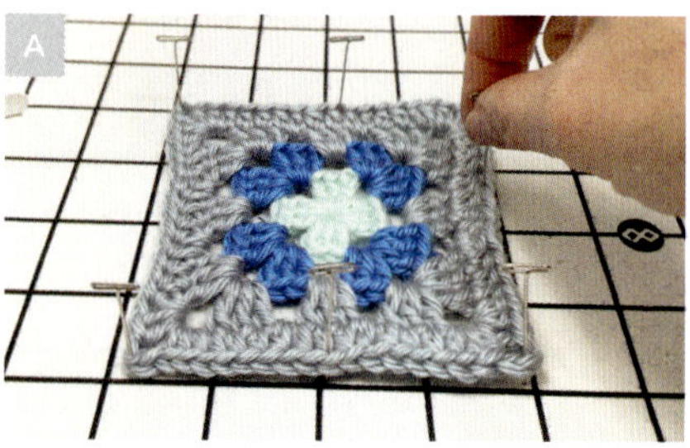

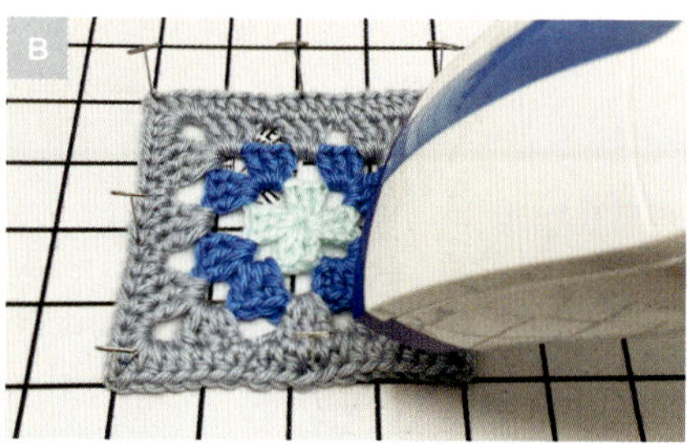

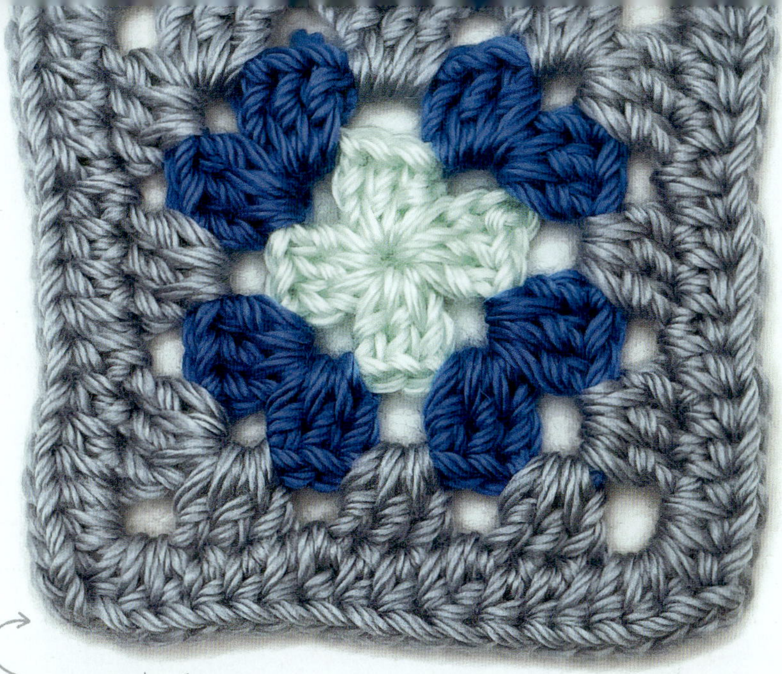

vor dem Spannen

nach dem Spannen

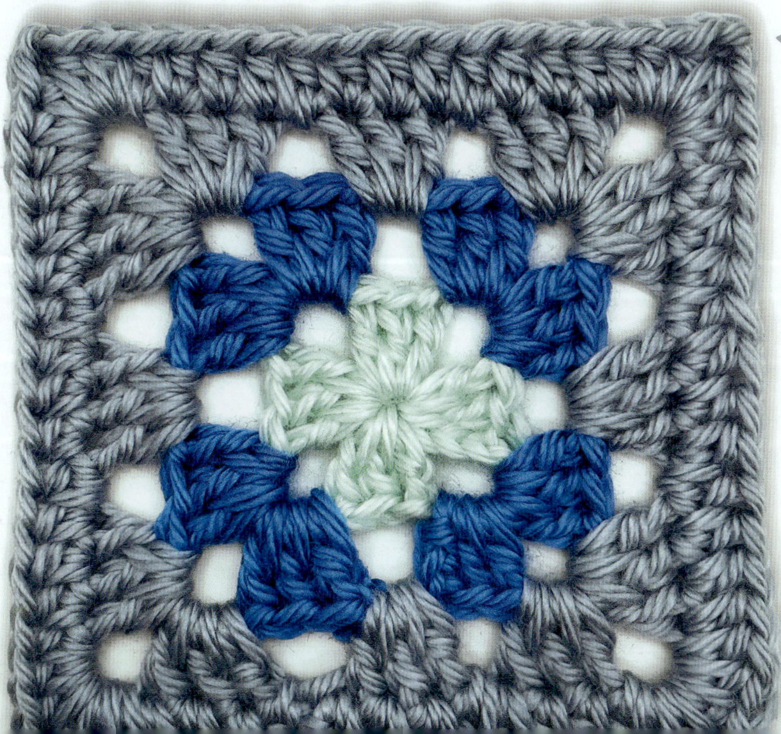

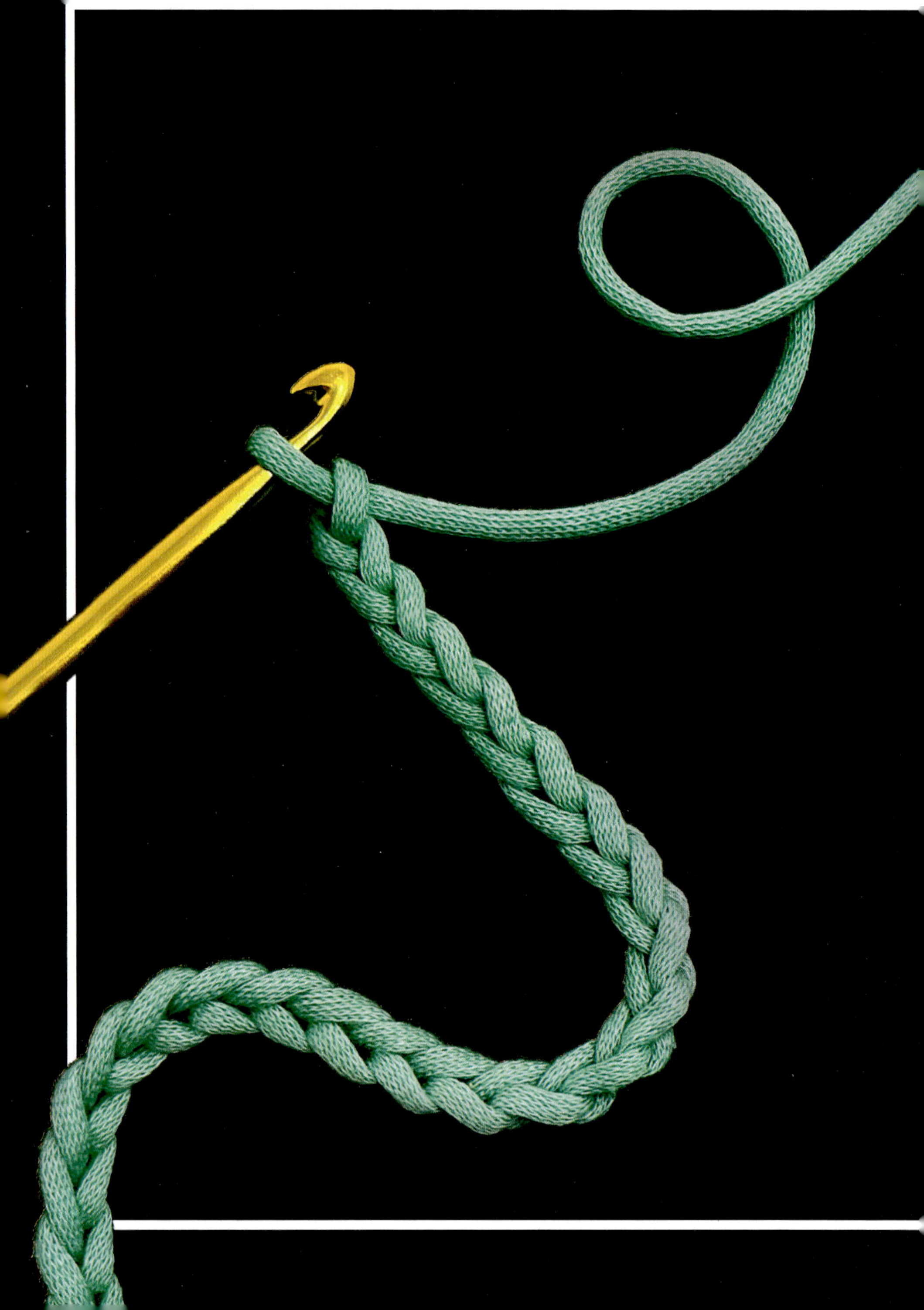

HÄKEL-
SPICKZETTEL

DIAGRAMME, TABELLEN UND HILFREICHE INFOS ZU GARNEN UND HÄKELNADELN AUF EINEN BLICK

ABKÜRZUNGEN

Hier sind alle Abkürzungen aufgeführt, die in diesem Buch verwendet werden – und weitere wichtige Begriffe, die in Häkelanleitungen auftauchen.

abg	abgenommen
Abn	Abnahme
DStb	Doppelstäbchen
FafM	Fußschlingenanschlag mit festen Maschen
FahStb	Fußschlingenanschlag mit halben Stäbchen
FaStb	Fußschlingenanschlag mit Stäbchen
Fb	Farbe
ff	fortführen
fM	feste Masche
fM hMg	feste Masche ins hintere Maschenglied
hMg	hinteres Maschenglied
hStb	halbe Stäbchen
Km	Kettmasche
L	Lücke
Lm	Luftmasche
Lm-K	Luftmaschenkette
M	Masche
Mg	Maschenglied
MM	Maschenmarkierer
R	Reihe
Rd	Runde
Rm	Randmasche
RT	Rückenteil
Stb	Stäbchen
U	Umschlag
ü	überspringen
vMg	vorderes Maschenglied
VT	Vorderteil
wdh	wiederholen
W-Lm	Wendeluftmasche
zug	zugenommen
Zun	Zunahme
zus	zusammenhäkeln

Rapporte:

[...]	Abfolge in Klammern wdh
*	Abfolge ab * wdh

DIE BESTE HÄKELNADEL

Garnstärke	Nadelstärke
#0 Lace	2,25 mm
#1 Fingering	2,75 mm
#1 Sockengarn	3,25 mm
#2 Sport	4 mm
#3 DK / Light Worsted	5,5 mm
#4 Aran / Worsted	3,25 mm
#5 Bulky	4 mm
#6 Super Bulky	5,5 mm
#7 Jumbo	15 mm+

US- UND UK-AUSDRÜCKE

Wer öfter nach englischsprachige Anleitungen aus dem Internet häkelt, kennt das Problem: Die Begriffe unterscheiden sich je nach Ursprung der Anleitung in den USA oder in Großbritannien.

US	UK	deutsch
chain stitch (ch)	chain stitch (ch)	Luftmasche (Lm)
slip stitch (sl st)	single crochet (sc)	Kettmasche (Km)
single crochet (sc)	double crochet (dc)	feste Masche (fM)
half double crochet (hdc)	half treble crochet (htr)	halbes Stäbchen (hStb)
double crochet (dc)	treble crochet (tr)	Stäbchen (Stb)
treble crochet (tr)	double treble crochet (dtr)	Doppelstäbchen (DStb)
double treble crochet (dtr)	triple treble crochet (ttr)	Dreifachstäbchen (3fach Stb)

GARNMENGE

Garnstärke	#1 (Superfine)	#2 (Fine)	#3 (Light)	#4 (Medium)	#5 (Bulky)	#6 (Super Bulky)	#7 (Jumbo)
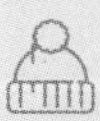	229–297 m	206–274 m	183–229 m	183–206 m	137–183 m	114–137 m	27–64 m
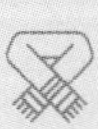	480–754 m	411–572 m	366–457 m	343–457 m	251–343 m	229–343 m	114–206 m
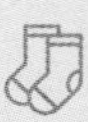	320–777 m	274–411 m	251–366 m	210–343 m	229–320 m	206–251 m	160–183 m
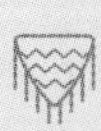	503–777 m	411–640 m	366–594 m	343–549 m	320–457 m	320–434 m	274–366 m
	2743–3200 m	1554–2423 m	1006–1509 m	1006–1509 m	869–1097 m	754–1074 m	732–1052 m

ÜBER DIE AUTORIN

Anna Leyzina ist Grafikdesignerin, Häkelprofi und alleinige Betreiberin von The Knotty Boss. Sie stammt aus Kiew in der Ukraine und zog als Teenager mit ihrer Familie in die USA. Ihr Grafikdesignstudium schloss sie in Philadelphia mit dem Bachelor ab. Anschließend arbeitete sie über 15 Jahre als Grafikerin.

Da sie den Großteil ihrer Zeit am Schreibtisch verbrachte, wollte sie mit einer Pflanze etwas Leben in ihr Büro bringen. Leider wusste sie von sich, dass eine echte Pflanze bei ihr nicht überleben würde, also durchforstete sie das Internet nach Ideen für künstliche Pflanzen – und dabei entdeckte sie die Welt der Amigurumi-Kakteen für sich. Obwohl sie davor noch nie gehäkelt hatte, war sie entschlossen, einen Kaktus zu machen. Sie besorgte sich ihre erste Häkelnadel und grünes Garn, dann verbrachte sie Wochen auf YouTube, um zu begreifen, was in aller Welt ein Fadenring ist.

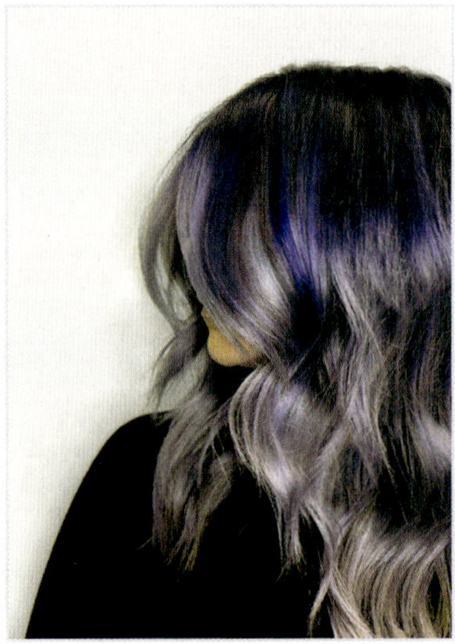

Heute ist Annas Liebe zum Häkeln ungebrochen. Sie entwirft Häkelanleitungen, entwickelt beliebte Marketing-Werkzeuge für Handarbeiter:innen und liebt es, ihre Häkeltipps und Tutorials mit der Welt zu teilen.

Anna lebt in der Nähe von Philadelphia mit ihren Garnen und mittlerweile über 100 echten Pflanzen … die sie inzwischen am Leben erhalten kann!

Anna und ihre Arbeiten im Internet:
@TheKnottyBoss.com

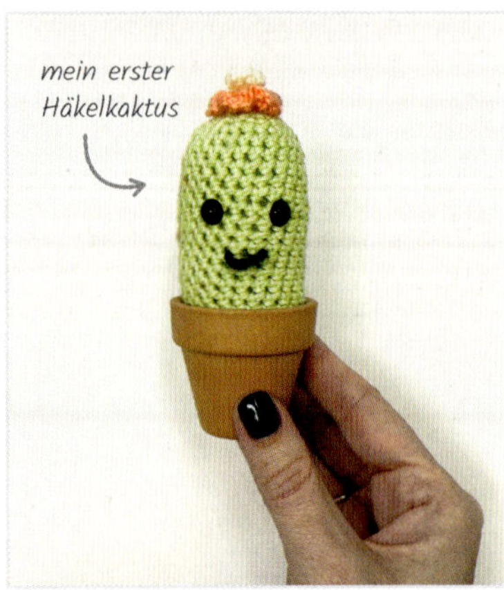

DANK

Ich danke meinen Freunden und meiner Familie, die mir liebevoll dabei geholfen haben, in dieser verrückten Zeit bei Verstand zu bleiben.

Dem tollen Team bei David and Charles danke ich für die großartige Chance, dieses Buch Wirklichkeit werden zu lassen. Ich weiß eure harte Arbeit, euren Rat und vor allem eure Geduld zu schätzen!

Dank an Yarnspirations für eure großzügige Unterstützung mit Garn.

Am dankbarsten bin ich aber der wunderbaren Häkelcommunity, die mich über die Jahre unterstützt hat.

Für meine Eltern, Ekaterina und David, die ihr bisheriges Leben hinter sich ließen, um mir eine bessere Zukunft zu ermöglichen ... und die trotzdem Ruhe bewahrten, als ich mich für die Kunsthochschule entschied.

In liebevollem Andenken an meinen Freund und einen der ersten Unterstützer von TKB, Richard Knott.

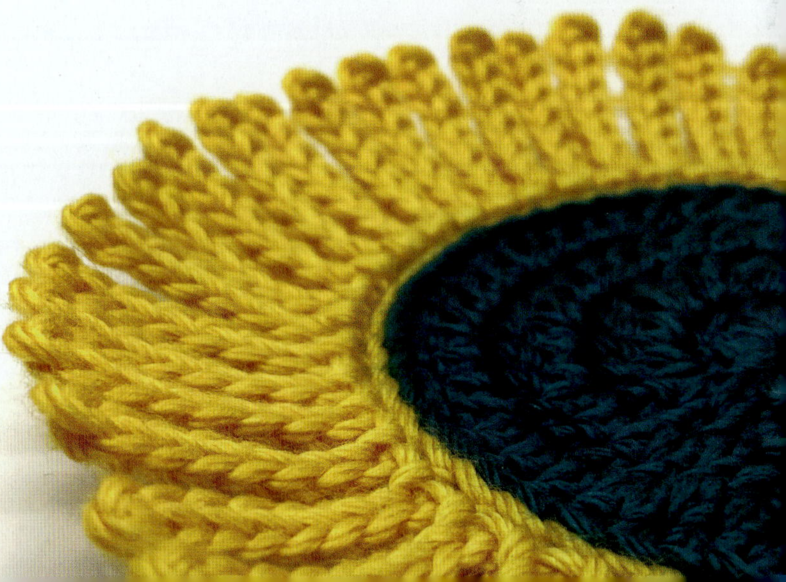

REGISTER

LIEBE LESER:INNEN,

wir freuen uns, dass wir Sie mit diesem Buch inspirieren und Teil Ihrer kreativen Reise sein dürfen. Noch mehr Inspiration, originelle Ideen und besondere Themen finden Sie auf unserer Verlagsseite www.stiebner.com.

Lassen Sie uns zusammen kreativ werden!

Wir sind immer offen für Ihre Anregungen, Wünsche und Kritik – schreiben Sie uns gerne unter verlag@stiebner.com.

Da geteilte Freude bekanntlich doppelte Freude ist: Zeigen Sie uns Ihre kreativen Ideen und fertigen Projekte auf Social Media! Markieren Sie uns mit @stiebnerverlag oder nutzen Sie die folgenden Hashtags: #StiebnerVerlag #StiebnerKreativ
#GeheimesHäkelwissen

Erstmals 2024 erschienen unter dem Titel »Crochet Secrets From The Knotty Boss by Anna Leyzina« bei David and Charles, UK

3. Auflage 2026

Text und Fotografie: Anna Leyzina
Übersetzung aus dem Englischen: Johanna Hofer von Lobenstein
Coverillustration: Aksamit – stock.adobe.com
Cover: Danai Afrati, Layout: Anna Wade, Sam Staddon, Jo Webb
Projektleitung und Lektorat: Dr. Verena Stindl
Gedruckt bei Asia Pacific Offset Ltd, China
ISBN 978-3-8307-2160-4

FSC www.fsc.org MIX Papier | Fördert gute Waldnutzung FSC® C136333

Bibliografische Information der Deutschen Nationalbibliothek:
Die Deutsche Nationalbibliothek verzeichnet diese Publikation in der Deutschen National-bibliografie; detaillierte bibliografische Daten sind im Internet über http://dnb.dnb.de abrufbar.

Wir produzieren unsere Bücher mit großer Sorgfalt und Genauigkeit. Trotzdem lässt es sich nicht ausschließen, dass uns in Einzelfällen Fehler passieren. Auf unserer Webseite finden sich bei dem jeweiligen Titel eventuelle Korrekturen (Errata). Sollten Sie in diesem Buch einen Fehler finden, so bitten wir um einen Hinweis an verlag@stiebner.com. Für solche Hinweise sind wir sehr dankbar, denn sie helfen uns, besser zu werden.

www.stiebner.com